ヘレン・ケラーの日記

サリヴァン先生との死別から初来日まで

世界人権問題叢書 109

ヘレン・ケラー 著
山崎邦夫 訳

明石書店

Helen Keller's Journal; with a foreword by Augustus Muir
published Michael Joseph Ltd. London(first published in 1938)

ヘレン・ケラーの日記◎目次

まえがき（イギリス版）

オーガスタス・ミュア

ヘレン・ケラーのことを聞いたことがない人も多いだろう。この現代の改革者と個人的に接した人はその経験を忘れることはないし、彼女が友情を結んでくれた私たちはそれをユニークな贈り物として大切にしている。ある個性が私たちに与える魅力を言葉でどのように伝えられるだろうか。ある人びとをその仲間たちから浮かびあがらせて、人びとの心に花開くものをどう描けるだろうか。この魅力的な本質を身につけたまれな人物の一人がヘレン・ケラーで、彼女は10代になる前に物語の登場人物になっていた。

病がみどり児の彼女から視覚と聴覚を奪った。専門家たちは希望を与えることができなかった。それからの人生を彼女は沈黙と暗黒のなかで送ることが明らかだった。この子はほんのわずかな未発達の要求を身につけ、人の声が聞こえず、言葉の存在さえも知らず、自分の要求を言葉で表すすべもてなかった。周囲の者は彼女を小さな野蛮人だといった。彼女は片意地で乱暴になり、牢獄に閉じこめられた反逆児だった。

牢獄の扉をつぎつぎに開けたのはアン・サリヴァンであった。アンも少女時代には目が悪かったが、その後回復してヘレン・ケラーの教育に身を捧げることになった。「私が解決しなければならない最大の問題はこの子の魂を壊さずに統御し、鍛えることです」とあるとき彼女は語った。私はたびたび、アンが長い奇跡の連なりをどのように推し進めたかを不思議に思う。身の回りのものの名前を7歳の子どもの手に何百回も手話文字でたたき込むのをどのように根気強く続けたのか。つづいて、それらの言葉は普通の人たちの口から音として発せられることをどうやって伝えたのか。そして――人の声も聞かないのに――少女にそれらの響きを教え、それらを文に組み立てるのを。しかしこれらの魔術的な行為は行われた。14年後、ヘレン・ケラーはハーヴァード大学卒業の栄誉を勝ちとったのだ。アン・サリヴァンはヘレンの傍らに座り、聞きとった講義をヘレンに手話で伝えた。きれいにタイプしたヘレンの答案がハーヴァード博物館に保存されている。ヘレンはフランス語・ドイツ語、さらにはギリシア語・ラテン語を学び、ホラース（ホラチウス。ローマの詩人・紀元前65～8）のオード（頌）を翻訳した。彼女は今日も歴史・経済学・哲学・文学を学びつづける。彼女は音楽を鑑賞するが、それは彼女特有のやり方で、音楽がもたらす振動を楽しむ。水泳がうまく、乗馬もする。飛行機の旅が好きだ。劇場や映画にも出かけ、お供のポリー・トムソンが舞台やスクリーンで演じられる物語を手話で毎分平均65語で伝える。彼女は動物に強い親愛感をもっていて、犬はすぐ彼女が目が見えないことを知るという。彼女の記憶力は驚くほどである。彼女は沈黙と暗黒のなかで暮らしているが、心の平静を勝ちえている。彼女は自分の考えに秩序を与え、その脳髄は、名人が操る壮大な機械だと私はいいたい。マーク・トウェインの見るところでは、19世紀で最も興味深い人物はナポレオンとヘレン・ケラーだという。今日、彼女の能力は最も充実した時期にあり、アン・サリヴァンの業績の生きた記念碑である。

1936年、アン・サリヴァンは世を去った。この偉大な先生の目を通して世界を見てきた者にとって、この告別がどんな意味をもつか認識できるのはヘレン・ケラー自身をおいて他にはない。ヘレンとアンは半世紀にわたって伴侶でありつづけ、先生はヘレンのたたずまいに欠かすことのできない存在であった。苦境にある人びとと同様、私たちにとって、生きることにどんな意味があろう。今ヘレンの最も近い伴侶トムソンが1936年秋の日々を通じてヘレンと勇気について少しばかり語ることができた。二人は住まいを後にすると、まずイングランドへ渡った。日記が書きはじめられた。彼女は思いのすべてをこれらのページに注いだ。自分の思索と情感とを思うさま述べる。7歳のとき新たな誕生を成しとげさせてくれた女性を失った彼女が、新たな人生の諸課題といかに取り組んだかを私たちは後づけることができる。この日記は揺らぐことのない勇気の記録であり、彼女が日々、灰色のフルスカップの用紙に自らタイプしてできあがった。彼女の親しい友人諸氏も、そして書物や講演を通してしかヘレン・ケラーを知らない多くの人びともこの輝かしい魂との新たな親しい接触の機会を得て、楽しむことであろう。

まえがき（アメリカ版）

ネラ・ブラディー

ボストンのパーキンス盲院を卒業して間もない、若いミス・アニー・サリヴァンは1887年3月3日、まだ満7歳を過ぎない聾と盲の少女を教えるためにアラバマ州のタスカンビアに到着した。少女の名はヘレン・ケラーである。それから1か月を経たある日、奇跡的に少女はこの人を「先生」と呼ぶようになった——その日、ヘレンは初めてすべてのもの、すべての人に名前があることを知ったのだ。それからほぼ半世紀にわたって、ヘレンは彼女を「先生」と呼びつづけた。

42年一緒に過ごした年に出版された『流れの半ばに』のなかで、ミス・ケラーは書いた——「先生がいなくなったら私はどうするかとたびたび尋ねられた。私はほほ笑んで、にこやかに答える——『神が彼女をお遣わしになったのだから、神がお連れ去りになっても、神の愛は必ずやその空所を満たされます』。でも、この質問が心にもたらす思いに向きあうことは私を怯えさせる。私は重苦しい心でこれからの年月をのぞいてみる。希望の顔はヴェールで覆われ、煩わしい恐れの数々が目覚め、暗闇を通して羽ばたきながら私を痛めつける。神に向かって、私は震える声で祈りを唱える。先生が去って行かれると、私は誠の盲、誠の聾となるのだ」。

この恐るべき問いかけに単身で答えるようにミス・ケラーを残して、アン・サリヴァン・メーシーは1936年10月20日この世を去った。いいえ、ただ一人ではない。スコットランドのグラスゴー出身のミス・ポリー・トムソンがいる。ポリーは22年間ミス・ケラーと先生の献身的な伴侶であった。ミス・トムソンがアメリカの市民権を申請した後、将来の二人の生活を改め直すための静かなときを求めてスコットランドへの旅に出た。ミス・ケラーはこの日記を船上から書きはじめた。これは心に大きく広がった無力状態から、他の人びとへの奉仕の生活を再開する新たな決意へ向かう目覚めの記録である――先生が彼女に託した信頼にふさわしい仕事を成しえたか、来るべき年々の3月3日にふり返るために。ミス・ケラーの哲学のすべてがこれらのページに書きとめられている。

第1章 1936年11月

〈1936年11月4日深夜、英国行き「ドイッチェラント」号船上〉

最も深い悲しみは時を選ばない――まるで永遠の夜だ。人は、旅するとき、逃れられない悲しみを身につけていて、あらゆる場所、あらゆる時を選ばずに立ち現れる――エマーソン[*1]の言った通りだ。

これは先生[*2]のいないポリーと私だけの最初の航海だ。陸路の旅も、海路の旅も、生活の中心は先生だった。もうこの世では先生に会えないことを私は今まではっきり自覚していなかった。見送りに来た友人たちはポリーと私にしか花束や果物を持って来なかった。一つの部屋に二つのベッドしか置かれず、毎朝のコーヒーも二人にだけ出される。ああ、勇敢なポリー、いつも大声で先生に読んでやっていたポリーは、今は私が注意を向けると指を通して読んでくれる。二つに切り裂かれるかと思う苦痛はこれらの命を破滅させる変わりようについてさらに一語を書くことも許さない。

時間の大部分を激しい心情に押し詰められ、まるで夢遊病者のような気がする。先生と一緒に先生の新しい無限に豊かな生活へ途中まで行けるならやさしい。自分の悲しみより他人の悲しみを思い、自分の星々のすべてを涙が消し去るとき、盲人のために希望のともしびを掲げ、仕事の喜びが飛び去ったのに、成すべき仕事を一つまた一つと成し遂げる――こうしたことが私を苛酷に駆り立てるから恐ろしいのだ。

〔11月5日〕

言い表せない恐るべき一日。悲しみの茫然自失から抜けだしはじめ、神経もみな震えおののいている。心臓を貫いて流れる苦痛がいつかは鎮まるとも思えない。でも心の健康をとり戻しつつある兆候でもある。

ポリーと甲板を行ったり来たりするあいだ、彼女は、水面に飛び降りたり、船の周りを飛びまわるカモメや3000から4000マイルと信じられない遠距離を飛ぶ小さな白いウミツバメのことを話す。

救い手もない海の上をそれほど遠く飛ぶ小さくて無謀なウミツバメは賢いのか愚かなのか。多くのものが寒さや水上で眠る間に大きな魚の餌食になる、遠距離飛行の危険を冒すのは自然の法則に反すると私は最初は思いがちだった。他方、多くの仲間たちは「太陽豊かな土地」へ安全に到達して、春には勝ち誇ったように北国へ戻ってくる。

〔11月6日〕

自然の驚異よりさらに驚くべきは魂の力だ。あの世界についての愚かな思いやいい古された言葉の代わりに、天国という喜ばしく人間的でなお神聖な暖かさに向かって、恐れることなく、巨大な空間を横切って飛べる想像力と翼を私たちは得ることができないのか。

〈11月7日〉

驚いたことに、ウミツバメが私の心に勇気の思いを起こさせるのを知った。まだ物憂い気持ちで、何かをしようとするのにも努力が要る。でも「周囲を見回す」習慣をゆっくりとり戻しつつある。私たちを心地よく過ごさせようとするドイツ人たちみんなの友愛と丁重さと、楽しい話で私たちの心を紛らせてくれるのを暖かく感じる。「ドイッチェラント」号の雰囲気は家庭的で、よそよそしさは感じない。至るところドイツ人の美の愛が私の指を出迎える——大小さまざまな菊、縮れて固まりあいデージーのように丸くて細々として至るところ、階段の踊り場や最も狭い隅々、近代的な設備のある居心地のよい部屋の隅に。

〈11月8日〉

運命が夫をもつことや母親としての喜びを否定した私のようなものにこの世の慰めはあるのか？今、私の寂しさはいつも広大に広がる空虚のようなものだ。幸いにも私には成すべき多くの仕事がある——実際は以前よりも多く——そしてそれらの仕事をしながら常に自信を深めており、目がかすんだり、耳が鈍ったりすることのない世界で、成就されない願いの数々は雄々しくも満足を得ている。

晴れ渡ったこの日の夕方、ポリーは日没の素晴らしさを話しつづけた。空と海は筆舌のおよばぬバラ色に浸されたという。たびたび、吹き過ぎるそよ風で花びらが私に注がれるのを感じたことがある。そこで私は、花びらが吹き払われ、11月の夜の灰色の空へ沈む前に舞い漂う広大なバラ園のように日没を思い描くことができた。

〈11月9日〉

きょう、昼食にフランクフルト・ソーセージとサウアークラウト[*3]を食べた――ここ数週間でおいしいと思って食べた最初の食事だった（これはランチのメニューの特別なドイツ料理で、私の好みのものだ）。哲学、詩、旅の喜びが少しずつよみがえりつつある。今朝、私は永久に水面をさまようような気分だ。『中国列伝』からE・V・ルーカス[*4]が引用した逸話が今の心境に調和する。8世紀の中国のチャン・チ・ホーなる哲人が、餌をつけずに釣りでときを過ごしていた。魚を釣ろうというのでなかった。友人が彼に向かって、なぜ目的もなくさまようのかと問うのに、チャンは即座に答える――「天空をわが家となし、明るい海原をわが常の友、四海は離れ難いわが友だちだ――『さまよう』とは何の意味か」。

〈11月10日〉

初めての時の意識。

フリーデル船長が、お昼に私を彼の船室へ招き、オードブルとシェリーをごちそうしてくれた。彼は有名なハンブルグ[*5]のハーゲンベック動物園の話題を語って私を楽しませ、さらにニュールンベルグの動物園でサルの家の扉を閉め忘れ、しばらくすると100頭のサルが逃げ出して、町は大騒ぎとなった話をしてくれた。翌朝、ある家の主婦がストーブからふり返ると、戸口にサルが1匹。そこでやつの頭にシチュー鍋を投げつけた。とってやるのに鍛冶屋が呼ばれたという。

船長は海へ出て42年。32年も船長を務めた。彼は過ぎ去った帆船の栄光を深く惜しんだ。こんなに有能な船乗り、こんなに愉快な個性のもち主、船員たちが「パパ・フリーデル」と敬愛する船長に会えて本当にうれしい。

今夜、「ドイッチェラント」号のお別れディナーに出る。食堂が海の底を表すように模様替えされた。泳ぐように飾られた魚に触れてみる。魚にかたどった氷に乗せてキャヴィアが出される。デザートの前には、ロッホ・ネス（ネス湖）[*6]の怪物が登場する——片目は赤く、片目は白目の30フィートもある巨大な生き物がのたうちまわり、水夫に扮した給仕に退治される。出されたケーキの一つはこの怪物の形をして、私の指でもその「姿」を知ることができた。

〈11月11日〉

休戦記念日（1918年11月11日、第一次世界大戦のこと——訳者）。悲しみが私を地上からはるかに運び去っていて、なおも世界の出来事を心の上辺だけで感じるだけ。しかしぼんやりと今日が休戦記念日だと実感する。11月11日を世界平和の日と呼ぶとき、私たちは大戦の死者に栄光の敬意を表する。

今夜ポリーはリザード灯台[*7]の灯を見て、先生がコーンウォールを初めて見たとき、その美しさ、その豊かな伝説や物語詩の虜になったことを懐かしくしのんだ。

岩だらけの危険なコーンウォール海岸へ近づくとき、老ネプチューン（海神）がそれを形作ったなどと思う。船は大揺れに揺れ、トランクが崩れて部屋中に転がり、横になった私の上にテーブルがひっくり返って来そうだ。両手で滑り落ちかかるタイプライターを押さえる。


〈11月12日、ロンドン、パーク・レーン・ホテル〉


嵐は夜通し荒れ狂った。私たちはまんじりともしなかった。でも、船酔いは免れた。下船のとき、乗客係がていねいに助けの手を貸してくれた。

はしけに乗り移ると、海は静まっていて、暖かな日差しのなかに座っているのがうれしかった。先生がそばにいると感じて耐えられないほどじれったくなった。数日前、夢で先生は私にキスをした。その顔が若く、日差しのような甘い花の香りの息遣いで私の頬に触れた。それからはずっと先生につき従っていくような気持になり、先生がどこかに見つかるような気がしてならない――ロンドンか、先生のケルトの魂が愛したスコットランドの高地に。

サザンプトン[*8]に来るときは、埠頭の大きさや七つの海からやって来た汽船が荷を積み、荷を下ろすのに興奮する（巨大なクレーンが雷鳴をとどろかせて船室に下り、積み荷を吊り上げるのを感じる）。埠頭全体が整備されているのを感じる――大急ぎや混乱もなし。荷物を世話してくれた人びとはていねいで、税関も簡単に通過。ちょっと歩いた先に、ロンドンへ向かう小型で快適でスピードの出る列車が待機していた。

秋風に身震いする。サザンプトン駅を出ると、お茶が出され、まもなく体中に優しい温かさがまわるのを味わう。私たちは立て続けにイギリスのお茶を4杯も飲んだ――2年ぶりの味だ――イギリスのバターつきのパンを4切れいただくと、ソヴィエト・ロシアで多数のドイツ人が拘留されたニュースの新たな状況と慎重に書かれた「ロンドン・タイムズ」にとり掛かった。このような処置はヒットラー主義のような荒々しい力が海外で活動するときには、罪ある人も無実な人にも降りかかる恐怖や疑惑を示している。

ウォータールー駅[*9]からタクシーに乗る。驚いたのは12個の荷物を載せることができた。2個のトランクと創作の仕事のために持ってきた点字のノートを入れた3個の大きな箱を屋根に乗せ、ほかの7個を車内に詰めこんだ。パーク・レーン・ホテルへ生きたままで着けるかしら――屋根に積んだトランクが車内へ落ちて来はしまいか、でもまったく安全なことがじきに確認できた。無数の電灯の光が貫く、ロンドンのいつもの霧をぬって車は行く。興奮に震える指で、ポリーは私たちが通り過ぎる道を知らせる――

「ヘレン！　議会よ――先生も一緒で、サー・アイアン・フレーザーとあすこで食事したのを覚えてる」

「ウェストミンスター……ザ・モール……今ピカディリー……ああ、パーク・レーン反対側のグリーン・パーク！」

胸を痛める空虚の感覚が私たちを襲う――何もかもが先生を喜ばせ、安らがせたパーク・レーンの幸せだった記憶やまたの訪問の期待に満ちたこれらの名前をくり返しても、先生は私たちのそばにはおられないのだ。

涙交じりでホテルに到着。すべてがそこに、フロントのクラークやポーターの係長やドアマンまで心温まるお出迎え、まるで我が家に帰ってきた思い、寂しさも和らぐ。私たちはパーク・レーンでいつものように英国の真のもてなしを味わう。

〔11月13日〕

昨日の朝思い切り泣いたせいか、いくつかの影が心から洗い去られた。そんなわけか生きることの明るさが見え、少しは人とおしゃべりもした。

今朝、US汽船会社の友だちムア氏に挨拶し、帰国の船旅の手配を頼みに出かける。また彼は、1937年1月29日のボーグラム作のトーマス・ペイン像の除幕式に出るためにパリ行きの飛行機も用意してくれるという。

事務所を出て、ザ・モールやピカディリーを歩く。ポリーの美しいものへの強い愛着が、ウィンドウの陳列に素晴らしいものを見つけて、伝えてくれる――珍しい挿絵入りの『聖書』、挿絵入りの『アラビアン・ナイト』、フィリップ・グェダラの『100年』、『ロード・カーソンの生涯』などの本、ワッツの「川の眺め」などの絵――白鳥の首に両手を巻きつけた少年の絵、素晴らしい動物たち――「ああ　ヘレン！　黒い軍馬にまたがった元帥の絵、ミゲル氏（M・C・ミゲル――アメリカ盲人援護協会会長）によく似てるわ」。

ポリーが心惹かれる眺めを楽しんでいるのはうれしい。私も焼きたてのパン、ワイン店、通り過ぎるバスなどの香りを感じる。魅力的なイギリスのスミレのちょっとした香りが私の心を小躍りさせる。そして花屋さんに寄って少しお買い物。

草の香りや枯葉を焼く臭いでグリーン・パークへ入ったことが分かる。雑踏を避けて自然と交われる恵みの一画――大人も子どもも自然の喜びを求めて歩く、手綱や口網を外した犬も跳ねまわる、ハトやカモまでも。堂々たるプラタナスやカシの木に触れ、柔らかな草の感触を楽しむ。生意気で怖さを知らないスズメたちを踏みつけそうになる。なぜプラタナスの葉を燃やすのか聞いてみる。腐るのに5年もかかる。焼いた灰はいい肥料になるという。

私には、ロンドンのように温和な街にはつきない魅力があり、目や耳や手の届くところにある何もかもに意味があるのだ！

チャーリーとジーン（オーガスタス・ミュア夫妻）と一緒にホテルで昼食。食堂で長々とおしゃべりしていて、イギリスの給仕たちも私たちが早く出て行って、テーブルを片づけたいといらだっているだろうと思ったり。部屋へ戻ってもおしゃべりの流れはちっとも止まらない。ことわざにいうイギリス人の寡黙なんてほんとにあるのかしら。お茶の後、友だちが帰り、お医者様のきつい申し渡しを守って1時間休息。

7時にネッド（ネッド――エドワード・L・ホームズ。ホームズ・マスター・コンパスの発明家で、ヘレン17歳以来の親友）がやって来る。部屋で夕食をとり、先生のこの世での最後の日々を静かに語りあった。私の話を聞くのに握った彼の手から、葬儀やワシントンの国立大聖堂の追悼式や私がいただいた麗しくてユニークな挨拶などを読む手からも静かな悲しみの鼓動を感じた。

ネッドの心はカシの木のごとく、いかなる障害もその勇気を阻んだり、不運も征服はできない。彼は11時半過ぎまでいたが、話したいことのほんのわずかばかりを語り合えただけだった。

〔11月14日〕

二人とも早起きしたおかげで、ヨーロッパ情勢の危機的状態にかんする「ロンドン・タイムズ」の社説を読むことができた。これから起こる雷電を帯びた状況のもとで緊張していきながら、ドイツの進路にかかわる新たなナチスのクーデターから起きる結果をいぶかるばかりだ。

いまや世界は戦争に向かっているというボールドウィン氏[*10]の見解にすべての国の政治家は真剣に耳を貸すことが求められよう、でも私にそれは特別な知らせではない。私はこの18年間、また一つの世界戦争が起こり、それに伴ったさらに深刻な不幸が襲ってくる大きな恐怖を抑えこむべく試みてきた。ボールドウィン氏は「ヨーロッパの再軍備」は考えられないほどの愚だとしながらも、なぜそれを語るのか？　ヨーロッパのすべての国――そのうちドイツ、オーストリア、ハンガリーそしてもちろん大英帝国もしばらくは別だった――が１９１８年の休戦日以来、狂ったような素早さで軍備拡張を続けてこなかったか？

正直な願いとして、ヨーロッパにおける平和を確かなものにするために英国がその指導力を発揮することを望みたい。だが、英国が軍事力を強化すれば、それだけ「平和の確実性」も増大することを私は信じない。市民が公然と携帯する武器と同じく、艦隊や軍団が刺激的であり、あまたの戦争の後に調印された無数の条約は何も解決しなかったことは歴史の教えるところだ。

イーデン氏[*11]が一般の不信に向きあいながらも、国際連盟に対するあざけりは正当でないことを証明しようと取り組んでいる努力は顕著なものと私はみる。

スペインの残虐な内乱[*12]について読むとき、その恐怖が改めて私の心を痛ませる。詩や物語で覆われてはいるが、最も悪いことに、この国では何世紀にもわたって政権が力によって立てられ、教育を受けるのは少数の階級に限られ、寛容は踏みにじられ、インドのそれのようなカースト制度が厳格なこの国では解決の可能性がほかにはないからである。マドリッドの防衛者たちには私の心は血にまみれるが、より啓蒙され、より文明豊かな国を創造しようと命を捧げる誇り高い民衆に涙を流さざるを得ない。私は、彼らの超人的な英雄心が敗北に終わるとは最後まで信じないだろう。

国民の「身体状況を改善する包括的な努力」にかんする保健大臣サー・キングズリー・ウッドの発言に深い関心を抱いた。前に読んだ英国および合衆国に見られる同様の「都市の悪影響」や必要な栄養の欠如にかんする憂慮すべき記事を思い出す。米英両国議会が、公衆の福利を順次とり上げるようになってきたのはうれしい。それはまさに政治の本質だと私は考えるからだ。ロンドンのスラムを撲滅しようという素晴らしい事業の成り行きを真剣に追いかけよう。しかもそれを2年で成しとげようというのだからうれしい。子どものとき、先生やアレクサンダー・グレアム・ベルと訪れたニューヨークのマルベリー街のスラムや、大きくなってから見たワシントン・DCやピッツバーグの恐ろしい裏通りの記憶が今も私の心に燃えあがってくる。もし私が、文明からスラムの野蛮が拭い去られたのを知ってから死ねるとすれば、それは恵まれた満足である。

11時半を回った頃、マック（W・マックG・イーガー――英国国立盲院の事務総長）が車で迎えに来た。

サリー州[*13]のパーブライトのヘザーウッドの彼の魅力あふれる田舎の邸宅へ向けて出発した。天気はうすら寒いが、時折日差しが挿し込んで来る。道中は歴史上由緒ある事物で詰まっている。飛ぶように動くポリーの指も、マックの要点だけの説明についていくのもやっとのこと――大砲の記念物が睥《へい》睨《げい》するハイド・パーク・コーナー、広々とした美しい公有地、辻強盗ディック・ターピン[*14]が出没して金持ちの旅人からぶあつい財布を巻きあげたパットニー・ヒース、リッチモンド・パークではこぶだらけのカシの木に触れる――16世紀前半、ヘンリー8世時代からの古木、穏やかに移ろいゆく田舎をテームズ川がうねって流れるハンプトン・コート――4年前にも訪ねた所。エリザベス女王のロンドンからの豪華なお成りやご帰還を思い浮かべ、ヘンリー8世のハンプトン・コートへの出御やリッチモンド・パークでの狩りはどんなであっただろう。

マックの邸宅に到着すると、戸口で奥様が丁重にお出迎え。これまでにも彼女は幾度かここを訪ねて、彼女の最愛の庭を楽しむようしきりに言っていた。今度初めて利発でかわいらしい夫妻の息子ジミーに会った。またイーガー夫人の優しい妹ヒールド嬢にも会えた。イーガー夫人、ヒールド嬢の二人は聾で、私を入れた3人は当然特別なきずなで結ばれている。

暖炉に寄ってしばらく手を温め、英国風の古い流儀の昼食をいただいた。長いドライブの後だけに本当に堪能した。そのあと私たちは庭や岩石庭園を散策した。まだわずかに花が残っていて、冷えた大気も灌木の村から漂う甘さを鈍らせてはいなかった、特にローズマリーやツゲの垣根から。ラワン（ナナカマドの一種）の赤色の実やまだ枝にしがみついている葉にポリーは大喜び。家のそばの古いセイヨウイチイの巨木に抱き着いてみたが、周囲は30フィートあまりあった。私たちの行くところへはかわいい2頭のレークランド・テリアがついてくる、名前がウィスキーとその娘エグノッグ（玉子酒）。

私の大事なマイダをくれたのはイーガー夫人で、2頭が芝生の上で走りまわったり転げたりするのを気楽に触れる。リンゴ貯蔵室をのぞく。マーガレット・デランド[*15]の『これが私なら』のペンシルヴェニアの果実貯蔵小屋の情景とそっくり。注意深く選り分けられたリンゴを触れるのはうれしい。小さくて甘いリンゴの味は私を一瞬にして小さかった頃の果樹園へ連れて行った。

マックは屋外にあるボタンインコをたくさん入れた籠を見せる。へんてこな私の声を聞いた鳥たちが怯えてバタバタ騒ぐのが分かった。白バトが周りにたくさんいて、マックは1羽を捕まえて私に手渡す。私の肩に止まって、うれしいことにみんながはやしても行こうともしない。やがて柔らかな羽を開き、妖精のような雪白の羽毛の扇の感触を指先に残して飛び立った。まもなくそれがクジャクバトだと分かった、そしてアラバマの家の友だちのハトたちを思い出して穏やかなときめきを味わった。ハトたちは私の頭や肩や膝に止まって、パンくずをとり合ったりした。

肌をかむような大気にすっかり冷えきったが、午後にいただいた薫り高いお茶が私たちの心にしみじみと喜びを与えてくれた。お茶を何杯もおかわりして、今の世に住むジョンソン博士[*16]のような気持になった。

残念だが私たちはおいとまして、イーガー氏とジミーが駅まで送ってくれた。暖かく心地よい車室に落ち着くと、ジミーがまるで自分の体ほどもある大きな香りの強い小枝の束を渡してくれた。「ホテルにいるあいだも田舎の気分を味わってください」というのだ。

〈11月15日、日曜日〉

大学生活をずっと支えてくださったH・H・ロジャーズ[*17]の娘さんのレディ・フェアヘヴンが、ロンドン、西パーク・ストリート37の彼女の屋敷へお昼に招待してくださった。私は歩いて行きたかったが、ロンドンの街が入り組んでいて、迷ったら大変というので、タクシーで出かけた。

格好いい若い従僕がタクシーのドアを開けて、美しい玄関へ招き入れてくれる。別の従僕がエレベーターで案内する。エレベーターを出ると、レディ・フェアヘヴンのこの家やパーク・クローズの家でお馴染みの花々の植えこみの列の香りを味わう。フェアヘヴン夫人が現れて私を抱きしめてくれる。この優しさの内に彼女の父君と彼女自身の友情を改めて感じる。

軽いおしゃべりの後、昼食へ降りる。夫人はエレベーターが楽だという。出される食事はけっこうずくめ。夫人は美味しいところ、けっこうなところを私の皿に乗せながら、素敵なほほ笑みを浮かべて、ポリーに「こっそりこれをやってるのよ」という。でもそれに感づいて私は困った甘党で、お誘いにのらないようにすべきなのだという。でも結局はみんないただくことになったが。

居心地いい客間へ戻る前に、夫人は玄関に置いた、賞をいただいたばかりのパーク・クローズで収穫された素晴らしい野菜の盛りあわせを見せる。こんなに素晴らしい玉ねぎが英国でとれるとは夢にも思わなかった。

炉のそばに寄って、夫人の手を取り、ロジャーズ氏のこと、なつかしい彼の助言、先生のこと、先生が去ってから私の生活に起こっている驚くほどの変化について親しく語りあった。しばらく話が途切れると、夫人は魅力的な宝石をとり出して渡してくれる。真珠やダイヤでかたどったブドウの房で、色づけした真珠のネックレスの端にとりつけられている。それを見ていると、夫人は素晴らしい眺めを引き出してくれる。

これらの宝石の素晴らしさには果てしがない。

私は、素晴らしいクラウン・ダービーのカップとマザー・グースの歌を表現した金のスプーンでコーヒーをいただいたことを危うく話し忘れるところだった。それらのカップとスプーンは夫人が結婚の贈り物としてロング・アゴー（LとAが大文字で書かれ、年配の婦人の「ずうっと昔」をユーモラスに書いたらしい）に頂いた物だった。私が手にしたスプーンは笛吹ピーターの息子の姿をかたどったものだった。

〈11月16日〉

朝刊の見出しがユーゴスラヴィアの上位摂政ポール皇太子がケント公夫妻を訪問中と伝えている。ユーゴスラヴィアといえば、数年前の夏、この国を訪ね、アレクサンダー王[*18]にお会いした興奮あふれるほどの記憶がある。

あの会見のことは本当に鮮やかに覚えている。宮殿の門に到着すると、守衛が敬礼し、殿内の車道の要所要所に駐屯した兵士が敬礼する。白とピンクの服装で、金の肩章をつけ、帽子にAの金文字をつけた守衛が宮殿の石段の両側に整列して出迎える。

白い服を着た中年の紳士、元帥が宮廷人の礼法正しく出迎え、私たちの手にキスをされ、殿内の図書室へ案内した――美しく荘重な部屋で、大きなフランス風の窓が芝生に開き、ペルシア絨毯のようにかなたまで広がった庭園を見ることができた。部屋のほぼ中央には、大きな木枠から大型の地球儀が吊り下げられていた。書棚の扉は模様の彫られた鉄材で作られていた。夏の宮殿は農民の小屋のように建てられてはいたが、質素の内にも堂々たる風情があった。

元帥が国王にお目にかかる作法をお話しくださるものと思い、話の始まるのをずっと待ちかまえていた。ついに扉が開き、元帥はフランス語で彼に続くよう促した。彼は私たちを直接国王の面前へ導いた。私たちにはそれがどなたか分からず、私たちにいろいろ教える別のお役人かと思ったが、ある人物が立ち上がって、私たちを迎えられたので、先生はようやくそれが国王陛下と分かって、私の手に「王様です」と伝えてきた。私たちに握手をたまわり、座るよう勧められた。

これ以上ていちょうで友好的な人物を私たちは見出すことはない。私たちのユーゴスラヴィア訪問に深い関心を示しておられた。というのは、ニューヨークで開かれた世界盲人会議に出席したこの国の代表団が私にゼムンの王立盲学校を訪ねるよう勧めていたのであった。私は国王御自ら盲のため心を砕かれたことに感謝し、ユーゴスラヴィアの盲人に対して国王らしい模範を世界に示されたと述べた。国王は、私の訪問を受け、盲人にもっと何かをしてやろうと自らを励ますと約束された。

この国の合衆国に対する友好的な感情を知り、本当にうれしいと私は言った。「あなたが我々の友好的な態度を感じられたことは誠にうれしい」と国王は答えられ、「それは非常に深くて親愛なるものです」と語られた。

国王が夏の宮殿で私たちを接待してくださったことはうれしいと伝え、笑いを交えながら、諸国の王侯が背負わされた苦労があまりに大きいのにいささか残念に思うと述べた。国王はほほ笑まれ、私はさらに続けて「しかしこの美しく愛すべき国では最も実直な国民と同様に国王陛下自らも楽しまれるだろう」と述べた。戦争以来、ベオグラードが再建された素晴らしい進展ぶりについて話しあった後、私は自分は民主主義国からやって来たが、国王がこんなに短期間に国民のために成しとげられたことを見ると、よき王制こそ最もいい政治だと考えたくなると述べた。

国王は長年私のことを知るようになり、私の本も何冊か読んだが、サリヴァン女史がどのように私を教え、私がどのように話したり唇の動きを読むようになったか、はっきりと見たいと言われた。私たちはデモンストレーションを行った。それに魅了された国王は、私たちの物語のあいだじゅう、瞬時も目を離されなかったとポリーは言った。国王は数度にわたって「素晴らしい！」と感動を口にされた。

国王の左側のテーブルにバラを盛った大型の鉢が置かれており、後に国王はお手ずから1本を取り、注意深くとげを除くと、それを私に手渡された。私たちのお話の甘く優しい頂点。二日後、私たちがリュブリアナに着くと、大臣が、国王が私に贈られた署名入りの写真を正式に渡された――王冠を頂き、アレクサンダーを表すイニシャルAがつき、美しい金縁の額に収められていた。後になって、私に聖サヴァ勲章が授与された。どこの国にも大胆不敵な男が奪える空の王座があるという。だがユーゴスラヴィアにはそんな王座はない。アレクサンダー1世はその人間性、決断力、勇気そして洞察力によって完全に王座を満たしている。大業を成しうる地位におられる偉大な人物であった。マルセイユにおける王の暗殺を知ったときの衝撃は私の記憶のなかにまだうずいている。

(後に)。午後、友人が数人お茶にやって来て、何時間も話しこんだ。おしゃべりでくたびれる女のことを聞いた人がいるかしら? 客が帰ると、私は絞り切ったレモンのような気持になった。で、横になったほうがいいと思ったのに、ポリーは散歩がもっといいという。いざ出ようとすると雨に気づいたが、ともかく出発した。車の大群のあいだをぬって私たちはマーブル・アーチ[*19]まで往復した。ポリーは太った黒いカラスを見ただけで、他に目ぼしいものはないという。暗くなっていたから。

◇　◇　◇

ヨーク公夫妻の住まいやウォーターローの勝利の後、ウェリントン公[*20]に贈られた古い屋敷のそばを通った。ピカデリーに面した門は高さ15フィートはあろう。鉄に施した精巧な細工に触れ、ジョン・ラスキン[*21]が嘆いた物のように見えた。少し周って、鉄のとげ釘や更にその上に張られた鬼針金の張られた木製の壁に触れた。この不思議なところについてもっと知りたいものだ。

さらに行くと、このうすら寒い風のなか、ベンチに腰掛けた男を見かけて驚いた。W・H・デイヴィーズ[*22]の人を啓発するが、凄まじい作品『あるスーパー・トランプ(超放浪者)の自伝』と題する本のことを考えざるをえなかった。それから明かりが明るくともったドーチェスター・ホテルやグロズヴナー・ハウスのところへ来た——ポリーにはラジオ・シティー[*23]の華やかさを思わせる風情があったようだ。

ポリーがその壮大なできばえの物語を語ると、喜びの火花が私の心に流れこんだ——音楽や放送の電波がこの芸術センターからすべての国へ放出される。機械が生みだした魔術。人間がもつ最善の資質を機械が破壊しつつあると思わないか私はときおり尋ねられる。私は答える——いいえ、一つ一つの機械は物質よりも人の精神の延長である。ロックフェラー・センターは大胆な理想主義の具現である。光を以って夜を輝かせ、天かけらせ、その吊り下げた庭園で昼を優雅にし、想像に翼を与える。それは建築だけでなく、それを立ちあげるために組織された労働においても天才の驚異である。ロックフェラー・センターそのものの眺めは、その大ホールに入らない人たちにとっても、精神を高揚し、都市のあるべき姿に、もっと高い観念を養うことになろう。このように極度に贅を尽くした娯楽センターを造るのは狂気の沙汰だとある人はいうかもしれない。でも、もっとも暗い町の谷間に侵入して、粗削りで混雑する生存のちまたを天国の光で調和する美の予言かもしれない。

突然、ポリーが手につづって来た――「女が電柱に寄りかかって…。おや、まあ！」

私の想像を掻き立て続けるもう一つの神秘。

霧雨が濃厚で粘つく霧に変わった。自動車や石炭の煙の悪臭が強くことさらに不愉快だ。でも、光と車は突き進み通り抜ける。多くの人びとが猛スピードで急ぐ思惑が私たちの散歩を本当の冒険にする。ロンドンの生活にはすべての季節に興味が詰まっている。

ホテルへ戻ると、濡れた着物を次々と脱ぎ捨てる――帽子もコートも靴と靴下も。雨のなかの放浪者も熱い湯船から得られる喜びの分け前が倍増する！

〔11月17日〕

7時起床。雨はなおも降りつづく。ロンドンの秋でこんなに雨が降るのは覚えがないと昨日ある友が言っていた。

「タイムズ」によると、コネリー[*24]の映画『緑の牧場』が英国でも上映されるようだ。数年前この作品が舞台で上演されるのを見て、深く感動した。ユーモアのさざ波と陽気な騒ぎを通して、合衆国南部の大農園の黒人たちの心のこもった誠実さを味わったように思う。アーチバルド・ルートレッジ[*25]は彼らのことを「アメリカにおける最も親切な人種」と呼んでいた。私は、黒人が皆私と同じ権利をもち、同じ利益を享受することを願う一方、白人の世界的邪神像のために彼らのキリストのような麗しい隣人の親しさを犠牲にしないよう希望する。

国立盲院から帰ったところだ。そこで3時間も過ごした。人びとが来たり、出かけたり、出迎えたり、見送ったり、大変なところだ。マックはひっきりなしに電話に追われて、一声かけるのも容易でない。でも、私の望みをみんな理解しようと一生懸命だ。

借りた本。

ケネス・グレアムの『楽しい川辺』。

ロンドンにかんする2冊――E・V・ルーカス『ロンドンをさまよう人』とH・V・モートンのもの。この街のいろいろな場所の話を聞いたり、歩いたりして、少しは街の方向感覚が与えてもらえるかと。

オマール・カイヤームの『ルバイヤート』[*26]――これは私の友人でニューヨークのトーマス・ペイン記念協会会長のリューイス氏が、出港直前「ドイッチェラント」号へ届けてくれた――きれいにとじられていて、これを点字で読んで味わえるとは。

「マリー・バッシュ……」あの巨大なロシア人の名前がローソクの火のように記憶から消える。この世界的な古典の表題を誠実にマスターしようと努めた、そして今もそれが私の心にとどまっていると思った。「バッシュ・チェフ」と言いはじめた。私が知っている人たちにも同じ困難があると、私の顔も立ちます。

また私は点字版の「デイリー・メール」紙の購読を申し込んだ。長いニュース記事や頻繁に出るい社説を何時間もポリーの手を煩わして読むのを減らしたいから。

新しいブレール・ライターを注文した。早く書くときには必要な器具だ。「大満足じゃ」とピープス[*27]はのたまうだろう。国立盲院のラドクリッフ氏が扱い方を教えてくれる。それは重要な要件のすべてを満たしている——インターポイント、インターライニング、軽いキー操作、使用時の良好な手の位置、運搬に都合のいいケース。ただ何年も一緒に旅をしてきた懐かしい小さな「スティンズビー・ウェイン」と別れるのはやはり寂しい。

そこにいるあいだにサー・アイアン・フレーザーに再び会えてうれしかった。相変わらず格好よく親しみ深い。ローリー氏に紹介された。詩人ウォルター・デ・ラ・メア[*28]の甥にあたるとかで好人物らしい。ニューヨークやシカゴなど合衆国でしばらく住んだと語った。ポリーが話をうまく伝えようとするが、みんなが一度に話すので、まるで小間切れになったスパゲッティのような文章になってしまった。

国立盲院ではちょうどいろいろな国の衣装をつけた人形の展覧会が開かれていた。展示物をたくさんは見られなかったが、そのうちの二つをすっかり気に入ってしまった。一つはエリザベス皇女お気に入りのパメラで、縮れた亜麻色の髪を赤いリボンで蝶結びにし、柔らかい冬の衣装、帽子、レギンス、靴をつけ、すべて赤色にまとめていた。もう一つは、マーガレット・ローズ皇女のブリジェットで、夏の白い絹の衣装をつけ、素足にかわいいスリッパを履いている。国立盲院の広報担当のコッキン氏が、私をインタビューし、王室ご愛寵の人形を抱いた写真を撮らせてほしいと頼まれた。彼はさらに新しいブレール・ライターと一緒の写真まで所望した。『ルバイヤート』の冒頭の一節が心に浮かんだ――「まるでショーのなかで動くかの如く……」。別の人形も見せられた。喜んだ指が、大きな櫛で飾った優雅な頭飾りに触れ、マンティラをかけて、細やかに流れるレースの部屋着をつけたスペインの貴婦人。

それは舞踏家のラ・アルジェンティーナ[*29]に触れたときの姿を思い出させた。数年前のことで、ほんの数分間私を舞台裏へ招いてくれた。通訳が彼女のスペイン語と私の英語を通訳してくれた。彼女は優しく非常に物分かりがよかった。きついお勤めの後なのに、彼女がつけるお姫様や農婦や結婚間近の娘の衣装まで見せてくれた。こうして私は10個の目を通して、どうしてステップを踏み、そよ風のなかにユリの蕾を投げたり、ハトの羽ばたきや海の波の揺らぐ身振りをするかを知った。熱狂する観衆の前で演じた後の彼女は魅力的で幸せそうだった。彼女はスペイン革命のあいだじゅう生き続けなくてよかった。劇的な優雅さで彼女は衣装をつける、苦々しい貧困と病に苦しむ農民たちを助けた彼女への感謝として織られたもので、踊るとき最も幸せを感じた衣装だと語った。

盲院のことから話がさまよい出たのは、ある経験から他の経験へ、人の生活は絶えず曲がりくねることを示し、たとえば一切れのレースのようなものから記憶の驚くべき飛躍が始まるのだ……。

ホテルへの帰路、ロンドンの新しいタクシーが、古物からすっかり改良されたことが分かった。走行は滑らか、暖かく一層快適になった。大いに動いたおかげで、私たちはまったく空腹だった。ランチは私の好物――ミックス・グリーン・サラダとカマンベール・チーズつきのビスケット。サラダをたくさんいただく。おいしいうえに、なかなか保てない体形を維持したいから。4時にはレズリー・バーレイ少佐と奥さんのミュリエルと夕食にイーリングへ出かける。ミュリエルは私の長いあいだの友人ジェームズ・カー・ラヴ博士[*30]の娘。博士は高名な耳科医でスコットランドで最も心温かい聾者の味方。ラヴ博士は私たちの話題と心に登場した。食後私はウェスト・キルブライドの博士夫妻に電話で挨拶した。私の言ったことが博士に聞きとれてほしい――勇をふるって不完全な言葉で電話をかけたのは我が人生の2度目の試みだ。

ラヴ博士の知力と体力はいつも驚きであり、励ましの源である。しばらく前79歳の誕生日を祝った彼は1週間に43度の手術を行ったとミュリエルは語った。最近新たに『聾と常識』と題する本を書き終えられたという。私はこの本が一般読者に聾そのものと聾によって起こる孤独について明快な理解を促し、人びとが避けたい沈黙の世界の人たちへの共感を促すうえで特に歓迎したい。

私にとって聴覚の喪失は失明より常に重いハンディキャップだった。封印された両耳は知識へのどんな道にも大きな困難をもたらした。盲人が指で読む本を求めると同じに聾者は言葉に飢えている。盲人に点字図書を供給する人びとを求めるよりも聾者と話をしようという人を見つけるのはずっとむずかしい。それは私だけの個人的な経験ではなかった――そう言えるのはうれしいことかも。私と社会とのかかわりでは同情が慰めてくれたし、宗教と哲学が悲しみを和らげてくれた、だが、周囲の人たちの怠りやいら立ちのせいで、多くの聾者が閉じこもり、寂しい孤独のなかにいるかを思うと私は満足できないままなのだ。後悔めいた話だが、またしばしばそう願うのだが、盲人と聾者双方のために働けないことを認めざるをえない。どちらか一方の不幸を和らげる努力は人の一生涯を満たすほどのもので、病気や事故や無知から目や耳を守る努力によってこうした仕事は倍になる。それ故、残念ながら私の活動はほとんど専ら「暗黒の地」に住む人びとだけに限られてきた。

ミュリエルの夫バーレイ少佐は自身の化学薬品についての仕事を話してくれた。化学薬品はすべての物的生活の基礎をなすもので、化学の進歩に伴って、すべての人びとに食料、衣類、住まいを現在よりも安価に供給するのに十分な生産が可能になるという。この話は私には目新しく当惑するところだ。こうした巨大な結果が成就される過程となると私には考えがおよばない。しかし、困惑し、恐怖に暗くなった世界に光をともす壮大な将来像で育てられた大胆な実験であり、その考えの細かな点をもっとはっきり理解したいと述べた。バーレイ少佐は素人に向いた本として『次の100年』を薦めた。その本が手に入ったら、文明の将来を見る新たな、スリリングな冒険を始めることにしよう。

真夜中近く戻ると、急ぎで長い手紙のいる仕事の通知が待っていた。今1時半、朝はなかなか目が覚めまい。私たちは6時半に起きて、荷造りして、ローヤル・スコットでグラスゴーへ発つことになっているのだ。私はいつもの通り、自分のかばんは自分で詰める。どこに何があるか知っていることで、いろんな状況のもとでも私は自立していられるのだ。

〔11月18日〕

私の目はまだ眠気で、「縫い上げられて」とシェイクスピアの一句に言うほどだが、熱いコーヒー一杯でこうして書くまでに目覚めている。

朝食の英国産のベーコンと卵――ロンドンへ来て初めてだが、なんておいしいこと！　私はこの難儀な仕事がむしろ楽しいくらいだとポリーに言ったところだ、そして英国流の生活が私の心と体を落ち着かせ、それをやらせてくれると。きのう、天候は私たちを一番ひどいやり方でもてなしたので、私は叫んだ――「人はやって来て、去って行く、雨は居座りっぱなしだ」。でも、きょうの大気は明るく感じられ、楽しい旅ができそうだ。

〈11月18日、スコットランドへ向かう〉

秋の日は日差しが甘く、開けた窓からまだ緑の残る野辺や落ち葉の香りをかぐ。家畜は平和に草を食み、眺めは牧場からすすけた街へ変わる、草深い丘が「風と調子を合わせる」。木々や広い荒野の合間合間に小川が日差しと隠れん坊をする。

ランチまで、車室はポリーと私だけだ、でもそれがほとんど信じられないのだ。英国の旅はいつも先生と一緒だった。先生の美しさへの熱い愛着が、私たちが見たり触れたりする喜びを倍にした。先生はお眠りなさい。でも、光や色や流れる雲の魅力を私の手につづってくださる。

先生の情愛を求める渇望は私の気を失わせる。しかし先生はご自分の疑いにもかかわらず、私たちの魂は死後もそば近くにあり続けるという私の信念に反対はなさらなかった。そして苦痛もなくやすやすと先生が与える幸福を思い、先生の力を妨げられずに用いる喜びを思い、自らを支えている。

私は活気にあふれ、輝き、再び見つけた友だちのあいだに魅力や快活さを広げる先生を思い描いた。先生がこの世で育まれた愛がオーラのように先生の周りに輝く甘い自覚が私の上に訪れた。もちろん、私には達せられないことだが、先生はさまざまな影のなかに私と共にいたことをお忘れにはならないし、障害のない生活の無限に高い知識と幸福を私と共に分かちあおうと望んでおられたことを私は知っている。いかなる貧困のとげも、耐え忍んだ失意も、孤独や誤解の痛みも、最後まで保とうとしたむなしい視力も、それはたしかに素晴らしい償いであった。

いいえ、私は償いなどというべきでなく、むしろより高い調和のため、目を鋭くし、耳を敏感にする目覚めた力で先生の内的な人間性を明らかにするというべきだった。教育が先生の仕事であり、先生の栄光である以上、この世界から次の世へ移り行く感覚のまひしたものを先生は優しく受け入れ、さらにその辺を手探りしたり、沈黙にうずもれたり、わびしい道によろけたりしないことを教えられると私は想像した。知る由もないが、これこそが耳傾ける私の心に先生がささやかれた本当の知らせだったかもしれない。私の魂は先生の存在を気づいていて、先生が亡くなられたとは言えなかったし――亡くなったと言わなかったろうし、今もそうは言わない。

私は今もなお精神の打撃を認める。愛しあった、独特で、長いあいだ続くはずの友人から無理やりに引き離されたことはまるで私の本質的な部分を引き裂かれたようだ。二度目の盲聾となった私は快活に話すための努力を見出し、変わってしまった世界で興味を回復し、先生とちがった新たな案内や心を通して働こうとする――これらすべてのものは私には鋭い痛みのうずきと同じようにわずらわしいものなのだ。にもかかわらず、時の流れにつれて、新鮮な生命が私を貫き、眼前の義務や機会に対する私の結びつきが強まってきた。

買っておいた本へ気持ちが向かう——アンドレ・モーロワ[*31]の『ディズレーリの生涯』だ。フランス人がイギリスの最も著名な政治指導者をフランス語で書いたものだが、それは国際人のものとして私に訴えてくる。運命的な帝国のドラマのすべての出演者にとって精神的な価値と歴史の大きな視点とが均衡して、それは生き生きとして示唆的で公正である。

私はモーロワのグラッドストンとディズレーリの肖像以上に心を打つ言葉の絵を思い出せない。グラッドストンは強固な自信にあふれ、実直さで高まり、公では人類の大敵に向かって火を噴く龍となり、内にあっては、大英帝国から分厚く生い茂った不健康な腐敗政治を切り払うべく天から使命を受けた木こりとして、確信をもって数々の巨木を切り倒す。ディズレーリはいつも病み、老けて、息苦しく、歩くこともままならず、なおも不屈の意志を持って、負担をもたらすヨーロッパの紛争から英国を操り、帝国の議会と共に、力を基盤として、帝国を、自らを治める人民の連盟へ変革しようと企てる。60年を経て、ようやく今この政治家らしき政策が賛同者をそこここに獲得しつつある。二人のタイタンの同一の誠実さを認める一方、その遠望、すべての民族に対する優しさと寛容、その想像力と明敏なユーモアにおいて、私はディズレーリをより好む。彼は一時たりとも自らのモットーを忘れたことはない——「人生は短いが小さくはない」。一つあるいは多くの圧迫からすべての人は自由だとするデモクラシーはより健全で、一層精緻に組織された社会のため私がその希望を託する巌である。しかしグラッドストンの猛烈な踏破心は自国民と他の諸国——両者の最終の幸福を見る目を失わせる。

本を閉じ、椅子にもたれて、書物が富と自由を私のものにしてくれたことに百万回目の驚きを味わった。

〔後に――ボスウェルの牧師館〕

きょう、スコット急行のランチ・タイムで、給仕の一人から、3年前の前回の旅行で私を見受けたことを覚えているとうかがって心地よく驚いた。その折、私が上げた花を彼は母親のところへ持っていったという。花のことは覚えていなかったが、彼が私を忘れずにいたことを知って心が温まった。

午後のお茶は特に楽しかった。愉快なスコットランドの夫人が私たちと同席したからである。ポリーはその夫人の顔に惹かれたようだし、私には旅人はみな共通の心の琴線をかき鳴らす甘く優しいお話がうれしかった。彼女が靴下を編んでいるのに気づいて、手芸がお上手なのはうらやましいと言った。何か役に立つものや魅力的なものを創造することはいつも喜びだったが、この本能を喜ばすのに十分な時間を絞り出すことは滅多になかった。

突然、ポリーがつづって来た――「さあ、グラスゴーよ！」[*32]

ポリーの牧師の兄と夫人が出迎え、私たち二人を抱きしめてくれる温かさで私は自分の郷里へ戻った気持ちを味わった。ポリーと先生と私がしばしば泊まったセントラル・ホテルのポーターが心からの挨拶をくれる。世間で普通の仕事をする人からていねいな挨拶をいただくのは誠に誇らしいものだ。

牧師館では、車が引込路へ入ると、玄関の扉が開かれ、みんなが石段に出て私たちを出迎える――グラスゴー大学で勉強中の長男デーヴィッド、一人娘エフィー、二人の少年ロバートとジョン、忠実な家政婦、犬のスカイまで。[*33]荷物の運びこみで大騒ぎ。二階の私の部屋へ案内しようと熱心に申し出る少年たち。

私はここで数時間過ごしたことがあったが、子どもたちは、屋内を上手く歩けることが分かっておらず、私が何かにつまずいたりぶつかったりしないかと心配なのだ。私の安全と気楽さを守ってくれるこんなに親切な二人のかわいいナイトをもつことは誠に幸せだ。

軽率な町の住民よろしく、ポリーと私は薄着で、皮のコートを着ていながら、濃い霧のなかを車で来たので、すっかり体が冷えてしまった。でも牧師の書斎の火とジーンが出してくれた結構なスコットランド風の肉スープが早々と温めてくれた。夕食後私たちは火を囲んで集まり、ちょっとした表情や声の調子や身振り一つで通じあえるやまほどのこまごましたことどもを聞いたり、語ったりする。この数か月そうだったポリーの指が悲しみで重々しくないのを感じてうれしい。スカイは私の足元に横たわり、大きな前足を炉格子に掛け、鼻を炉のなかへ入れんばかりで、焼かれるのもかまわぬのだろうか。

生まれて2か月の子犬だったときと同じく、いまもすっかり私に慣れている。はじめて会ったのは1932年8月、トムソン夫妻、先生、ポリー、そしてわたしは揃ってスカイ島へ楽しい旅をした折、本土へ戻ってロッハルシュのホテルへ戻ったときだった。私たちが日なたぼっこをしているあいだ、ホテルで飼っている2匹の子犬が私たちの周りで跳ねまわっていて、エフィーが一緒に遊んでいた。幸せな遠出のお土産にその1匹をエフィーに買ってやったが、スカイと呼ぶのはそんなわけからだ。スカイはヒースの香りの漂う丘、光がちらつく湖水、岩や荒れ地の住人だ。すっかり成長した今も結構かわいらしい——太ってひょうきんなフォックス・テリアとエアデールかスパニエルの混血——ニュー・ファウンドランド犬としては耳が長く脚も大きい。

〈11月19日〉

今朝は早く起きて仕事もしようと、お風呂の用意ができた知らせも待ちきれず、寝室で冷たいスポンジを使う決心をした。鍛えていたから無理ではないと思った！　震えながら、始めたが、苦行する尼僧のごとく成し終えた。手の指、足の指から凍てつきを溶かし去るには長い摩擦やタオルの拭きとりが必要で、その上3、4杯熱いお茶やスコットランド風の粥が1杯必要だった。

一日を始めるのに家庭の愉快な朝食ほどふさわしいものはない。卵やお茶を楽しむ子どもたちを眺めるのは誠に結構。学校へ出かける支度の騒ぎのなかでも私に別れのキスを忘れることはなく、おかげで仕事にとりかかるのが楽になった気がする。

昨夜、ニューヨークからもってきて片づけるたくさんの仕事に加えて、アメリカから届いた郵便の大束を見つけた。その圧力のために静かなホテルに部屋を取って、追加の郵便を片づけるのに隠者の生活をしようかと考えたが、予期しないことで事態は数分後解決した。

牧師夫妻は誰をも助ける最も心地よい方策をおもちだ。お二人は先生を深く敬愛し、私たちの重荷を軽くしようと心を砕き、私たちのプライバシーや平和を保障するから、ここに泊まっているよう勧めた。日頃の生活で、テーブルや椅子や床に郵便、タイプライター、点字器、原稿、図書が散らかっていても、それに異議を唱えない友人がいるのはうれしい。客間はすでにハリケーンが通り過ぎた状況だが、とにかく私たちはことを始めた——「何よりもまず始めることが肝心だ！」骨の折れない急な道はないが、気持ちを込めた行為こそその難儀を和らげてくれよう。

もう一つの幸せは牧師館にある子ども時代の笑いと新鮮さだ。警戒を怠るとふさぎの虫が悩まそうと私を狙っている。何かを成しとげる平静な心が必要なのだ。

お悔やみの手紙がまわりに山をなす。ポリーは私の手に3時間もこれをつづってくれる。「失う」、「死」、「別れ」がページからページへくり返されていく。気が遠くなって悪態をつく。ポリーはいら立ち、二人のあいだに鋭い言葉が飛びかう。しばらくはつきさす涙を目に浮かべ挫折感を味わいながら黙ったまま座ったきりだ。私たちは、再び結びあわされるという先生の祈りを思い浮かべて泣き崩れる。400から500通の手紙や感謝状を読み、慰めへの礼状を送り出したが、相変わらず手紙の洪水は押し寄せる。

この日記は本当に神の賜りものだ。平常の仕事へ戻る私の心を鍛えるのを手助けしてくれる。私が楽しんだことを語るのは喜びを倍にし、「ブルース」を書くことで失望や困難の数々は意味のないものへ縮こませてくれる。

今夜、私はジェームズ・ブライディー[*34]の芝居『黒い目』を見に行った。活気のある対話にあふれて楽しい。スコットランドの素人たちの熱演にみんな熱狂する。ジョージ・ウィンドルストローが聞けないのは残念だ。素晴らしい発音の評判が高かった。ニューヨークの不健康なセックス劇にしばしばうんざりしているものには、明快なお芝居はまったくすがすがしいものだ。

〔11月20日〕

霜硬き朝。庭ではバラがまだ咲いている。このあたりのセイヨウヒイラギは重たく実をつけている。でもクロウタドリたちがじきに食べてしまい、クリスマス頃にはまったく無くなってしまう。ポリーと私が手紙を読むと、私の心の傷が口を開く。手紙の大群は先生が獲得された愛情と名声の物差しなのだ。心が痛むのは私にとっての先生の大切さの目安なのだ。人生の最も懐かしい部分が過ぎ去ってしまったことを思い浮かべるのは耐えがたいことだ。

夕方、私たちはボスウェル・キャッスル炭鉱を訪ねた。そこでは近代的な設備が整っているとうかがった。坑夫たちの安全のためあらゆる処置が講じられているという。

縦坑を900フィート下りた。8人が一つのつり籠に乗りこみ、ゆれながら下るのはドキドキだ。下りながら地下水のしずくを感じた。石炭を積みこんだ長い炭車の行列に触れ、行列とそれを動かすはてしのないロープのあいだを歩いた。両側の壁は堅い岩石かレンガで固められ、強力な大梁が支える。炭車がやってくるのを見ると、坑夫たちは待避所あるいはマンホールに退避する。「暗いマンホールがどうして見えるのか?」と尋ねる。待避所は白く塗られていて、暗がりでも容易に見分けられるという。安全灯を頼りにトンネルをくぐり抜ける。「濃霧のなかを飛ぶ飛行機たちや深い地下で鉱石を切り出す坑夫たちは、盲の意味することが分かるわずかな人たちだ」と私は考える。

循環する空気の流れが分かったが、何か不快な臭気があるのではと予期していたが、ときおりわずかに油や石炭ガスの臭いを除いて不快な臭気がほとんどないのに驚いた。坑夫たちは坑内灯や上着やその他の器具に親切に触れさせてくれた。かれらは鉱脈のなかへ4フィート穴を開け、爆破の準備をした。私たちに爆破の点火をさせようという結構なご愛嬌を用意した。ポリーは上手くやってのけたが、私は不器用で3度も試みた。爆発が私の体の全アトムをゆさぶり、2トンの石炭が崩れた。続いて削岩機のガリガリいう振動が足に響いて来た。5分間に6フィート石炭へ切りこむという。こうした冒険にポリーが仲間なのは幸運だ。彼女は恐れを知らず、注意深く、多少危険はあっても何かが学べる経験を共に試そうとする。

地上に戻って、巻き上げエンジン・ルームや小型発電所を訪ねる。発電所から炭鉱全体へ電力が供給される。いくつかのダイヤルが炭鉱全体で使われる電気量を示している。ランプ小屋では、安全灯を見る。坑夫たちが使った後、掃除をし、油をつぐ。続いて、カナリアがいっぱい入れられた籠を見る――もう一つの安全装置だ。坑内ガスに触れると鳥たちは止まり木から落ちる。坑夫たちが坑内から非難する合図だ。すべての炭鉱が十分な知性と人間愛とをもって運営されることを願うが、事態はそう甘くないことを私は知っている。

〔11月21日〕

きょう、子どもたちは家にいる。仕事をするあいだ、二人がそばにいるのがうれしい。タイプライターに興味があり、好奇の目で私を見ているが、まったくおとなしく、少しもじゃまされることはない。

牧師さんは朝のお目覚めの頃が忙しい。食事のときか夕方にときおり彼を見るぐらいである。彼が管轄する教区は大きく、病人や遺族を訪ねるために遠くへ出かけることもしばしばなのだ。休むいとまなどない。

きょうの点字版「デイリー・メール」紙には特に私を喜ばせる記事がある――ルーズヴェルト大統領が南米との平和推進に努力。合衆国と南米諸国が協力して情報の交換がお互いの福利に意義深いことを悟ることが早いほど、商業や金融上の利益追求が西半球の文化を分裂離反させる可能性が少なくてすむという。

〈11月22日〉

ポリーと私は聖ブライド教会で、ポリーの兄の「私は兄弟の番人なのか？」と題する感動的な説教を聞いた。彼は、毎日一緒に暮らしている人びとの身体的並びに知的な要求に無関心でいないように心がけようと聞く人たちに簡潔だが力強く訴えた。日常の習慣が魂の力を弱め、心をかたくなにしがちで、ややもすると、運に恵まれない人たちへの責任を忘れ、こうした人びとを神の緑の牧場で、私たちの兄弟として安らかに過ごさせず、慈善の対象にしてしまう。ポリーが伝えるところ、どんな言葉よりも、トムソン神父の説教における隣人愛豊かな祈りが一層力強いことを感じた。復活した教会は麗しく意義深げで象徴的だ。宗教と芸術に対する帰依が一体の建築家たちによって作り出されたものだ。

午後はずっとフランス語で書かれた『マリア・バクツエルチェフの日記[*35]』を読んだ。天賦の才能に恵まれた少女の叫びから18歳の芸術家の涙と歓喜におよぶ、奇妙で気紛れで革命的な精神が私の指をとらえて離さず、本を置くことができなかった。

マリアは序文で、「この日記が正確で、厳密で、絶対の真実でないなら、それが書かれる理由はない」と言っている。なんて素朴な言い分だ！　読者はこういう言葉を自分なりに解釈し、結果として、同一の物事を同一の目で見るものはありえない。話の真実は船と同じくグラグラゆれる。誠実な情感と目的の正確さで私たちはふる舞うことができる。

12歳の少女には何たる涙ぐましいお祈りだ――「神よ、この世で私を幸せにしてください、そうすれば感謝します！」

再び世間慣れした書き方で、妻たるものは化粧着や寝室用の帽子をかぶったままやコールド・クリームを鼻につけたりして夫の前に出たり、きれいになりたいとお金をねだったりしてはならないという。男性は本来利己的で陰湿で嫉妬深く見せかけだけだと軽蔑をあらわにする。16歳になった彼女は、寂しくないものは愚かで、愚かでないものは寂しいと語る。でも深いところで、彼女は奇妙に勇敢で、大芸術家になりたいという夢は24歳の荒々しい彼女を気高いものにしている。

〔11月23日〕

7時半起床。9時から午後1時まで手紙を書いたが、気持ちは和まない、気が滅入って落ち着かない、子どもたちが日差しのように入ってきたのがうれしい。ランチの後、ちょっと横になる。あと3時間書き続け、夕食後も1時間。自分の手が心配になる。ひっきりなしに使っている――書く、読む、会話を聞く、人の唇を読む。でも仕事は絶望に立ち向かうたった一つのたしかな防壁だ。

〔11月24日、ウェスト・キルブライド[*36]〕

早起きする。ラヴ夫人が11時に車で迎えに来る。数日私をウェスト・キルブライドへ連れて行くことになっている。手紙書きが長引き、荷造りや着替えに半時間しかなかった。なつかしい友に会える喜びで、ごたごたも気にならない。

黄色の濃霧のなかの運転は危険だ。グラスゴーで2度も迷ったが、正しい道へ出ても一瞬たりとも油断はできない。人びとは明かりを持って歩く。6時間の旅のあいだ、石油の臭いが息詰まるように私の顔を打つ。ラヴ博士は到着した私たちがコートや帽子を脱ぐのが待てず火の入った図書室へ急がせる。私たちをくつろがせ、近況を聞こうと熱心だ。夕食後、博士は聾者の雑誌に載せる先生にかんする記事を書いたと語り、私たちがそれに満足か知りたがった。彼の文章は明快で、私たちは喜ばずにはいられない、彼が示す共感は人並み以上に明敏だ。また博士は、私が手紙書きにもうひと踏ん張り打ちこめる居心地のいい場所を与えてくれた。

きょう、軍国主義で築かれた帝国に代わって人民の連邦へ向かう第一歩として、英国・エジプト間の条約が批准されたニュースは誠にうれしい。いろいろな立場からの批判がほとんど聞かれない事実は、よき方向へ向かう明確な力の持続を示すものと期待させてくれる。エジプトは当然完全な独立を望むだろうが、少なくともこの条約が他の侵略者の侵入に対しその利益を守ることを可能にするとみられている。徴兵が非常に困難なことを私は満足して読んだ。ここでは、いかなる国にも脅威となり、人類にとって不幸の悲しみを伴った新たな大戦争について論じようとする者はいない。

想像を光り輝かせる言葉の絵！　オックスフォード大学の医師や指導教官が学問を象徴するローブ

をまとって集まり、しばらくのあいだ瞑目し、公のためにつくす寛大な精神の奇跡を承認し、続いて5分、立ち上がってヌフィールド卿[*37]を称賛する。オックスフォードでの医学研究に280万ポンドの贈り物をもって、彼はもう一人の世界的な恩人となる。彼はジョン・D・ロックフェラー・ジュニアと同じく、幾世紀もの将来を見通し、世界のあらゆる地域での健康こそ人類進歩の必須の証明であることを示す。

〔11月25日〕

今朝の朝食はラヴ博士がお一人だ。入って行くと、博士は立ち上がってベーコンや卵を切り、食欲をなだめるよう私の手をたたく。博士とだけいても別に食欲がどうなるものでもない。卵はおいしく、部屋は暖かい。「グラスゴー・ヘラルド」紙から博士が伝える簡潔で鋭いニュースについてのコメントで朝食はちょっとした催し物になる。

8時半から仕事を始める。11時にはメードのアグネスが熱いお茶を出してくれる、ラヴ夫人も一緒になる――休憩大歓迎。お茶に向かっていると、ポリーは何か大事な要件を話すかのように、霧が晴れて、窓からゴートフェルのゴツゴツした姿が見えるという。アラン島の主峰――即座に記憶は私をあの島へ運んで行く。1932年6月、先生も一緒にブローディック城にモンテローズ公爵夫妻を訪ねたのだ。なんて愉快なことだったろうか――夫妻の心温まる親切、私の障害に対する侯爵の理解、古い城では14世紀にはまだお皿が使われずナイフの傷跡の残るカシの大テーブルに触れる。公爵夫人手ずから手入れをされる美しい石庭。スコットランド高地地方の衣装を着けた公爵が木や花の植えこみのあいだを私を導く、娘さんレディー・ジーンが香《かぐ》わしいセキチクの大きな花束を作ってくれる。公爵夫人は急いで――そうだ大急ぎで城へ向かって丘を駆け上がり、私たちが失礼する前に熱いお茶を出そうとする、船に乗る時間が遅れるとなると、私たちが乗船するまで、出港を待たせてくださったのを思い出した。

ラヴ博士のご帰宅までさらに手紙を書きつづけた。独特なやり方で楽しいお話をして私を笑わせる。さて穏やかな眠りの待つ寝床へ向かいましょう。

〈11月26日〉

この家は懐かしいうえに思い出したくなることがいろいろと結びついている。これと反対なのがダルヴィーンで、ラヴ博士のお世話で1932年の6月ひと月を過ごしたバラの絡んだコテージである。あのとき私はグラスゴー大学から法学博士の学位を受けるために招かれていた。不思議なことにあの日のことをもう一度目の当たりにすることができる――私に栄誉が与えられるのは先生の幸福なのだ。教会のように大きなステンドグラスのあるビュート・ホールでラヴ博士が私のかたわらに座り、ロバート・レイト卿が帽子をかぶせる、ラテン語の式辞を聞く。ただ一日のことだ。あの月の毎日、毎時間に私たちに示された麗しい親切を公にするとなると、この記録は終わりが来ない。

ラヴ博士、きょうは終日ご在宅、劇作家のジェームズ・ブライディーをランチに招く。本名はメイヴァー博士だという。最初彼の話にはついて行けないと思った。彼の劇『黒い目』の台詞のようなお話しぶりかと想像した（私はそれがG・B・S・の作品に似ていると思い込んでいた）。でも、いろいろな話題でお話しするのは心安く愉快なことを知り大変うれしかった。『眠れる僧侶』が話しあわれたが、残念にもその劇は読んだり見たりしていなかった。点訳されて本になっていたら手に入れようと決心した。劇の趣旨を説明してもらえるか尋ねる、すると彼は「私も知りません。おそらくお読みになるとあなたが私にお話しになれますよ」と笑いながら言う。

庭へ出ると、この地方一帯には冷たくまつわりつく霧が晴れたかのように暖かだ。壁の向こうでは、家畜たちが日向で横たわっている。ポリーの話では聞こえてくるのはクロウタドリ、ツグミ、コマドリ、ムクドリのさえずりだという。ここへ来るとイボタノキの生垣のかたわらを行ったり来たりと歩いて、香って来る花の植えこみを愛撫するため、しばらく横へそれたりするが、未完成の仕事の独裁君主の虜になったままだ。

〔11月27日〕

重い霧の垂れこめた日はきょうで5日目だ。鉄道や船舶はひどく遅れ、自動車事故も。ラヴ博士はこの湿った暗闇でも赤外線なら見えると語っておられたが、近いうちに車や船はすべて、霧を貫く光を装備するときがやって来るだろう。一般公衆の安全は重要な課題だ。ボスウェルへ出発する前にラヴ夫人は温かいお茶を出して体を温め、元気づけてくれる。スコットランドは湯沸しがいつも火にかけてあって、誰にでも「親切のカップ」が出せるのだ。セント・エノック・ステーション・ホテルでサマーズと食事する（スコットランド人サマーズ・マークに、ヘレンはニューヨークで知りあうようになった）。本当に彼は先生と親しかった。私たちは夕刻ずっと先生のことばかりを語りあった。私たちが語る先生の最後の日々を聞く彼には優しさを表す言葉以外にはなく、彼が先生と本を読んだ思い出を語るときも、夜更けまで政治や社会問題を論じあった話にも、深い思いやりの言葉以外はなかった。これらの思い出は、先生の若さを新たにするゆえに特に私には慰めとなるのだ。

〈11月28日、牧師館にて、朝〉

若い命が私の周りで笑い、踊るのは爽快だ。子どもたちは皆手話アルファベットを覚えて、学校で何をしたかや私にいろいろ質問して答えをまとめる。かわいらしいジョンがつづりで苦労するのとロバートの指がカモシカのように文字から文字へ滑らかに進み、ときには興奮すると飛び跳ねる動きをするのとどちらが楽しいか分からない。

仕事のしつこくて切れ目のない要求から、子どもたちのために過ごす時間はわずかしかないが、彼らとの交わりが私にもう一度若さを感じさせるのだ。

手について書いているとロビンソン・ジェファーズ[*38]の詩が思い浮かぶ。岩に絵を描く詩だが、独特で神秘的だと度々思う――

「手」
タッサジャーラ近くの小さな谷の洞窟の
天蓋の岩に描かれている、手が、
薄明りのなかに無数の手が、人の手がクモのごとく、それだけだ、

絵にちがいない。誰も語る者はいない
臆病で静かな人びとは世を去り、
宗教か魔術を意図したのか自らの手形を描いたのか
暇つぶしの芸事に、長い歳月を過ぎて、念入りの
手の合図は封印された知らせだ――
「ほら、われらも人だ、前足でなく、手をもっていたのだ――皆称えよう
より賢い手をもった人たちよ、美しい国のわれらの跡継ぎたちよ、
一つの季節を楽しもう、美しさを、
やって来い、われらの跡継ぎたちよ、皆そろって、人間たちよ」
『親しきユダよ』より（1929ホレース・リブライト社）

（その日遅く）午後ダンディー[*39]に向かう列車に乗る。ポリーの妹マーガレットを訪ねる。うねうねとうねって、森を頂いたり、丘の陰に隠れたり、テイ川が流れ行く。日は落ちかかる。ポリーの指が色の移ろいを伝えてくる――「ピンク…ブルー…モウヴ（藤色）…グリーン…ゴールド…ローズ…ラヴェンダー…うわあ　ヘレン！　水が金ピカ一枚板…空はどこまでもジェード！」
暗闇が下りる――突然、完全に。

〈夕暮れ。ダンディーのドライバーグ・ハウス〉

マーガレットが同居するスコット夫人にちょうどよく出会う。マーガレットの小さくて敏感な手が和やかに話しかけてくる、他人への信頼にあふれ、どんな失望にも耐える――その手は悲しみを癒し、喜びを一層強める……スコット夫人はおきれいでよく気がつく。夫人は10人の子どもの強力な母親、22人の孫が慕う。世界大戦で戦死した一人を除き、息子たちは皆結婚し、夫人と暮らす一人を除いて、娘たちも結婚している。

〈11月29日、ドライバーグ・ハウス〉

日の出は8時26分、日没は3時42分。朝食は9時。卵の上に乗った陶器製の夫人像にうれしくなった。

どこへ行くにもタイプライターを連れて行く。スコット夫人は以前育児室に使っていた部屋を私の仕事場にしてくださってうれしい。窓は8フィートの高さ、ヴァイタ・ガラスがはめてあって、日没後も日のぬくもりが長い時間残っているのはありがたい。

きょうは書くのに気が乗らない。ちがった雰囲気を求めて、外へ出て、近所をぶらつく。触れるものすべてが幸せな思いを送ってくれ、私の心を跳ね上がってくる――ゲッケイジュ、ヒイラギ、ブナ、イチイの垣根、伸びきった芝生、バラや菊までが自分たちのいるべき場所を占めている。スコット嬢は9頭のコッカー・スパニエルを見せる。内5頭は子犬で彼女はすっかり首ったけ――私が自分のデーンや2頭のシェトランド・コリーやレークランド・テリアに夢中なように。イングランドやスコットランドでは、人びとの生活で手入れの行き届いた庭園が大きな役割を果たしているのを見るのは本当にうれしい。

今夜私たちは居間に集まって、ラジオが伝えるセント・アンドリュー教会の礼拝堂からの放送を聞く。ポリーが手につづってくれる。11時までタイプで仕事。

〔11月30日〕

朝食前にも書く。一月分溜まった郵便物を追い詰めようと期待するのはむなしい。おいしいメロンとダンディー・マーマレードを塗ったトーストを楽しむ――ニューヨークの家でもしょっちゅう注文する食べ物だ。ランチやディナーでスコット夫人は素晴らしいコーヒーを出してくださる――それは夫人の娘さんのケニア[*40]のナイロビの農場から届けられるのだという。

スコット夫人はじめ、彼女の家族の大半が偉大な旅行家で、夫人のさまざまな彩り豊かな体験を聞くのは素晴らしい本を読むようだ。午後のお茶には何名かお客を招いたが、彼女の妹は聾の障害にもかかわらず、5年をかけて、日本、中国、インド、アフリカを単身訪問した。その勇気に私は称賛のこもったねたみでいっぱいになった。このような独立心のためにもっと多くを捧げたいものだ！

私たちの友人アバディーン公爵夫人から優しさあふれる手紙を受けとった。アバディーン[*41]のゴードン・ハウスにランチに招いていた。彼女は国際女性平和会議の代表を退いたばかりで、美しい送別の辞を送ってくれた。数々の高貴な言葉が聞く人たちの目的意識を活気づけたにちがいない。世界の平和は、今日克服不可能に見える悪に必ずや勝利するという彼女の信念は私にとっての支えである。英国だけで4000万個の防毒マスクが準備されたとかエディンバラ大学の医学生がガス中毒の治療の訓練を受けたなどと聞くと、私の心はときおり沈んでしまう。戦争と破壊のための悪魔的手段の増強が求められ準備されるとき、事態はまったく希望もないかにみえる。

訳注

＊1 ラルフ・ワルド・エマーソン（1803〜82）米国の思想家・詩人。

＊2 ヘレン・ケラーは本書では他の著書と同じようにアン・サリヴァンを「先生」（Teacher）と呼んでいる。1930年代に入ってから体力や視力が衰えたアンは1936年10月20日70歳で死去。ニューヨークの自宅で葬儀が営まれた。このとき、ワシントンの国立大聖堂の管理委員会が、アン・サリヴァンの遺骨を預かり、彼女の遺徳を顕彰したいと申し出があり、11月2日、大聖堂で納骨式や礼拝が行われた。2日おそくか3日早朝に自宅に戻ったヘレンとポリーが、4日には「ドイッチェラント」号に乗船していた。スコットランドに在住するポリー・トムソンの親戚が二人の心労をねぎらうためにスコットランドへ招いたものと思われる。

＊3 刻みキャベツの塩漬けで発酵させたもの。ドイツ料理のつけあわせ。

＊4 E・V・ルーカス（1868〜1938）英国のエッセイスト。小説や戯曲の作品もある。

＊5 ハンブルグ――ドイツ北部、エルベ川に臨む大都市で、この国最大の貿易港。ニュールンベルグ――ドイツ南部、バヴァリア州の都市。

＊6 スコットランドの湖の一つ、魔物が住むと伝えられる。

＊7　英国コーンウォール州南部、イギリス海峡に突き出たトカゲ（リザード）に似た半島に300年近く前に建てられた灯台、名所にもなっている。
＊8　イングランド南部、イギリス海峡にある港町。
＊9　ロンドンのテームズ川サウスバンク（南岸）地区にある鉄道駅、その表玄関の建築が有名。
＊10　スタンリー・ボールドウィン（1867～1947）英国の保守党政治家、首相を歴任。
＊11　ロバート・アントニー・イーデン（1897～1977）英国の政治家。外相、首相を歴任。
＊12　1936年から39年に起きた内乱で、フランコ将軍が率いる反乱軍が人民戦線政府に対するクーデターを起こしたことにはじまる。ドイツ、イタリアがフランコ側を支援し、イギリス、フランス、ロシアが人民戦線を支援した。米国は中立を宣言。ヘレンは人民戦線の支援で募金や支援物資を送る活動を行った。結局フランコ側が勝利し、第二次世界大戦後まで政権を握ることになる。この内乱にかんする言及がこのあと数か所に見られる。
＊13　イングランド南部の州。
＊14　ディック・ターピン（1706～39）英国の追いはぎ。ロンドン近郊に出没し、捕らえられて処刑。
＊15　マーガレット・ウェード・デランド（1857～1945）米国の女性小説家。ジョージ・エリオットに似て、道徳上の問題を扱った。
＊16　サムエル・ジョンソン（1709～84）英国の文学者・辞書編纂家。
＊17　ヘンリー・H・ロジャーズ（1840～1909）米国の資本家・企業家。スタンダード・オイルの重役など。

＊18　ユーゴスラヴィア王、アレクサンダー1世（1888〜1934）。ヘレンら3人は1930年夏、王の招きを受けた。

＊19　ロンドンの中西部のケンジントン・ガーデンに隣接するハイド・パーク北東入口の凱旋門。

＊20　ドゥーク・オヴ・ウェリントン（1769〜1852）英国の将軍・政治家。

＊21　ジョン・ラスキン（1819〜1900）英国の評論家・社会思想家。

＊22　W・H・デイヴィーズ（1871〜1940）ウェールズ出身の詩人。若い頃、イギリス・アメリカを放浪し、その経験を自伝風に書いたのが『あるスーパー・トランプの自伝』（1908）。

＊23　ニューヨーク市マンハッタン中心にある娯楽施設、ロックフェラー・センターにあるビル群で、放送局なども入っている。

＊24　マーカス・クック・コネリー（1890〜1980）米国の劇作家。『緑の牧場』（1930）は彼の代表作でピューリッツァー賞を受賞した。

＊25　アーチバルド・ルートレッジ（1883〜1973）米国サウス・カロライナ州出身の詩人・教育者。

＊26　英国の詩人・翻訳家エドワード・フィッツジェラルド（1809〜83）が11世紀のペルシアの天文詩人オマールの作を豊麗で音楽的な英文に訳した詩編で、1859年匿名で出版後、好評を博した。

＊27　17世紀英国の日記記録者サムエル・ピープス（1633〜1703）にかけている。

＊28　ワルター・デ・ラ・メア（1873〜1956）英国の詩人・小説家。

＊29　ラ・アルジェンティーナ（1890〜1936）アルゼンティン、ブエノスアイレス生まれ、スペインに移住して舞踏家になった。本名はアントニア・メルセ。

＊30　ジェームズ・カー・ラヴ、スコットランドの耳科医。聾教育においても知られる。１９０６年、聾唖の研究で、カーネギー財団の助成を受けて、アメリカ東部に渡り、ヘレンを訪ねて以来、親しくなった。ポリー・トムソンの兄の一人が耳科医で、親交を深める理由ともなった。

＊31　アンドレ・モーロワ（１８８５〜１９６７）フランスの小説家・伝記作家。フランスおよびイギリス・アメリカにかんする著作があり、『ディズレーリの生涯』（１９２７）。ベンジャミン・ディズレーリ（１８０４〜81）英国の政治家・小説家。生涯を通じて小説を発表し、政界に入って、下院議員から、ウィリアム・E・グラッドストン（１８０９〜98）とともに19世紀後半の英国政治の中心人物として活躍。

＊32　スコットランド中南部、クライド川に臨む港湾都市。造船業、製造業も盛ん。ヘレンとポリーが滞在する牧師館はグラスゴー近郊の一地区ボスウェルにある。ボスウェルはスコットランドのメアリー・スチュアート女王の夫でもあった貴族の所領だったことに由来する。ポリー・トムソンの二人の兄の内、デーヴィッドは眼科・耳鼻科の専門医で、ロバートはスコットランド長老派教会の司祭で、家族と共に牧師館に住み、教会の管理運営や教区民への宗教上のサービスを行っている。

＊33　スコットランド西方のインナー・ヘブリディーズ列島中の島に因んだもの。

＊34　ジェームズ・ブライディー（１８８８〜１９５１）スコットランドの劇作家。機知に富んだ、ときには饒舌な台詞を使い、喜劇的な衣装を用いながら、深く人生の問題を探る。１９３０・40年代を通じて英国における最も重要な劇作家の一人。

＊35　マリア・バクツエルチェフは１８６０年南ロシアの貴族の家に生まれる。６歳のとき、父と別れた母

とともにフランスへ移住、フランス語を学ぶ。13歳の頃、歌手になろうと試みたが、結核のため断念。17歳から画塾に通い、病と闘いながら24歳で亡くなるまで描きつづけた。13歳ごろから日記を書きはじめ、1884年10月20日まで11年、1500ページに達した。日記は人に読まれることを意識して書かれ、死後、整理されて出版された。

*36 グラスゴー近郊の海岸沿いの町。

*37 ヌフィールド卿（1877〜1963）英国の実業家。自動車製作会社を創業。後財団を設立し、大学教育に援助。

*38 ロビンソン・ジェファーズ（1887〜1962）米国の詩人。ピッツバーグ出身。少年時代広くヨーロッパを旅行し、帰国後カリフォルニア州に住んだ。多くの作品を発表、野性的な作風で知られる。

*39 スコットランド東部の都市。テイ川――スコットランド中央部を流れてテイ湖を経てテイ湾に注ぐスコットランド最長の川。

*40 東アフリカの英国植民地で、1963年独立して共和国となり、英連邦の一員。ナイロビはその首都。

*41 スコットランド北東部の港市、同州の州都。

第２章
1936年12月

〈12月1日〉

今朝2時間あまり書いた後、アバディーンに向けて汽車に乗る。駅ではアバディーン侯夫人の代理人バイアード氏と夫人の秘書マッケンジー夫人が出迎える。バイアード氏は国際問題の見方を伝えてくれ、また諸国民同士の平和と友好について熱心に働いておられる。統一され文明開化された人類の将来について彼の動きを見るたび励まされるばかりだ。

玄関でアバディーン侯夫人が出迎える。夫人の堂々とした美しさに改めて打たれる思い。食卓では鷹揚な美しさと優しさのまれにみる一致のもと会話をリードされる。平和、教育、書物、政治、庭園、近頃のニュースなど、次々に沸いてくる話題につれて夫人の理想主義や知的な活力が輝きでる。私はモーロワの『ディズレーリの生涯』について語る。グラッドストンよりディズレーリが好きだと語ると驚いた夫人はその理由について問われる。急いで言われる——私の手に置かれた彼女の手を通して彼女のまばたきを感じた――「あなたの偏見を追い出すためにグラッドストンにかんする本を差しあげましょう」と。このお二方は彼女の家の友人で、ディズレーリは夫人の母君に男らしくふる舞ったという。夫人は私の手をグラッドストンの胸像に触れさせる。たしかに彼の顔は想像や哲学で「自らの罪の意識を鈍らせる」ような人の顔ではなかった、あるいは――つけ加えねばならない――ユーモアが彼の偏った見方を正すようなものではなかった。

アバディーン侯夫人は彼女のために私に木を植えてくれるよう頼まれた。そこで庭へ出てカエデの木が用意される。ジョージ5世がクローマーの館で植樹のおりに使ったスコップを私に手渡す。土を反して根にかける。私の心には、スコットランドを訪れるときは必ず夫人とアバディーン侯のもてなし豊かな住まいで過ごした幸せな思い出が生き生きと住みついていた――私たちにもたせた花々、お互いに写しあった写真、お二人のお好きな山の絵、ある作は夫人が描かれたものまで。さらに幸福な人類の理想の元で、私たちは精緻な愛と一体感の絆で結ばれ、夫人に別れを告げるのは誠に辛いことだ。

〈12月3日、ボスウェル、牧師館〉

今朝ダンディーを発ったとき、山々に雪があった。スコット夫人の心のこもったもてなしがボスウェルへの道々ずっとついてきた。私たちが冷えないように立派な敷物を2枚貸してくださり、寒風が車室へ吹きこむときは本当に助かった。今風は強まり、煙突のなかで悲鳴を上げ、吠えたけって荒れ騒ぐのを感じる。

牧師館は私にずっとつきまとっている憂鬱にたしかな魔力を現す――子ども時代の笑い、支えあいの単純さ、もめごと、活気づける知恵など。いつもつきまとってうるさいじゃま者からの避難所はほんとにありがたい。何千ものサイン攻め、写真や本への署名、30年間に受けたインタビューの数々。盲人のため際限なくくり返される手紙や伝言や執筆にどうして気配りや注意の集中ができるだろうか！

でも、少しはこれを実現したい。作家の特典プライバシーがもてないものか。ご親切な女主人がおっしゃる――「今日はそっとしといてあげますよ」。そこで一日ずっとかかる特別厄介な仕事にかかる。まず最初に気づくのは、5分ほどお茶に下までいらっしゃいなである。5分どころか、1時間、2時間、いや3時間も御居座りになるお客様が10人。この方々がお帰りになるときには、私の忍耐は「排水溝の雪のごとく」溶け去る。かくして私は執筆するムードも、私が求める思考のいずれもとり戻せなくなっている。こんなとき、私は人類との外交的その他いかなる種類の関係をもうち壊したくなるのだ！

何週間ものトロイヤの奮闘作業を要する郵便物の爆発。それに加えてタイプライターのそばにはまだ手のつかない急き立てる点字の手紙の山。2本の手はあまりに少なすぎる――100本の手のもち主ブリアレウス[*1]であるべきだ。

晴れ渡った空から電報が舞い降りた。春、日本を訪問して、日本の人びとに自分たちのなかに住む盲人を不幸な境遇から、有用で自尊心のある存在であることを知らせる手伝いをしてほしいという。[*2]
こうした方面で国際的に意義のある仕事にポリーと私がかかわる前に解決すべき厄介な課題もいくつ

かあるが、何とかしてそれを成しとげる決心をすべきだ。
ちょうどポリーが私の手にある知らせを伝える――二人の夫との離婚歴のあるアメリカの夫人とエドワード8世が結婚する意志があることから生じた微妙で困難な事態に英国政府が直面しているとすべての新聞が報じている。[*3]国王が彼女を断念しないとなると、イギリス帝国に影響をおよぼす最も深刻な立憲政体の危機が起きるかもしれないという。国民の深い敬愛を一身に集め、その名は英連邦全域で尊敬された国王は諸国民の基本原則に反する方向に一歩踏みだすことになろう、と私は畏敬の念をこめて沈黙の内に思いめぐらした。あるいは、国王は連邦共和国の建設的な指導者の巨大な機会を伴った王座を放棄して、自らの生活を生きることになるのだろうか？

「人類がその心を据えた壮大な希望は、
灰燼に帰す――またそれは反映する、そしてやがては
砂漠の表に降った雪のごとく、
ひととき、ふたとき照り輝いて――消え去るのだ」

いずれの国でも慣習は変わり続ける、新たな前例が定着し、市民の生活の規制を司る権威に自由の精神は従おうとしない、だがこの帝国を巻きこんだ問題がいずれの方向で決着しようとも、そこには一つの悲劇の要素が存在せずにはいない。
私の思いは、穏やかな悲しみと共に、その頭上で雷鳴と稲妻が荒れ狂うクイーン・マザーに向かっ

た。1932年6月18日、王家の指示により、先生、ポリー、私の3人はバッキンガム宮殿で催されたガーデン・パーティーに出席したことを誇らかに思い出す。

世界帝国の栄華のただなか、8000の人びとのなかに私たちが立ったのは夢のようだ。少し離れた場所では、メアリ女王と前王ジョージ5世が、金色と赤紫の天蓋の下、豪華なローブをまとった東方からの君主たち、華麗な装いのパーシー教徒[*4]の夫人たち、地球の果てから来訪した高名な人物たちを出迎えてもてなす。やがて侍従武官が、両陛下が私たちに拝謁を賜ることを知らせ、私たちは王家のテントに向かって芝生を歩み下る。心のこもった握手を賜る。ジョージ王は私が王の言葉をすべて理解できるかポリーにお尋ねになる。人びとが私とどのように対話するか見たいと仰せられ、先生が自らリップ・リーディングをご覧にいれる。両陛下は私たちの動きに深い興味を示され、感嘆の声を賜る。女王は私が英国への旅を楽しんでいるか問いかけられる。英国の庭園には魅了されたと申し上げる。

「見えなくともどのように花を楽しむか」のお尋ね。花々の香りを味わい、花、葉、茎の美しさを触れると申し上げる。

ジョージ王はなんて近づきやすいお方であろうか！　英国国民が称える強靭で淡泊、労苦をいとわぬシンボルとしての印象を受けた。そして率直で優美なメアリ女王も好ましく思った。女王の手は、不幸な人びとが悲しみや苦しみをその耳へ注ぎこめる母親の手であった。

〔12月4日〕

昨夜は英国の数百万の家族と同様、この家族も暖炉の周りに集まった――国王が熟慮の末の結婚の知らせに仰天した――デヴィッドが一番新しい号外を持ち帰った。月曜には、この件にかんして討議するため、議会が招集される予定だという。連邦共和国の意志も問われるという。英国の歴史で最も奇妙なドラマの一つが急速にクライマックスに近づきつつある緊急事態に、大気までが重苦しく感じられる。

12月5日付「ブレール・メール」紙は、11月30日に焼け落ちたクリスタル・パレス[*5]の模様を詳しく報じている。壮麗なオルガンやベアード・テレビジョン会社の研究所の機材や宮殿内の芸術作品のすべてが破壊されたことを思うとがっかりする。それ自身の歴史とロマンスにあふれたロンドンの道しるべをもう目にすることはない――いく世代もの人びとが娯楽や歴史的な興味の中心として楽しんできた場所だ。新たな建築に置きかえられたにしても、すべての国ぐにの芸術や産業などの商品――1851年の博覧会の比較を越えた展示を所蔵した独自の構造物を償うことはできない。

盲聾者たちの祝日の家――チェシャー[*6]のホイレークのトリニティ・ロードの「仲間たちの家」が生まれた！「仲間たちの家」が去る6月に創立して、二重の障害をもち、しかもその多くのものが自分の祝日などもったこともない127名の人びとが、陽光あふれるところに集うことができたとの記事を読み、私の心の喜びの琴線のすべてが鳴り響いた。盲聾者たちが、何年もかかって、400ポンドを拠金したことを知り、ほのかな誇りをさえ味わった。

1932年夏、私はロンドン「タイムズ」紙に手紙を寄せ、暇があって何かいいことをしたいと望む人は、手話アルファベットを学んで、盲聾者を訪ねてお話をしたり、散歩に連れだしたり、彼らが喜ぶようなことをしてほしいと述べた。ところがたった4年の内に、彼らの孤独の砂漠にオアシス「仲間たちの家」を建てるなんて夢にも思わなかった。神が私に視力と聴力を失うことを許したもうた理由がはっきりしたように思う――神は私を通じて、これまでに破られたことのない岩を切り開いて、最も孤独な人びとを通じて心励ます流れをほとばしらせたもうたのだ。本当に満足だ。

以下のエミリー・ディキンソン[*7]の言葉は私が先生との別れについて抱いた思いをなんて明確に言い当てていることだろう――

地上からあまりに多くの天国が去ったので
そこには天国があるにちがいない、
ただそこに天使たちも集うていることが
はっきり誓われているなら。

この詩はニュー・イングランドの最も人見知りが強く、最も霊的な詩人の『未発表詩集』からのものだ――アメリカ盲人印刷所から送られた宝物にあふれる贈り物だ。もう一つの贈り物はヴァン・ドーレン[*8]の『世界名文集』で26巻のなかに20か国の名文が収められている。

〔12月5日〕

ブリティッシュ・プレスの年報には、今日新聞には初めて「王宮のニュース」がなかったとあったように思う。シンプソン夫人が身を隠したと伝えている。これらはいったい何の前兆だろうか？　王は黙して語らず、一帝国は王の公式の動きを待ちかねる——言葉の表現を絶する巨大なドラマだ。

〔12月6日〕

今朝、聖ブライド教会にて。愚かな地上の雑事を逃れて誠の崇拝と美を味わう社はありがたい極みだ。そこで我々は人生の書物から物質的な煩いを消すことができる——

　重ね書き写本のように
ときどき、ところどころの些末事の上に書かれる、
そしてその下に隠された理想なるものが再び現れでる。

ポリーと私は赤ん坊の洗礼を見ようと居残る。お式のあいだずっとニコニコしてクークーいう坊やはなかなか立派。私はある洗礼で名づけ子を半時間抱きかかえたことを思い出した。（坊やを天国へ導くように）司祭は悪魔を退ける。「汝この子のごとくならざれば、汝神の王国に入るを得ず」といわれる神よりももっと多くを悪魔に与えたか疑問に思った。

身の引き締まる大気、家路を歩む足元で溶けてゆくザクザクの雪。戸口ではほんのしばらく日差し

がありがたい暖かさを浴びせる。でも、まもなく東風がまたも煙突を噴きくだる。スカイは突風が吹くたびにその不思議をいぶかって賢い頭をぐいっともたげるのを触れる。同じお天気が二日続くことは英国ではない、お天気はいつも何か面白いことをやっている。

ギルバート・マレー教授*9が、ジョン王が「プランタジネット家では最も賢明だった」と語られたのを聞いて驚いた。私としてはまこと信じがたい！ ジョン王は人間として、また支配者として、そのどちらにおいても愚かで頑迷過ぎたと私は信じていた。

〔12月7日〕

今日は表向きには何事もなかった。でも私にとってはのんびりした一日ではない。私の内には一つのエゴがあって、絶えず観察し、試み、理論化をおこなっている。私は窓の外を眺めたり、他人の顔の表情を見たり、声の調子をとらえたりすることはできない、とはいえ、私の手の届く所には経験という富がある。手振り、足の踏み方、喜びはみんな試され、はかりにかけられ、心に書きとめられる。そして、人びとの内に私が認める最もいいものをはっきりいい当てることができたとき、私は満足する。同情や怒りや喜びがあふれていると、不確定な要素が最も大きく浮かんでくる。恐らくそれが現実の私なのだ。あまりにもさまざまなエゴが意識のなかを通り過ぎて行くが、私自身は何なのかをほとんど知る由もない。

司祭は食卓のお祈りで魅力的な方法をなされ、私に唇の動きを読ませる。もっと多くの人が食卓での祈りを唱えるといい――そうすれば食事は大変おいしくなり、命あるものすべての欲望を満足させてくれるのは主であることを私たちに思い出させてくれる。

「王宮からのニュース」はまだない。ここ3日は暗い沈黙の期間だった。

今日私は教会へ行く途中、墓地を回った。ソクラテスの友人たちが彼をどこに葬ろうかと尋ねたとき、彼が感じたような気持ちを味わった。あのとき彼は「私の体をどこに葬るかは問題ではない、君たちは私を捕らえることはできない」。あれこれ墓石をくり返し触れてみたが特に戸惑うことはなかった。でも長い時代の制度や王権や信仰から世界中どれくらいの墓が掘られたことだろうと考え続けた。鳥たちはセイヨウヒイラギの実をついばんでいた。彼らは夜どうやって体温を保つのだろうか。彼らが身を寄せた枝にほとんど羽が凍りつくことがあるという。朝が来ると逃れようともがくのだとも。

〈12月8日〉

私たちはロスシャー[*10]のディングウォールのお友だちからよく太ったイワシャコを4羽いただいたところだ。あそこは、1933年6月から34年9月まで、先生も一緒で長い休暇――サバティカル・イヤー[*11]をいただいて過ごしたサウス・アーカンからほど近い所だ。贈り物はありがたいと思う一方、ポリーが箱を開け、柔らかい絹のような羽毛に包まれた体に触れると、涙が湧いてくるのをどうすることもできなかった。私は思いやる――日差しが暖かなサウス・アーカンの野原で、美しい羽で羽ばたいたり、露玉でぬれたり、私たちが腰を下ろして夢を見るヒースの野辺で餌をあさったりすることはもうないのだ。

ああ、高地地方の古い農家で過ごしたあの年よ！　なんとしばしば思い出がその扉を開くことか、そして暖かい日差しの中に私は立つ！　イワシャコ、キジ、ツグミにパンくずを落としてやる。近寄っても彼らは動こうとしない。柄の曲がった羊飼いの杖を頼りに柔らかに波打つ芝草を踏んで歩くと、ハリエニシダの花や金色のエニシダやサンザシやノバラの香り豊かな春が波また波を打ってうねる。それはまさに自由というものだ！　こんなに遠くまで一人でさまよえる所へ行ったことはなかった。

〔12月9日〕

いつもとちがった穏やかな眠り。でも、クロイドン空港でのローヤル・ダッチの旅客機の惨事を読むと、たびたび襲ってくる憂うつがまたもや黒い羽を広げて私の上に舞い降りる。寝ていようが覚めていようが、憧れていた命の存在が、まったく恐るべく突然に私の周りで打ち砕かれてしまった。犠牲者のなかに、オートジャイロの発明家シニョール・デ・ラ・シエルヴァ[*12]の名を見つけた。1931年4月、彼がホワイト・ハウスにおられたことを思い出した。先生、ポリーと私はハーバート・フーヴァー大統領[*13]夫妻にお会いした。ニューヨークで開かれた盲人事業世界会議の出席者たちを案内して行ったのだが、特に大統領から昼食に招かれたのだ。盲人について語りあったあと、地上にあるオートジャイロを見た私たちがその将来について見解を求めた。彼は非常に関心があり、素晴らしい可能性があると思うといわれ、デ・ラ・シエルヴァの名をあげられた。大統領の快活な親しさや気取らない単純さを覚えている。彼は政治情勢や新たな繁栄について期待を込めて語ったが、私が今日の経済問題の解決には長い年月を要するとの心配を語ると熱心に耳を傾けられた。彼のご苦労について述べると「あなたは私のような鈍物に毎日会うことはない」と物静かに語られた。先生と私は彼の謙虚さに強く印象づけられた。おそらく彼は自身の限界に気づく賢明さをもちあわせておられたにちがいない――それはしばしば偉大な人物でも欠如した特質だ。

今日、私たちはラヴ博士の娘マージョリーと夫のヤング博士、ラヴ博士夫妻の皆さんとランチをともにした。皆さんも私たちと同じ話題に関心があって、結果としてエドワード王の結婚問題が話題の中心となった。国の最も重要な問題は王の決断だとして、私の周りの人たちのいら立ちも強まっていると思った。王は王位を諦めるにちがいないと私は思う。どのように決断しようと、彼の真価が深く傷つくことになるのはたしかで、帝国を結びあわせるきずな――王への忠誠はまもなく破れることになるのは明らかだ。「すべての王国、権力、皇国は過去のものとなり、主のみが支配する」と古くから予言されているが、エドワード王にみられた民主的なリーダーシップへの明確な誓約や英帝国に求められた世界平和の達成に期待を寄せる人びとの心の痛みは癒されることはない。

今晩の最も新しいニュースでは、「不幸にも支持の得られない事態から」必要とあれば、シンプソン夫人は身を引く意志があるとの模様であった。だが、王はそのような解決案を受け入れることはあるまい。

〔12月10日〕

教会近くの小さな谷あいを歩いていると、ポリーが「もうガス灯がともされた、まだ2時だというのに」というのを聞いて驚いた。スティーヴンソンが『ガス灯の弁護』[*14]を書いてから70年も経つのにこの近在では、男が日暮れ時に一つ一つガス灯の元栓を開いて、長い火口でガスランプに点灯してまわっていると聞いてすっかり面白くなった。

荒々しい噂が塊になってぐんぐん広がっているが、エドワード8世はどうも退位するのがたしからしい。至る所、強烈な興奮が渦巻いている。国王が自らの決断で、自分が期待する幸福が刈りとれるか私は疑問に思う。一人の女性の愛をはるかにしのぐ人民の愛があるからだ。

神は我々に、不幸でなく、幸福を求める命を与えられた。人間性は過度な幸福によってだらけたり無関心になることはないと思う。自然の秩序は常に苦痛、失敗、別離、死を必要としており、広大な世界文明の実験の複雑さや危険が増すに連れて、これらのものが一段と恐るべきものになる。神の賜りもの——喜びを神の子らのためにたしかなものにする精緻な仕事は我々のなすべきこととしてとどまっている。真の幸福を形作るものについて多くの人びとが誤った考えをもっている。それは自己満足として達せられるのではなく、高まいな目的に向かう誠実さを通して獲得される。健康がそれ自体目的でないのと同じく、幸福は何事かを成就する手段たるべきものである。誰しも人は否定されることのない諸権利——幸福を可能にするのに尊重される諸権利をもっている。自らの信条を選び、自らの能力を発展させる限りにおいて自己の生活を生きる権利をもつ。しかし、幸福を生みださずに消耗したり、自分の欲求を成就するために、他人の肩に重荷を負わせる権利はない。結局のところ、エドワード王は、強大な帝国中の臣下の福利のために尽力してきた数年の後、平和のうちに物事を成しとげようとするなら、自らもつ非常に大きな努力を必要とすると思われる。自分より前に存在した人びとがある限界のなかで成しとげ得たより高度な目標のある世界に生まれているのだと信じる限りにおいてのみ、個人の人生には真の高潔さ、真の意義がある。

まるでブラウニング[*15]の詩『失われた指導者』がこの運命的な日のために書かれたかのようだ。

〈12月11日〉

今晩私たちは、1906年にサンフランシスコを襲い、この都市を破壊した地震と火災をドラマ化した『サンフランシスコ』の映画[*16]を見ようとグラスゴーへ出かけた。最初の部分は恋愛物語で私にはこの歴史的事件には不要と思われ、後半で心をとらえられ圧倒的だった。傷めつけられた都市の黒い羽のように、私を戦慄させ、恐れさせた。地震の地響き、ビル群の倒壊、炎の雄叫び、水道本管の破裂を感じることができた。ネッド（エドワード・L・ホームズ[*17]）の痛ましい情景の数々を証言した力強い叙述を想起してまたもや私は悲しみに包まれた。彼はサンフランシスコに住み、建築家として働き、この町の一部を再建しようと心と体を打ちこんで仕事をしていた。ポリーが懐かしいマーケット・ストリートの情景を知らせてくれる。講演旅行で広大な合衆国を北へ、南へ旅する途中、サンフランシスコを訪れれば、あちらこちらと歩き、車を走らせた。サンフランシスコで私が一番好きだったのは古いフェリー・ボートや世界各国からの船がゴールデン・ゲートを通って入る壮大な湾である。いつかそこを訪ねることがあれば、新しくできた素晴らしい橋から眺めを楽しみたい――世界で最も長い橋といわれ――眺めはまさに絵のようでロマンチックにちがいない。今日の建築事業の多くに見られる悲劇的な側面は、それら事業が往々自然の美を破壊してしまうことだ。自然美は値のつけようのない財産で、ほかのものでとりかえることはできないものだ。

国王の退位で起こった興奮は弱まることなく続いている。悲しみ、怒り、傷ついた誇りが国民のあらゆる階層から表明されつづけている。そして自らの重荷を背負い、病めるものも健康なものも、安全なものも危険にさらされているものも、さらには求めても解放されない沈黙した数百万の人びとからの答えようのない異議申し立ての存在を私は感じる。

今夜、ウィンザー城[*18]からの国王の告別放送を全世界が聞いた。彼の言葉には誠実さからくる高潔な響きが感じられ、心中を語る王の率直さには敬意を表したい。そして息子の告別にともなう悲しみの渦中におられるクイーン・マザーに悲しみ以上のものを感じ、同時に彼女の毅然とした態度に驚嘆する。

あらゆる角度からみて、エドワード8世が振るうことのできた権力に対する屈服を理解することはむずかしい。たしかに、不断の深慮と賢明さとを必要とする巨大な困難に遭遇したにちがいない。それらを解決する彼の勝利は偉大なもの以上だったのだろうか。

挫折感にいら立ちながら、我々は我々の前途にはなぜ恐るべき障害物が置かれるのか自問する！なぜ我々はいつも逆風や荒海と戦わずに穏やかな船旅ができないのかときどき疑問を抱かずにはいられない。たしかに、気楽と静寂のなかでは人格は成長しないからだ。試練と苦悩の経験を通してのみ、精神は恭順となり、視界が開かれ、野望は鼓舞され、成功が達成されるのだ。人類への奉仕で歴史上名声のある多くの男女は「逆境を用いる」ことで知られる。このような人びとは困難や反対から身をかわすことを拒んだ故に勝利した。こうした妨害はこれらの人に潜んでいた活力と決断を呼び覚まし、他の人びとが望んだ目標を超えて彼らを進ませることになった。

〈12月12日〉

昨日はわが友アレクサンダー・ウルコット[*19]に手紙を書いた。彼は先生に対する丁重な賛辞を送り届けていた。彼の話では、ある女子高校生たちからいろんな質問を受けたなかに「現存する女性で最も偉大な人は誰か?」というのがあった。彼は首をかしげる必要はまったくなかった。答えは彼の心に用意されていた――「アン・サリヴァン・メーシー」。チャールズ・ディケンズ[*20]が亡くなっても『クリスマス・キャロル』が生き続けるように「彼女が世を去ってもその偉業は生きつづける」と語ったという。アレクサンダー・ウルコットのことで特別の温かさが私の心にあるもう一つのことは、先生が入院しておられるあいだ、毎日花を届けて、先生のすさんだ日々を明るくしてくれたことだ。

彼のなすこと、語る言葉には常にドラマがある。ニューヨークのドクターズ病院に入院中の先生を訪ねたとき、「エドワード8世が歴史的事件を起こしても驚かない」と彼は語った。人類の年代記のなかで、この驚くべき1章について彼の言葉と筆が明かしたことはなんと雄弁なことであろうか!

エドワード王が42歳で、自主退出、自主退位、自主追放を行った奇妙な結果を言葉に表すことはできない。彼のうちには英国市民の最も精緻な大望が体現されていた。彼の人間性のうちに国の若さを吸いこんでいた。若者の新たな希望、前向きな運動を象徴していた。多くの諸国民の友であり、彼らの抱える課題の通訳者であった。王座にありながら民主主義者であった。彼はロンドン、イングランド、青年、世界のすべてであった。今やあらゆる人びとが感じるにちがいない空虚があるだけだ。

もちろん、国を維持するのに働くのは国民である。さらに高い位置――イギリス連邦に向かって苦闘する帝国のきずなともいうべき情熱や広い愛情を喚起するのはまれな才能である。くり返しになるが、エドワード王は多くの情愛に満ちた明らかな変革の証であった。彼は言行ともに一つの時代を画した。大衆が共感、奉仕への意志、自己革新の欲求を拡大する源、すべての分配者であった。でも彼は去った。

こうした数々の思いからの気晴らしに願わしく、私たちは今夜グラスゴーで3000年もの昔から演じられてきたという魅力的な中国のお芝居[*21]を見た。今日の舞台装置をまったく使わず、すべてを見る者の想像にまかせる。基になった物語は中国の皇帝の娘貴川王女が、王の庭師と結婚しようとした(当時庭師の位は誠に低かったが、芸術家として敬われていた)。貴川王女の気位の高い二人の姉たちは彼女の行いを苦々しく思い、庭師を追放させる。白いガンが貴川王女の変わらぬ思いの便りを届け、彼女は長くて危険な山道や恐怖に満ちた国を通って一人彼の後を追う。ついに皇帝は二人の気高い忠実さに感心して、彼らに恥ずべき所業を働いた総理大臣を罰する。俳優はみな素人だが、なかなかの腕前。ポリーは彼らの魅力的な衣装や中国の音楽について知らせてくれる。舞台は終始彩り豊かな詩編だった。

〈12月13日〉

本当にしばしば私は自分の限界が貧しい人びと、身にあまる重荷を背負わされた人びと、知識薄き人びとへの一層の奉仕を妨げているのを思って寂しくなる。しかし、日本人がよくいうように、なぜ自分の願いの杯にささやくのだろうか？

人間は時の大海原に失せてしまう微々たる水滴にすぎない。いかなる人種、いかなる個人がなしうる最大の事業は「天の御心の目指すところ」に少しばかり深く入り込むことだ。最高度に天命を成就する民族や個人は幾時代をも通じて善意の流れを受け渡す最善の運び手である。

もう一つ支えとなる信念がある。惑星の運行と飛びかう雀たちをともに導く見張り役の天帝は人事の成り行きを調べ、一層の努力を求める。神は私たちに「個人的な」関心をもっておられるという信念は、見知らぬもの、敵対するものとして生きてきた古くて暗い世界に、より明るいものを与える。それは信ずる人びとに力の意識をもたらす。人類は誘惑や策謀やよこしまな貪欲に打ち勝つ確信を得させる。主の軍勢が彼らの周りに駐屯していると分かれば、陸軍や海軍さらには防衛戦など恐れることはない。必ずやある日、すべての人びとは愛しあい、地上に注ぐ平和と友好の日差しのもとに人間がもたらす災いは消え失せると彼らは確信をもって自らに語ることになる。

この造物主の考え方は古びたものと多くの人が思っていることに私は気づいている。私はたびたび心の中のかのお方のみ声を聞き損ない、さまざまな疑いが心を圧倒することがある。でも、私はこの信念を手放すことができない。そうしないと、この世界の暗闇のなかを照らす光をもたないことになるからだ。

何らかの神なくして、たとえそれがさまざまな暗黒の力のなかで穏やかな神格であっても、人は、骨を砕く重荷のもとで働き、氷河の寒気に身を刺され、砂漠の太陽に身を焼かれ、愛する者が切り裂かれ、暴行され、飢えで死ぬのを目にして、生きることができなかったはずだ！　人は自ら発見する計り知れない力にかかわると原始のままにとどまる。卑しい本性や迷信を背負わされた人には協力して創造する慈悲深い力にさらに目を開いた信仰が一段と必要である。この力によってのみ、大洪水で抹殺されること――「愚かさによって絶滅される」ことを防ぐことができる。

アンリ・ファーブル[*22]は、つまらないと見えるものもたびたび心温かな力が最も些細なものを維持する限りない労苦を示すことがあると彼の『クモの生涯』のなかで印象的に述べている。彼は最も小さな部分まで規制する高度な知性にこだわる。人は初めコハクの断片をこすり、それが小さなもみ殻を引きつけることを発見したが、我々の時代の電気のもたらした驚異までは思い描かなかったことを彼は私たちに気づかせる。最初は人間は子どもらしいやり方で楽しんで、その記録は残されていない。この無頓着な実験は成果を収めることになった――それはくり返され、試され、想像できる限りの方法で探られ、文明の活力に満ちた一部を成すに至る。

〔12月14日〕

昨夜の放送でのカンタベリー大主教のお声が本当に美しかったとみんなが私に話してくれる。大主教のお言葉は、これまではそうとは思わなかった私に、政府と王室が分裂したあいだにおいても、帝国の人民は寛大で、忍耐強く提携しあっていたことを知らせてくれた。たしかに今こそ運命の手が幕を引き上げ、いくたの時代の内の一つのドラマに光が入れられる。

「現代人の特徴は何か」の問に私はいつも関心を抱いていた。観察の機会は限られているが、読書を通じて答えを得ようと心がけており、他人および私自身の経験を通して絶えず判断の基準を強化している。

一つの特徴と思われるのは、一層強烈に生活を楽しもうとすることで――ダンスや旅行や飛行機や高速機器などに見られる速さへの志向である。もう一つの特徴は新しい建築物や都市計画の改善に示される単純で麗しい線の組みあわせや釣りあいの認識である。さらには繊維製品や女性の服装に見られる色彩への鋭い感受性である。他方、男性はジャズや機械の騒音に対して寛容で、調和のとれた音響に対しては明らかに鈍感になっている。

会話においては、極論は嫌われる、決定的な見方にはいらいらする、気むずしいことや個人的な習慣への干渉は嫌われる、だんまりはまったくなしなど、私はしょっちゅう気づかされる。

若者たちのあいだでは衣服の見栄や華美に対する嫌悪感の存在がみられる。彼らは物事にすぐ飽き、意見の交換にすぐくたびれる。でも彼らは伝統などは反故にし、古い習慣を打ち壊す。ユーモラスなことやひょうきんなことは素早く理解し、真面目な議論は避けたがる。しかし私は彼らの内に将来に期待の持てる奉仕の精神の成長を感じる。

今日、牧師館へもクリスマスの最初の小波が寄せて来た。教会堂に吊るす花飾りを作るヒイラギが近くの林から切りとられた。20年も前、レンサム[*23]に住んでいたとき以来、誰かがヒイラギを切って花輪飾りを編むのを見たことがなかった。かつてアメリカのクリスマスを特徴づけていた優しくて古風な単純さを懐かしく忍ぶ。ここでのクリスマスは身分卑しくお生まれになり、常に最も卑しき人びとのあいだで住まわれた御方の誕生の日だったのだ。

〔12月15日〕

優しく実り豊かなクライドの谷の上の丘に住む炭鉱夫の家族と大変愉快な午後のお茶を楽しむ。客間のようにこぎれいにきちんと整頓された台所に座ってスコーン（ホットケーキ）やパンケーキをいただく。念入りに磨きこんだオーブンのかたわらの台に乗った湯沸かし、形のいいトディー用の器、壁に作りつけた二つの大きな箱型ベッドなどいろいろ触れながら、私は心のなかで「小作人たちの土曜の夜」の歌を歌い続けた。この家庭はスコットランドでは姿を消しつつある気風をとどめていると思った。

帰り道ではちょうど学校が放課になり、牧師館の子どもたちを待つために車を止めた。おおぜいの少年、少女たちがハミルトン・アカデミーの門からあふれ出るのを聞くのは楽しい――愛すべき若さの滝だ。3人の子どもたちが笑いながら車へ押し入って、私の手にいっぱいおしゃべりをする。

子どもたちを待ちながら、私の思いは二つのことへさまよった。一つはイタリアの教育家マリア・モンテッソリ[*24]に会ったことだ。強い誠実さと魅力的な快活さが混じった彼女の人間性が私をわくわくさせた。子どもには物事を教えるべきではなく、自らの力で物事を見出すよう励ますべきだと博士と先生がまったく別々に発見したことを聞いて博士は大きな興味を表明した。イタリアでは教会が知的な自由に対して拘束的な態度をとり、児童たちが貧困によって害されている事情を博士が苦々しく述べたことを覚えている。モンテッソリ女史にはサンフランシスコのパンアメリカン博覧会で再度お会いした。私たちの時代の偉大な教育者を顕彰する大きな集会が催された。モンテッソリ博士がアン・サリヴァン・メーシーに寄せられた雄弁な賛辞を思い出すと今でも体が燃えてくる。

ポリーがジョージ6世の即位で教会の塔にユニオン・ジャックが揚げられたと伝えてくる。さまざまな情感が入り混じるとともに、新王は王者として、皇帝としての世界的な役割を担わねばならない！

〔12月16日〕

吹きまくる南風、雨、あられ、雷の朝、突き刺す寒さの午後……。

今日は、激流のような仕事が私の飢えた指たちにある本をひとかじりするのを許してくれるめったにない1日だ。ロンドンからジェームズ・ブライディー*25の『眠れる僧侶』の点訳書を届けてもらった。さらにモルフェウス（眠りの神）から数時間を盗んでこのドラマを読み終えた。作品は今日の宿命論や安逸に対する有益な解毒剤のようで、型にはまった医師や牧師やソーシャル・ワーカーの風潮を機知と勇気をもって攻撃する。活気あふれる対話や偽物や形式主義を貫いて吹き抜ける軽蔑の風がジョージ・バーナード・ショー*26を思い出させた。

そうだその名前！　シカゴで『ピグマリオン』を見て、もし私たちが会って語りあえれば、G・B・Sは静かな闇の合言葉を知るだろうと想像した若い頃の記憶を呼び覚ました。1932年の7月のある午後、先生、ポリー、私がアスター夫人*27を訪ねた折、夫人が私たちを彼に紹介した。彼が私に挨拶したとき、反応の乏しい、皮肉のこもった手が、高い高潔さで人類の聾と盲と闘う闘士の手だろうかといぶかった。愚かにも私は、お会いできてうれしい、こんなに誇らしいことを感じたことはないと述べた。アスター夫人は彼が私にあまり関心を示していないと察して、彼の腕に手を貸して少し振って――「ミスター・ショー、ケラーさんは聾で盲なのですよ」と言った。

先生は彼の答えを私につづるのを数分ためらった。続く沈黙に私は何か普通でないことが起こったと分かった。続いて先生は彼の言葉をくり返した――「もちろんアメリカ人はみんな聾で盲です！」

私はこの発言が面白いと思った。私は彼がそれを特に私に向かって言ったものだと思った。しかし以後、それは私に向かって言われたものでないと聞かされた。いずれにせよ、私は腹を立てることはまったくなかった――彼の気まぐれで、刺激的で突飛な発言を私は聞きなれていた。

最初私はミスター・ショーとの面会について記事を書くつもりはなかった。しかしアメリカの新聞社が要請したので、熟慮の末、彼の言ったことをくり返しても差しさわりはないと決した。これまでにも彼は機会があれば、アメリカ人をとがめたり、あざけったりしてきたからだ。私の書いたことで、私が彼に対して手厳しいことを言ったなどとは夢にも思わなかったし以来あの記事については後悔もしている。

G・B・Sに対する私の熱烈な賛美はまったく消えることはない。彼こそは圧迫や偽善の柱を引き倒すサムソンたちのうちで最も強力に戦ってきた一人である。彼が破壊した禁止の虚偽や彼が打ち壊した偶像や弱々しい口を勇敢な発言へ燃え上がらせた彼の火に世界は大きく負っているのだ。

〔12月17日〕

またもや大西洋の両側からの手紙や障害に病む人たちへの依頼が部屋の机やその他の家具をうずめる。ポリーは手が震えるようになるまでつづり続ける――いつになったら果てるやら……。

アメリカを経由してここへ回されてきたインドの盲児たちのボーイ・スカウトからのクリスマスのメッセージの頼みは遅くなって送ってやれないのが残念だ。

もう一つはオスワルド・ギャリソン・ヴィラード[*28]からの依頼で、彼は私が不在なのを知らないのだ。12月12日に開かれるカール・フォン・オシエツキー[*29]のノーベル賞受賞を祝う大集会でカールおよび他の投獄者たちのためにスピーチをするよう求めていた。こうした平和のための重要なデモンストレーションに出席できないのは残念でならない。一方これに対応するドイツ政府の馬鹿げた態度は信じがたい。しかし彼らの策謀にもかかわらずオシエツキーの平和への活動の素晴らしい霊感を阻むことはできない。彼は殉教者として、真の愛国者として、歴史に残ってゆくだろう。自国がさらに深刻な闘争と悲惨に陥ると信じられる進路に彼は同意することを拒んだ。

ルーズヴェルト・メモリアル協会からの手紙は、1937年10月、恒例の夕食会に出席するよう求めている。去る10月、先生と私が受けることになっていたメダルの授与を延期していた。私は感謝と悲しみとともにメダルを受ける。協会が私に与える優れた賛辞は、打ちひしがれた人びとに希望の福音をもたらす助けとなることを願っている。先生がこの名誉を分かちあえなくなった今となっては、その栄誉は私にとって同じではない。

湿っぽい思いを払いのけ、しっかりした神経と注意深い考えのいる仕事のために平静をとり戻そうと屋外で機敏に歩く。

今日のディナーはハギス[*30]だ。味つけはよく、汁はたっぷりなごちそうだ。詩人バーンズにそれを歌った詩があった――

腸詰一族の偉大な王よ、
お前はその連中の上にどっかと腰をおろしている、
胃袋や腸や内臓の上に。
お前は俺の長い腕くらい
長ったらしい食前の祈りにふさわしい立派な食べ物だ。

（照山顕人訳「ハギスのために」より）

仕事へ戻り、いらいらがヤマアラシの針のように高じるまでしっかりやる。さまざまな事柄が手の平がひりつくほどにつづりこまれた。幸いにもベッドへ逃れて、ケネス・グレアム[*31]の『楽しい川辺』を読むとしよう。

〈12月18日〉

過酷な運命はなおも私を囚人のごとく机に縛りつづける。「ジャックが建てた家[*32]」の歌のように仕事は一つまた一つ韻を踏んで目白押しにやってくる……。

「グラスゴー・ヘラルド」紙の朝刊の記事で誇らしい喜びを味わう――サー・アイアン・フレーザー[*33]がイギリス放送協会（ＢＢＣ）の総裁に指名された。さまざまな制約を乗り越えた勝利は盲と最も豊かな人生の業績とのあいだに立ちはだかる壁を揺さぶり倒すだろう。彼はラジオという強大な力を通して人びとの関心を高め、教育する誠にユニークな機会を得たことになる！

今日、マーク・トウェイン*34の頭部のブロンズ像がテームズ河岸通りに設置されるという「ニューヨーク・タイムズ」紙の切り抜きを受けとった。その最も幸福な年月を大河の上で過ごした彼にとってまったく素晴らしい表敬の場所というべきだ！　周辺に貧苦に沈む人間の暗闇が漂う河岸通りほど適した場所がほかにありえようか！　私はコネティカット州の彼の自宅でマーク・トウェインに最後に会ったときのことを思い続ける。記憶のなかで彼の親しくてわびしい顔に触れ、唇の動きを読む―彼に映じた世界の限りない悲劇と彼が目撃した残酷や監禁や偽善に対する容赦ない戦いの意志を記録した顔。私は彼が笑うのを見たことがない、しかも障害と戦い征服するため他人を喜びで楽しませ力づけるときにも。

先生が私の人生の壊れた竪琴を修復し、見ること・聞くことに代えて精神的な思考を与えようとするのを、アレクサンダー・グレアム・ベル*35を除いて、マーク・トウェインほど明確に見ていたのはまず他にはいない。神は存在しないと彼は公言するが、汚された人びとの人生を改め、愛をもって最も深い暗闇を貫く人間の意志を信じる彼の信仰は限りないものがあった。

〈12月19日〉

まだ降っている。この雨どこから来るというのか。クリスマスツリーの周りに集まった日曜学校幼稚部の4歳の子どもたちに会えていくらかの日差しをいただいた。可愛らしいパーティのフロックをまとった彼らは花のように見えることだろう！

今届いたニュースによると、若い聾の学生R・ピッチャー君がロンドン大学で、自然科学の学士号を取得したという。彼は特別な条件もつかず、このむずかしいコースを履修し、たしかな実力を示したことになる。彼はライポンのビショップとロード・チャーンウッドから温かい祝辞を贈られた。このお二方には3年前、国立聾学校教員養成校での私への称賛のためにロンドンで開かれた午餐会でお会いした。同級生の一人が教授たちの講義を簡潔なノートにとってくれたことでピッチャー君が授業についてゆくことができたことを読み興味を覚えた。

彼が登りきった急な高嶺のことを私はよく知っている！　私の場合、先生が4年間も私の隣に座って、さまざまな講義を1語1語私の手につづってくださらなかったら、私は大学のクラスには出席できなかったのだ。正常な人びとがハンディキャップを負った人びとに同志的な精神で協力すれば、彼らが何事かを成しとげることができることをこのニュースは印象的に証明している。

夕方、ハミルトンへ映画を見に行く。『私に100万ドルがあったら』だ。フィルムが引き起こす笑いで、風や土砂降りそしてパチパチいうタイプのキーに不平たらたらの1日のあと、気持ちがせいせいした。聾盲の人間が映画から喜びを得ると聞いて人びとはときおり驚きを表す。ポリーが私にタイトルや対話をつづってくれ、顔の表情や衣装を説明する、しかも進行の早いフィルムでも。目の前でくり広げられるユーモアやペーソスや美しさをほっそりした指で私に伝える女優のような能力を彼女はもっている。

映画に行くと――まれにしか行かないのだが――私は記憶の魔法の絨毯でハリウッドへ運ばれて行く。1918年にあそこで私の生活の物語の映画を制作した。そこで人びとは、監督の号令が聞こえないあなたがどうやってと聞いてくる。しかしジョージ・フォスター・プラット監督[36]は私のために軽く叩く信号のシステムを工夫して、ポリーに彼の指示を私に伝える時間を与える。トントンという信号が始めややめの合図として私の足に届く。自分でもよく自覚している不器用さにもかかわらず、その撮影のリハーサルは思い出すごとに楽しめる喜劇である。

はるか昔の魔力のもとで、チャーリー・チャップリン[37]がおずおずした仕草の魅力的な控えめな態度で私の人生の舞台を動く。『犬の生活』や『担え銃』のフィルムを私たちに見せながら、ほほ笑みと涙が入れ替わってやってくる。何ともいいようのない帽子やズボンや靴を見せてくれる。人類の敗北者に対する彼の深い共感の故に私はチャーリー・チャップリンに特別の敬愛を抱いている。

もう一つ場面が変わると、メアリー・ピックフォード[38]のスタジオ・バンガローで昼食をいただき、格好のいい『ドンQ』の衣装を着けたダグラス・フェアバンクスに会う。メアリーの『リトル・アニー・ルーニー』撮影の仕事を見にきたという。仕事で緊張したメアリーの体、温かくて敏感な顔、好意でいっぱいの温かくちょっと湿った小さな手を私はよく覚えている。

無法な南西風が教会へ行く私たちを吹き倒さんばかりで、帰り道では大粒の雨が私たちにたたきつけた。

司祭は、幼児キリストの出産を控えたマリアが身を寄せる所を探したのにベツレヘムには宿が無かった物語をもとに、有益な説教をされた。物質的な目的の追求は、命の宿の子どもらしい受容性から群がり出るといわれた言い回しを特に好きになった。『聖書』を毎日読むこと、美を愛すること、そして生活で健康と興味を自ら守る強固な単純性など……。

ケネス・グレアムの『楽しい川辺』が雨降りの時間を早く過ごすのに役立った。田舎の喜びの豊かな感覚と英国の健康で楽しい炉端の風習を与えてくれる。それは自然を語る本としては訴えるところはない。私はこれまでイソップやラ・フォンテーヌ[*39]やほかの作者の寓話を受け入れることができなかった。寓話では口のきけない動物たちに我々の考えを言わせたり、ふざけをやらせたり、着物を着せたり、ボートを漕がせたり、車を運転させる。私には動物たちはそのままではるかに大きな魅力をもっている。でもグレアムの川や春の野辺の花々やカワウソの坊やを抱いたパン（牧羊神）やページからページへ続くせせらぎや歌声に私の指たちは幸せでむずむずする。

また私はオマール・カイヤームの『ルバイヤート』の壮麗さに見入る。ここではオパール、ここではルビー、至る所でバラを集める。でも単純にそれを読みとおすことはできない。恐らく、悲しみが私をぬらすからで、「私の人生が洗われたばかりの大地」で、これ以上雨を吸いこむことはできない。混迷した影、深紅の光、嵐、恐怖に捕らえられた人びと、絶望に陥り、官能のなかで苦悶におぼれ、砂漠や墓となって『ルバイヤート』は私の前に存在する。そんなわけで、それは純白の雪や春の前触れの緑には誠実ではありえない、一種の墓だ！　そこでは盲人の魂には光は届かず、聾者への思いやりもなく、黙した唇には言葉もない。

喜びは世界における重要な力であることを知らない者は人生の本質を見失っている。喜びは有為転変に統一と意味を与える精神的要素である。善き者の勝利を信ずることは人類を鼓舞し、啓蒙された楽天主義は建設的な目的を人にはぐくみ、人の思想にかせをかける恐怖から解放する。悲観主義、または受け身の諦めは精神を弱体化し、社会を転覆し、廃墟と化する、一方、決断に基づく断念は一つの力である。前者は後悔に過ぎず、後者は沈着で、それは信念であり、動機となる力である。楽天主義は、運命の霧でぼやけた大気を晴らすエホバの稲妻である。

〔12月21日〕

今日は地球年の最も短い日だ、でも私の心の暦では最も長かった。

一番長い日は6月だという、
一番短い日は12月だと。
でもそれは私には当てはまらない――
私が覚えている一番短い日は

あなたがやってきて、1日を過ごされた、
あなたは私の心を笑いで満たされた。
一番長かった日は、
あなたが逝かれた日の翌日だった。

先生が去って2か月しか経たぬのに何年も過ぎたような思いだ、しかも毎日耐えがたい感覚を味わってきた。

毎時間ごとに私は生き生きした美しい先生の手から数知れぬ明るい合図を求める。それは生命だ！　小さな言葉で私の心の暗闇に触れた手、どんな疑問にも答えた素早い手、暗い沈黙のもつれを鮮やかな模様へ解きほぐし、私が見えるように光の輝きで償い、私の奥深くの耳に音楽で伝える優しい手で、私は幸福と愛に目覚めた。50年後になっても、私は先生の優しく話のうまい手の温かさを感じ続け、誰かに聞いたことだが、失った手の痛みを感じると同じく、私の手に訴える。見たところ、それはもうそこにはない、そしてこの重苦しい日が私を削ってゆく、かつては喜ばしい緑の野原をうずめる氷河のように。麗しいろうそくのすべてをともして先生はお祝いを優雅なものにした、喜びを創造するのに新たな道を求める先生の人間性のまれに見る火花――多くの生命が、先生を中心にしたクリスマスのうちに消え失せた。

私たちが失ったものを人間愛の綱ですぐ近くへ引き寄せ、私たちの命をそれらの記憶を住まわせる神の認めた社にしないとしたら、クリスマスは一体何なのだろう？　クリスマスこそは伸びやかに実り豊かに成長する種を再び植えるときだ。クリスマスと先生を合わせ考えることは、霜の降りた夜が明けて、太陽が茎のいただきに花々を掲げるように私を支える。たしかに先生は私の欠点やうまくいかなかった仕事にたびたび失望された。半世紀もの長きにわたって先生は私のそばに座っていることにどれほどの価値があるとみておられたか私には想像ができない。先生こそ神の愛の伝え手だったと信ずるほかない。先生がもっとわずかしか心配りをなさらなかったとしたら、どうなっただろうかと想像して私は震える。でも神は豊かな資質を備えた先生を私の空虚な世界へ送ってくださったので、今年のクリスマスに神は霊感を通して、私と障害を負った世界の人びとに、先生の業績よりさらに偉大な先生を再び送ってくださるだろう。奉仕と想像と友情を通して私に明るい出口を見いだしてくださった耐えがたい運命に私が屈服したとはいえるはずがない。

〈12月22日〉

もしサンタ・クロースやトナカイや荷物が煙突を降りてくるとすれば、今朝ここで人びとがこれほどに右往左往するはずはない。私の周りでは、クリスマスの電報や手紙や小包が、一方は郵便局へ向けて、もう一方はヒイラギを飾った表の戸口へ、二筋の小川となって流れている。

6人がかりでプラム・プディングをかき混ぜ、今や煮立ってぐらぐらして家中愉快な香りを送り広げる……。

〈グラスゴー〉

午後、ポリーと私は友人たちを訪ね、夜は先生と一緒にグラスゴーへ来たときと同じセントラル・ホテルの同じ部屋に泊まる。

今夜私はアルバート・アインシュタイン[*40]の家族との別れについて優しい悲しみとともに考える。「グラスゴー・ヘラルド」紙に彼の奥様の逝去を伝える広報が載った。真新しい発見へと導く彼の穏やかな勇気と高い思想が彼を支えるにちがいない、しかし、彼がいかに多く傷つけられたか思い起こすと胸が痛む——ユダヤ人なるが故の迫害、人道的な平和主義を謀反行為と札を張ったドイツ政府の謀略、深く愛した国からの追放、彼とともに信仰にいそしんだ人たちに、彼らの聖なる場所には高まいな神の姿を見てそれを明かそうと努めたため彼らが示した敵意。困難や労苦や勝利を彼と分かちあった賢明で誠実な伴侶を追放のさなかに失わねばならなかったことはあまりにも痛ましいことだ。

私の最も輝かしい記憶のうちで、1929年、先生と私は、ドイツへ帰ろうとするアインシュタイン教授にニューヨークのモーリッツ・ホテルでほんのわずかな時間お会いしたことだ。「メーシーさん、今日の教育で、ほかのいかなる業績より、あなたがなさった仕事ほど私の関心を引きつけたものはありません。あなたはケラーさんに言葉を与えたばかりでなく、彼女の人間性を開花させたのです。そのような仕事はそれ自体超人的なものをもっています」と教授は先生に語った。2年後には、新歴史協会主催で開かれた平和集会で再び教授にお会いした。

心のこもった握手、臆病かと思える控えめな動作、気高い頭に触れさせた子どものような単純さなど本当に穏やかに思い出される。偉大な人物の前にいる驚異は言葉の表現を超える。そばに立っていて、アインシュタインの人間性の大きくて友愛に満ちたオーラのなかへ地上の不調和が解消し、春の太陽が冬の空を満たすように古い世界を新しい世界が満たしたかのように、ふと私は感じたのだった。

〈12月23日、グラスゴー、セントラル・ホテル〉

今朝、先生に会えたのを確信して目覚め、終日幸福だった。いただきにヒースを乗せた丘また丘、サンザシが花盛りの垣根、また垣根がうねり、まるでサウス・アーカンのような田舎をポリーと私を乗せて先生が車を走らせるのを夢見た。

先生は健康で、すぐそばに私がいる喜びで輝いていた。まるで私たちの周りに愛が十分でないかのように見ておられた。先生はバイオリンのような精巧な器具を渡しながら――「ヘレン、聞いてごらん、これはあなたのための耳ですよ。あなたの手に落ちかかる雨の音、ウタナキドリの声、遠くを通る人の足音、あなたには届かないせせらぎの音。あなたに科せられたもう一つのかせが壊されるのです」。

愛撫を残して先生は去った。でも私は乱れることはない。何となく私は先生の姿が恵まれた姿であることを知り、何か月も心には住み着いていなかった平安を抱いて目覚めた。サウンド・ブリンガー（音響再生機）については、それが夢なのか、あるいは何かの予言なのか、まだ分からないでいるが……。

クリスマスのお買い物をしながら今日グラスゴーの町を歩くのは本当にうれしい。人出で大混雑だが、みんな上機嫌だ。誰もかも包みとヒイラギを抱え、静かな田舎と同様、クリスマス精神に支配された町を感じた。店員たちは、朝早くから夜遅くまで働いてはいるが、楽しむときを見つけて「メリー・クリスマス」のよき願いにあふれている。勉強の苦痛やしばしばやってくる心の痛みから自由な子どもたちと一緒に過ごす幸せいっぱいのあしたを待ち望む。

〈12月25日、ボスウェルの牧師館〉

昨日、騒ぎ立てる仕事の群れを押しとどめたので、今日は子どもたちと一緒に楽しめるというところ。彼らは家のあちこちを飾ったり、可愛いヤドリギを見せようと私を止めたり、ぶつかるからといったり、実のいっぱいついたヒイラギの明るい小枝を見せる。玄関内に張った花綱に届かないと見て、適当な場所へ脚立を置いて、上がれという。小包が次々に届き、それらを運んでどこへ置くかでいいあいが始まり、混みあった客間に置き場所を見つける。膨れ上がり、リボンがかかり、小枝模様のついた小包がテーブルの上で点字の原稿やタイプライターと季節の挨拶を交わしているのを見て笑ってしまった。

ロバートが2羽のボタンインコの籠の戸を開けて、お友だちになれという――これが彼の最初のクリスマスの贈り物だ。鳥たちは本当に可愛らしく臆病だが、ロバートを喜ばすため、ふわっとした胸毛にちょっと触れ、小さなかぎ形のくちばしや広く広がった尾羽に触れるのに成功した。彼は鳥たちを飼いならして、私がアメリカへ帰る前に私の指に止まれるようにするという。鳥たちが首をかしげてラジオに聴き入ったり、ときには甲高いさえずりでクリスマス・キャロルを消し去ってしまう。

まさに家族ぐるみの愉快なクリスマス・イヴのディナー・パーティー。テーブルを見るだけでも喜びだ、こぎれいにお祝いいっぱいに飾られた。七面鳥とプラム・プディングをいただく。食べ物を口に入れる合間には当意即妙の言葉や変わったいいまわしやパックやロビン・グッドフェローよろしく気まぐれな企みに笑い興じ、クラッカーの紐を引っ張り、やがていただける贈り物に子どもたちは賢くて当惑させる質問を発する。

客間の暖炉端へ戻った8人が箱や包みを開きにかかる。ティンセル（金属製の詰め物）、リボン、麦わら、綿毛の切れっぱしで、まさに部屋のなかに雪の吹きだまりができた。自分や人の贈り物に喜びあうお祭り騒ぎのなかに、私の寂しさのなかで穏やかにキャロルが鳴り響くのを感じた。満足は私とともにはないが、でも思い出と愛と平和が私のものだというだけで十分である。

今日はこの7年間で一番暖かいクリスマスデイだという。ポリーと私は1時間の忘れがたい散歩で畑や牧草地を歩く。最も本当のクリスマスがそこにある。暖かな日差しが足を踏み出すごとに霜を溶かし、秋の香りが漂い、厚く葉の群がった草は春の到来を予測し、手や足を満足させる。裸の垣根の黒さが緑の草をさらに美しくしているとポリーはいう。ときおり足を止めてこけむした石造りの排水口やシャクナゲの生えた土壁やほとばしる泉に触れさせる。ちょっと立ち止まって、牧場の子牛と仲よくする。私の指先に用心深く鼻先をちょっと触れて行ってしまった、私が食べるものをもっていないのに失望したようだ。

一人の農夫と馬以外、道々誰にも会わなかった。鳥たちが私たちの周りで静かにさえずっていた。はるか遠くの病院で讃美歌を歌うコーラスが聞こえたが、静かさを破るものではない。まさにここには生命を活気づける力があった——単純で素朴なものの協力で永続する基盤が。ここで私は、自然の諸元素と格闘した私の遠い祖先の母語を聞いたような気がする——土くれの言葉、子どもの頃に知った大気。これらの野原や木々から味わう喜びが持続してきたのは、若いとき野や木々から喜びを得ていたからだと分かった。変化とは生命の家を吹き抜け活力を与える風かもしれない、だがそれは永続する力ではない。我々には進歩とともに我々に平和を染み込ませる永続的なものが必要なのだ——大地の美、種まきのとき、取りいれのとき、恋人たちのほほ笑み、若者たちの生き生きとした喜び、職人たちの誇り。なぜ、おお、なぜ、野心の消耗、スピードへの狂奔、我々に生きる機会を与えないさまざまなものの積み上げられたこの時代にこれらの数々の永続するする財宝をなぜ我々は忘れ去らねばならないのか？　もし我々がわずかなものに満足できないとしたら、富が我々を満足させるはずがない。単純な出発こそが妨げられることなく創造を進展させうるのだ……。

〈12月26日、スターリング[*41]のウィンズ〉

お友だちのベインズの皆さんがクリスマスの週末をそこで過ごすよう招いてくれた。ウィンズはジョージ王朝風の大きくて立派な建物で、周囲をツタが覆い、屋内は温かいスコットランドの心があふれている。あちらこちらの壁にはヒイラギの花輪で飾った鹿の頭がかかっている。暖炉のそばには4頭の犬たち――3頭のゴールデン・ラブラドールと1頭のケアーン（スコッチテリアの一種）が互いに寄っかかりあって横たわっている。暖炉の火の光のなかに輝く黄金の山のようだとポリーは伝える。

この家はスターリング城の麓にあって、古くはカレドニアの森があった所に建っている。その庭はツゲの垣根や冬の冷気も弱めることのできない混じりあったさまざまな香りが私を喜ばせる。

昨夜のディナーにはお客がわずかだった。そのなかにジェームズ・マックネイル・ホイッスラーの若いめいごさんがいた。私はちょうどE・V・ルーカスの『ロンドンをさまよう人』のなかでホイッスラーについて読んでいたところで、霧に隠されたロンドンの美しさを最初に見つけた芸術家が彼だと知って大いに興味をそそられた。食事中はニューファウンドランドとそこの漁業者たちのあいだでグレンフェル博士[*42]の驚くべき仕事について活発に話しあった。博士の著書『ラブラドールの40年』で私は博士の組織者としての天才、英雄精神、彼が生活をともにした人びとの忍耐強さに印象づけられていた。

〈12月27日〉

ベッドでの朝食——けっこうな贅沢。優しいエリザベスが手ずから運んでくれる——自家製のベーコン、これまで味わった最高の目玉焼き、トーストとマーマレード、そしていつもながらの結構なお茶。

スターリング城の麓で、ジョン・モーレー[*43]の『グラッドストンの生涯』を点字で読み始めた。レディー・アバディーンは、私がグラッドストンよりディズレーリのほうがいろいろな点でより偉大な政治家だと語ったとき、私の頭からそうした異端の信仰を追い出してやろうといわれたのを覚えており、夫人が保証するのがこの本だと思える。グラッドストンが国内および国際問題の双方で最も高い倫理的な原理を適用しようと努めた記録から多くを学びたい。同時に、モーレーは私がアバディーン侯夫人にいおうとしたことも明らかにしている。グラッドストンには公正さが欠ける（偉大な人物にたびたび見られるのだが、我々はその公明正大さを賞する）、そしてディズレーリの高邁な精神を疑うものはいないと私は信じる。グラッドストンは再び書く——「英国における商業はなぜ古い家族たちをもつべきでないか私には分からない」。一般市民に対する広範な制約を伴って、古い家族たちは一つの制度を作り出した。ディズレーリは政治においてそれを恐れ、今や時代が彼の憂慮の正しさを認めているようだ。商業は家族経営から、自ら永続性のある富裕な企業体へ膨れあがり、なおも生みだされつつある最も力強い寡頭政治として、見識ある政治家や経済学者が恐れている。しかしそれでも私は読みつづけ、新たな思想に対する鋭い目をもちつづけたい。

〔12月28日〕

私がこれを書いている部屋はまったく楽しい！　ドリナが毎朝やって来て、金色の前足を私の膝へ乗せ、私の注意を引く。この雌犬は私の目が見えず耳が聞こえないことが分かっているにちがいない。

私はここに滞在中毎日、犬たちにロールパンの切れを与えることになっている。ランチやディナーのあとに彼らは食堂へ入ることが許される。彼らはいつも決まって同じ位置に並ぶ。母犬のハメルは2頭の雌犬のあいだにおり、ドリナは列の端に並ぶ。パン切れを順に与えるとき、キャリーのふさふさした首毛に触れる。実際それは小さな黄金のたてがみで、ラブラドールでは珍しいものらしい。

今日、私の頭は、運命の呼び声ともいえる手紙でじんじん鳴っている。2年前、岩橋という日本で盲人問題を先導する一人の盲人がニューヨークの私を訪ねて来た。私たちはすぐさま友人になった。彼は理解力に優れ、信仰、芸術、哲学で花を咲かせる精緻な日本人の創造力にあふれていた。彼は自分のいいたいことを点字で書いて私と通じあい、最初のいくつかの文の後で、私の奇妙でつまずくような話にもとまどうことはなかった。

私が日本を訪れたいと述べると、彼の言葉は私の息をのませてしまった――。

「ケラーさん、日本政府の後援を得る手続きをしますので、日本へおいでになって、暗闇のなかに閉じこめられている私たちの兄弟たちを助け出す扉を開いてくださいませんか？」

点字で書かれた彼の招きを指が伝えるのを信じられないほどだったが、私は彼に感謝し、病と急速な視力の低下に苦しむ先生を家に残して出かけるわけにはいきませんと説明した。彼はちょっと変わった英語で答えた——「神の奇跡はとどまることはありません。地上のやり方よりももっと高いやり方で、神はあなたの先生の目を助けるでしょう、そうすれば先生もご一緒に日本へおいでになれますよ」。

この話はそこでとどめておこうと私は考えた。

数か月後、岩橋氏は正式の招待状を届けてきた——1936年の春か秋に、私の都合に合わせて日取りは空欄のまま。全旅行期間の私たち3名を日本政府が接待するという計画であった。また彼は私の著書のすべてを日本語に翻訳したことを伝え、1936年10月には大阪に新たに盲人のためにライトハウスを開館するにあたって私の祝辞をいただくことができれば本当に意義深いと彼はいった。日本ばかりでなく、東洋に、障害者の新たなよりどころの火をともす素晴らしい機会が私の想像をかき立てた。にもかかわらず私は辞退した。2度の手術にもかかわらず、先生の視力は改善しなかったし、先生の健康も完全に失われてしまっていた。

この断りに対する日本の友人たちの態度は彼らの心に新たに期するところがあった。昨年春にも、先生の状態が一段と悪くなっていることを知らずに、再び私を招いた。私がこの特異な機会を見送ることは先生には本当に不幸だったたし、私の断りも重荷になったであろう。なお私は「いいえ」を伝え、それでこの件は終わったと感じた。

驚いたことに、今月初めに、来年春、日本を訪問するよう懇願する電報を受けとっていた。ポリーと私は「イエス」と二人でいいあったが、分別はまずミゲル氏[*44]に相談すべしと命じた。私は奇跡ともいえるこの3度目の誘いに従おうという強い希望をただちに彼に書き送った。ミゲル氏はこの計画を了解した旨の温かい返事を届けてきた。そして今ここにポリーと私に訪日を懇請する岩橋氏からの長い点字の手紙を手にしている。そこには私たちのために準備が整いつつあると伝えている。彼の希望では、4月半ばに日本に到着し、国内、朝鮮、および満州を旅行し、6月末をもって終了するということ。さらにあれこれの発展を待ち望む一方、道しるべを隠す霧のようにさまざまな思いが群がり、消しあいをする。物事は本当に素早く起こってくる。我々の仕事に備えようとすれば、我々は毎日前途の計画を立てつづけねばならない。

〈後に。ボスウェルの牧師館〉

午後、車でエディンバラへ出かけ、ちょっとお買い物とお友だちを訪問。夕刻、ボスウェルへ戻ると、ポリーが跳びあがらんばかりの喜びを伝える――「エディンバラ城がライトアップしてるよ、ヘレン、まるで妖精の国のようだわ」。みんなの話から、灰色の街の上に現実離れした魔力を投げる、中空につり下げられた壮大な眺めにちがいない。

牧師館に入るやいなや、またしても私たちの足元に手紙の一群が転がっているのを発見。でも、ポリーと私はベッドへ向かって進軍。あす、この手紙の殺到に立ち向かうにはできる限りの眠りが必要なことを見通して。

〔12月29日〕

ドイツにおける私の本の出版者オットー・シュラム氏からの手紙が精神的な氾濫の騒ぎを巻きおこした。彼は1931年5月5日と1933年4月18日の2度の手紙でボリシェヴィズムに対する私の好意的な見解について論じあおうとした。彼は出版者として、私のこのような見解には責任が負いかねるといい、経済的民主主義ロシアの偉大な実験に対する友好的な感情を表明した内容の印刷をドイツの法律は禁じているという。従って彼は、私の『流れの半ばに』[*45]中の「さまざまな思いが私を眠らせない」からレーニンにかんする部分をドイツ語版から削除せねばならないという。彼は続ける――「本日は特に強く申し上げます。ここしばらくの内にあなたの判断の誤りを確認くださることを望みます。この悪と恐るべき破壊をもたらす世界的な教義をお知りになって、ロシアのボリシェヴィズムに対するあなたの態度が変わったことを私にお知らせくださるよう願います」。

シュラム氏が主張するように、何百万のロシア国民が心身ともに殺されたとすれば、飢餓と無知に対抗して幾世代も続けてきた戦いから、かの国は、我々が現に知るように、はるかに強固になっているはずがない。

たしかにロシアは失策、しかも重大な失策を犯した。しかし、国家社会主義ドイツはどうか。若者たちの個人的な自由を否定し、自ら掲げるものと異なる見解を圧殺し、演劇、映画、出版、絵画、彫刻に至るあらゆるものにナチの立場に立つもの以外を禁止し、目下の暗黒の時代の最も暗きものに変わってしまったではないか。

今朝は寝過ごしてしまった、でもそれは当然の話。ポリーと私は終日手紙の上にうずくまっていた。多くはクリスマスの挨拶——美しいカード、心優しいあいさつ、そして私が己の気持ちを保とうとするなら、心にしまっておかねばならない奇妙さに対して心和ませる思いなど。

〔12月30日〕

早起きして、1935年の夏、合衆国の法律となった盲人のための年金制度を含む、経済安全法案の初めての完全な点訳書を頑張って読んだ。ポリーと私が年金法の通過に強力に動いたかを思い出した！　この法案の通過についてふり返り、学校教育では何もできない大多数の雇用されない盲人に手を差し伸べようと長年にわたって努力してきた以上にこの法律の成立に努力したことで一層励まされたことをふり返るのは誠にうれしい。

点字が使える時代に生きていることはまったく運がいい！　点字で書かれた無数の手紙を一人で読んで、ポリーの手を省くことができる。午前中はほとんどこれに掛かりきった。

2年間の沈黙をあとに、今マハトマ・ガンジー[*46]はいう——「道を知らせよ、再び獄に入る用意ができた、絞首台へ行く用意も整った」。

運命的な猛火に燃え上がる彼の以前からのエネルギーであろうか、それともそれは死の炎であろうか。私はこれまでずっと彼の崇高な精神を尊敬してきた。同じように悲劇的な意味に満ちた一面がある。インドの「アンタッチャブル」（「不可触民」、インドの最下層民）が、その人権が否定されているにもかかわらず、国家独立の要求に現れてこないのだ——なぜそうなっているのか？

サー・ラビンドラナート・タゴール[*47]の幾世代にもおよぶカースト制度に対する壮大な弾劾『偉大な

る平等』を心躍る思いで読む。これは不遜極まるインドばかりでなく、民族や階級に差別の存在する合衆国やいかなる国にも用意された聖なる怒りの杯である。

私は、アメリカを訪問中のタゴール博士が先生と私の招きに応じて恐れ多くもフォレスト・ヒルズの我が家へおいでいただいたときの博士の奥床しい丁重さを覚えている。美しい白髪、長く波打つあごひげ、ゆったりしたインドの上着で居間へ入ってこられた姿の印象的なことを。お互いの挨拶を交わして後、博士はしばらく沈黙された。私は彼にご自身のお作から何かお読みいただくよう所望した、そして高貴なお顔に軽く手を触れて、「私の庭で」と「忘れる、私は忘れる」を豊かで奥行きのある声で朗読されるのに触れた。

彼の詩の神秘的な美しさと時間の超越とが私の魂に音楽のように染み入った。彼のただ一人の詩人としての力を感じただけでなく、勇気を奮い立たせる多くの灯りにあふれた彼の精神を実感した。私はなぜインドがもっと早く独立を勝ち取らないのかと尋ねた。タゴール博士は答えた——。

「私たちはほかの人びとができないほど何世紀も待つことができます。政治的な自由は、本当はインドに利益をもたらしません。真の自由があり得るとすれば、すべての階級を愛が支配し、公益こそが主な目標です」。

タゴール博士の優しさと王者のような姿の思い出は祝福である。

〈12月31日〉

午前中、点字のノートにかかりっきり。

私は悲しい思いの嵐に包まれてしまった。新しく始まったこの去りゆく年は何をもたらしたか？私にとって、私を生かしてくださったお方の病ばかりだったたし、限りある命のもち主につきまとう悲しみだった。世界にとっては、黒雲がヨーロッパの平和の希望を脅かし、よこしまな反ユダヤ的迫害や人びとを害するマドリッドの野蛮行為など。子どもたちが一緒でなければ（彼らは私と一緒に新年を迎えようと遅くまで起きていたがった）、先生と霊感あふれた先生の指導のもとで始まりそして終わったことを話しあいながら暖炉の周りで静かにみんなと座っていることができなかった。

突然、ロバートが私の手に触れて「12時1分前！」と告げる。デヴィッドがもちこんだラジオのラウド・スピーカーの振動板に指を当ててビッグ・ベン（英国国会議事堂の塔の上の大時鐘）のゆっくりと響き渡る音が時を告げるのを「聞いた」。１９２５年以来、毎年年の暮れに先生のかたわらでビッグ・ベンを聞いたときほどに幸福な状態にいるとはあえていわない。それはそうとして、みんなで立ち上がって手をつないで「オールド・ラング・ザイン」を歌ったとき、私は本当に涙にむせびそうになった。人の思考は天の暦のように第2の創造、地上における死別後の第2の生活には信をおかない。しかし、効用と慣習は我々の心に優しく育つ赤子で、当然存在の意義がなければならない。

新年のために乾杯しながら、私は思い出す――「文字が消えるところ、魂は倍加する」。何はともあれ、私は自分の苦悩の文字を祈りに変えた――１９３７年には、人類は冷酷な恐怖の武装休戦状態を脱し、永遠に続く隣人愛と平和の聖なる同盟に結びあわせてください。

訳注

＊1　ギリシア神話中の巨人で、手が１００本、頭が50ある。

＊2　岩橋武夫がヘレン・ケラーに来日を要請したのは１９３４年暮れ、岩橋夫妻がニューヨークのフォレスト・ヒルズのヘレンの住まいを訪ねたとき以来、両者間に何度か書簡が交わされていた。ここでの手紙は１９３６年11月19日岩橋からのもので、サリヴァン先生逝去に対して丁重なお悔やみを記した後、ヘレン来日のスケジュールとして、１９３７年４月半ば来日、２か月間全国（当時の植民地、朝鮮、満州を含む）を講演旅行する提案を記している。さらに１９３６年12月７日、ポリー・トムソンがヘレンの訪日の内諾を伝えている。また１９３７年１月11日付で、ボスウェルのヘレンから、岩橋宛に訪日の詳細な計画を問い合わせている。

＊3　英国王ジョージ５世（１８６５～１９３６、在位１９１０～36）の死去に伴い、長男エドワード８世（１８９４～１９７２）が即位。１９２９年の世界恐慌が始まると、ストライキを視察したり、労働者を支援したり、下層階級の住宅問題やナチスの活動にも関心を示していたが、両親の心配にもかかわらず１９３０年代に入っても独身だった。問題が明らかになったのは父ジョージ５世の葬儀に、目下２度目の離婚訴訟中のシンプソン夫人を伴って参列し、国の内外に波紋を起こし、自らシンプソンとの結婚の意思表明を行うと、国民各層から怒りの声が巻き起こった。シンプソン夫人（１８９６～１９８６）はアメリカ・メリーランド州生まれ、長じてはアメリカでベストドレッサーとしても知られた。英国王妃となる望みもあり、離婚訴訟を進めたが、国民や議会や連邦諸国の反対もあり、王位を取るかシンプソンを選ぶか二者択一を迫られた。結局エドワード８世は王位を捨てる決意を表明

する。二人が王族として国内にとどまることも反対され、二人はフランスに住み、1939年ドイツ軍がフランスへ攻め入ったため、スペインを経てポルトガルに移った。英国王にはジョージ5世の次男ジョージ6世（1895～1952）が即位。英国を去った二人は英国議会により、カリブ海の英領バハマ諸島の総督に任命され、終生その地位にあった。

＊4　回教徒によってペルシアからインドへ追われたゾロアスター教徒。

＊5　1851年ロンドンで催された万国博覧会の会場ハイド・パークにジョセフ・カクストンによって建てられた鉄骨ガラス張りの建物。1854年南ロンドンのシデナムに移築。1936年焼失。今はここにスポーツ・センターがある。

＊6　イングランド西部の州。ホイレークはリバプール西方でアイリッシュ海に臨むリゾート町。

＊7　エミリー・ディキンソン（1830～86）米国の詩人。抒情的短詩で知られる。存命中はほとんど無名で、死後、作品が公表された。晩年には失明状態にあったという。

＊8　カール・ヴァン・ドーレン（1885～1950）米国の伝記作家・歴史家・批評家・編集者。

＊9　ギルバート・マレー（1866～1957）英国の古典学者・古代ギリシア劇の翻訳者。プランタジネット王朝（1154～1399）英国の古代王朝。ジョン王はその開祖。

＊10　ロスシャー、ディングウォール、サウス・アーカン――いずれもスコットランド高地の地名。

＊11　大学の教員などに一定の業績や勤務状況に応じて与えられる長期間の有給休暇。ヘレンら3人はアメリカ盲人援護協会に、アンの休養も兼ねて、長期間の休暇を願い出た。これまで協会につくしてきた3人の仕事に対し、ミゲル会長の計らいで有給休暇が与えられた。

＊12　ホアン・デ・ラ・シエルヴァ（１８９５〜１９３６）スペイン出身の航空エンジニア。オートジャイロを開発。

＊13　ハーバート・クラーク・フーヴァー（１８７４〜１９６４）アメリカ31代大統領（１９２９〜33）。１９２９年に起きた世界大恐慌に対応したが、成果が上がらず苦慮した。なお第１回世界盲人会議は１９３１年４月13日から18日間の日程でニューヨークで開かれ、32か国から代表が出席。ヘレンはこの会議の主賓を務め、歓迎の辞を述べ、出席者をホワイト・ハウスへ案内した。

＊14　ロバート・ルイス・スティーヴンソン（１８５０〜94）スコットランドの作家。「ガス灯の弁護」は随想や短編を集めた『青年男女のために』（１８８１）中の一編。

＊15　ロバート・ブラウニング（１８１２〜80）英国の詩人。

＊16　１９３６年公開。監督Ｗ・Ｓ・ヴァン・ダイク（１８８９〜１９４３）。主演、クラーク・ゲーブル、ジャネット・マクドナルド。１９０６年４月17日のサンフランシスコ大地震にからめたラブ・ストーリー映画。

＊17　エドワード・ホームズ（１８３２〜１９０９）米国の建築家。

＊18　ロンドン西方の町。ウィンザーにある英国王宮。１９１７年以後英国王家の呼び名となった。

＊19　アレクサンダー・ウルコット（１８８７〜１９４３）米国のジャーナリスト・随筆家。放送にも出演し、自作朗読もした。１９３０年代、アメリカ盲人援護協会が開発を進めるトーキング・ブックの制作で募金を呼びかけたり、朗読を吹き込んだりした。

＊20　チャールズ・ディケンズ（１８１２〜70）英国の小説家。

＊21 『紅そう烈馬』またはこの劇の主人公第3王女王宝釧と題した作品で、元々は中国の京劇の1編。S・I・シウン（1902～91）が英訳して1934年7月ロンドンで上演された。ヘレンが見た上演がロンドンの上演と同じ出演者によるかは分からない。

＊22 アンリ・ファーブル（1823～1915）フランスの昆虫学者。『昆虫記』（1879、1910）。ファーブルはダーウィンの生物進化論には賛成しなかった。

＊23 マサチューセッツ州ボストンの郊外の一地区。1903年、当時37歳のアン・サリヴァン、23歳のヘレン・ケラーは後援者から贈られていた砂糖株を売り、2700ドルでレンサムに7エーカーの土地と17室からなる農家を買う。1904年6月ヘレンはラドクリフ・カレッジを卒業。1905年5月アンはジョン・メーシーと結婚し、3人が住むようになる。やがてアンとジョンのあいだに亀裂が生じ、ジョンはボストン市内に別居する。1914年10月、二人が募集した家政婦にポリー（本名メアリー・アグネス・トムソン）が応募して採用される。しかし1917年6月家計の窮迫からこの家屋敷の売却を決め、ニューヨーク市郊外のロング・アイランドのフォレスト・ヒルズの旧家を購入し、10月から住むようになった。

＊24 マリア・モンテッソリ（1870～1952）イタリアの教育学者。子どもの自主性を尊重した教育を行うモンテッソリ方式の創始者。アン・サリヴァンがヘレン・ケラーの教育でとった独自の方式もモンテッソリの方式に類似したことが触れられている。

＊25 ジェームズ・ブライディー（1888～1951）スコットランド出身の英国の劇作家。本名はオズボーン・ヘンリー・メーヴァー。医者を本業としたが、機知に富んだ作風で知られる。1930・40

年代英国で最も重要な劇作家の一人。『眠れる僧侶』（1933）。

＊26　ジョージ・バーナード・ショー（1856〜1950）アイルランド生まれの英国の劇作家。鋭い風刺と毒舌で有名。『ピグマリオン』（1913）。

＊27　アスター夫人（1879〜1965）英国最初の女性国会議員（1919〜45）。

＊28　オスワルド・ギャリソン・ヴィラード（1872〜1949）ドイツ生まれの米国の左翼系のジャーナリスト。

＊29　カール・フォン・オシエツキー（1889〜1938）ドイツ・ハンブルグ出身の著述家。平和運動家。彼の活動に与えられたノーベル平和賞にナチス政権が強硬に反対し、以後ドイツ国民のノーベル賞受賞を禁止。

＊30　羊の胃袋に羊の臓物とオートミールなどを詰めて煮るスコットランド料理。ロバート・バーンズ（1759〜96）スコットランドの国民詩人。

＊31　ケネス・グレアム（1859〜1932）英国の児童文学作家。『楽しい川辺』（1908）は動物を素材にして人間界を風刺した作品で、年少者のみならず一般読者にも歓迎された。

＊32　「マザー・グース」中の歌の一つ。

＊33　第一次世界大戦における英国の失明軍人の社会復帰を進めるためにアーサー・ピアソンがロンドンのセント・ダンスタンスに施設を開いた。周辺の軍病院に失明軍人を見舞っている時にアイアン・フレーザーに会う。フレーザーは南アフリカ出身でソンムの戦いで失明した。ピアソンは、元気旺盛なフレーザーを部下に加える。1921年ピアソンが事故で亡くなると、若いフレーザーがセント・ダ

ンスタンスの所長に推され、50年間その地位にあった。また35年間下院議員を務め、1958年には一代貴族に列せられた。

*34 マーク・トウェイン（1835〜1910）米国の作家。「幸福な年月を大河の上で……」はミシシッピー川のこと。ヘレンとアンが最後に彼を訪ねたのは1909年1月だった。

*35 アレクサンダー・グレアム・ベル（1847〜1922）スコットランド生まれの米国人、電話の発明家。口話法を支持する聾教育家で、ヘレン・ケラーの教育に道を開いた。

*36 ヘレン・ケラーを主題に企画された映画『救い』の監督。メーテルリンクの『青い鳥』の舞台を演出したことで知られる。

*37 チャールズ・チャップリン（1889〜1977）英国生まれの米国の映画俳優・脚本家・映画製作者。

*38 メアリー・ピックフォード（1893〜1979）カナダ生まれの米国の無声映画時代の女優。ダグラス・フェアバンクス（1883〜1939）米国の映画俳優。

*39 ラ・フォンテーヌ（1621〜95）フランスの詩人。イソップ寓話などの1話を短詩1編にまとめた『寓話』（12巻、1668〜95）は今日でもフランス人の国語学習の教材になっている。

*40 アルバート・アインシュタイン（1879〜1955）米国に帰化したユダヤ系ドイツ人、物理学者。相対性原理の発見者、ノーベル物理学賞（1921）。

*41 スコットランド中部の行政区、その中心の町。スコットランド王の城が残る。

*42 グレンフェル博士（1865〜1940）英国の医師、医療伝道者。医療奉仕活動を行った。

*43 ジョン・モーレー（1838〜1923）英国の政治家・伝記家。『グラッドストンの生涯』（1903）

の他、ヴォルテール、ルソー、エドマンド・バーク、リチャード・コブデンに関する伝記や著作がある。

＊44　アメリカ盲人援護協会会長。企業経営から盲人への援助活動に入った。ヘレン・ケラーとアン・サリヴァンそしてポリー・トムソンはこの協会に所属し、その活動には年俸が与えられ、活動にも制約がある。またミゲルは彼女たちに個人的な援助も行っている。

＊45　１９２９年出版。ヘレン・ケラーが１９０３年に出版した『私の生活の物語』の続編ともいえる自伝的作品で、20代から40代半ばに至る自らの生活と思想的展開をまとめたもの。

＊46　モンハンダス・カラムチャンド・ガンジー（１８６９〜１９４８）インド民族解放運動の指導者、独立インドの首相。

＊47　ラビンドラナート・タゴール（１８６１〜１９４１）インドの詩人・思想家。本名サクラ。作品はベンガル語で書かれ、後に流麗な散文に英訳し、広く読まれるようになった。ノーベル文学賞（１９１４）。

第3章 1937年1月

〈1937年1月1日〉

太陽はそのもてる力のすべてで輝き、私たちは起きだしてから次から次へお茶をいただき、目のなかの鉛のような眠りを追い出す。

次の1時間はノートブックで。

生きのいい新年挨拶の花束が届き、メイヴァー博士（スコットランド出身の劇作家、ジェームズ・ブライディー）からの礼状――クリスマスにウォルター・ドゥランティ[*1]の『気の向くままに』を送ったのだ。

このことから、昨年春、ニューヨークのホテル・チャタムでドゥランティ氏に会ったあのちょっとした午後を思い出した。世界情勢についての彼の話は刺激的だった。ソヴィエト政府は国民の福利のため誠実に努力を続けていると思うか尋ねると、彼の答えは決定的な肯定だった。またしても世界的な葛藤が起こらないことを希望すると彼は言った。注意してみると、ドイツの働く人びとはナチズムを転換し、ロシアと協力して、平和のため建設的な努力をすると彼は考えている。彼の勇敢とも思える楽観論は、この何日間か私が抱いていた以上にヨーロッパはもっと希望がもてると思わされた。

メイヴァー博士は、ドゥランティ氏がロシアの民主主義の実験について書くことや時折なされる彼の発言の偏りに縛られないよう注意せよと語る。また『眠れる僧侶』の象徴主義について私が抱いた推測が正しいと言い、私を喜ばせた。彼は手紙と一緒に『グラスゴーのちっちゃな知識人諸氏のためのブライデイー氏のＡＢＣ』を届けてくれた。笑いをたんと見つけて、後には知恵を置いていってくれる本にちがいない。

（後に）私たちはまた1週間ウィンズで。私たちは破滅するほどおいしい新年のディナーを頂いた。エリザベスの兄弟アンドリューがスターリング近くのマー・アンド・ケリー伯爵の領地で猟でしとめた肥えたキジを数羽送ってくれた。ハギスのようにおいしいブラック・プディング、採りたてのセロリー、ワイン・ジェリー、パイ、けっこうな赤リンゴなどを楽しんだ。1時間後私たちはスターリング城の麓のキングズ・パークのゴルフ・コースに沿って歩いた。グランピアンやオチルの丘を北に向かって吹く風で、私は肺を大きく膨らますことができなかった。

〈1月2日、スターリングのウィンズ〉

「モーニング・ポスト」紙の社説「中国のお作法」を読んだ。そして東洋風のお作法について洗練された楽しみ方に特に精通した西欧人はわずかしかおらないことを認めざるを得なかった。蔣介石将軍[*2]と彼の部下の一人でまた蔣将軍の誘拐者でもある張作霖司令官との微妙な儀礼について私たちのあいだにいる人でご存知の方がいるだろうか？　蔣将軍は、少なくとも公には、汚い金銭のやり取りもなく、解放された。蔣将軍とそれまでの捕獲者の張指揮官とのあいだには荒い言葉のやり取りはなかった。むしろ、蔣将軍は張司令官に、中国のために誠実に対応することを確約した。張司令官はさらに「出しゃばりな犯罪行為」を悔い、「ふさわしい賞罰を待つ」ために南京へ向かった。

社説はさらに続ける――もし蔣介石が行くとなると、南京政府の内にあまり熱意のない仲間たちを「騒がしい若い中国」がどこまで彼らをとどめておけるのか？　目下中国は同時に七つの種類の革命で騒がしい――家族、経済、教育、宗教、女性の社会的地位、カースト制度そして長期にわたって守られてきた個人主義と公益精神のある市民意識との格闘。

新しい時代は常に混乱と転覆とともに到来する――初期のキリスト教、プロテスタントの登場、ロシアの専制政治の倒壊などで知られるように。ただつぶやかれるだけだった言葉や否定されつづけていた信念を声高く叫ぶ中国が称えられている。中国は中国たるべき勇気を獲得した。永遠の真理の泉で自ら信ずるところ、理想とするところを改めてみそぎする勇気を得た。前進せねばならない。中国の飢餓と狂気と貪欲について恐るべき行為がなされつつある。どんな位置にいるにせよ、そのように続くことはありえない！

私は蔣介石の誠実さに強い疑惑を抱いている。私は孫文博士[*3]をあつく尊敬し崇拝している。私は、博士の死後、蔣介石の政策にかんする対立する報告を読んだ。蔣は孫文の経済民主主義の計画に賛同したとある者はいうが、他の者はそれを否定した。だがあらゆる噂から、蔣介石は急進主義者でないとの感触を私は得ている。昨年私の指がノラ・ワルン[*4]の『追放の家』に触れ、蔣介石は貴族で、既得権益や財政や権力の擁護者だという著者の暗黙の保証を得ている。ヴィンセント・シーアン[*5]は自叙伝のなかで、蔣介石は孫文博士のたてた原則からゆっくりと逸脱して多くの急進主義者や穏健な人びとを殺すきっかけを作ったり黙認するようになったと述べている。明らかに、蔣は中国の統一への熱意を公言しながら、国を分割状態にとどめておこうとする地方の軍閥らに軍事的な保護を与えたり、役人たちの住民搾取を保護しつづける。やがて彼が遠望をもつ政治家だとすることが悲劇的な誤解だったことが明らかになるときが来るだろうが、私はこの疑惑を黙殺することができず、ただひたすら中国の救済を祈るばかりである。

〔1月3日〕

今朝、私たちはホーリー・ルードあるいはクロス教会の新年礼拝に出席した——石造りのなかの叙事詩だ——ここはスコットランドのメアリー女王[*6]が礼拝した所だ。私は彼女を女王というよりはスコットランドの精神的混乱のなかで洗礼を受けた不運の星の下に生まれた赤子で、善悪の判断もできないうちに、混乱する社会の動乱に突きこまれた悲壮な少女だったと思う。

暖かい日差しのなか、小高い丘の上のセント・ジョン街のいただきにある教会へ近づきながら、顔に聖油のような水滴の当たるのを感じた。尋ねると、教会を囲むカシの古木から降り落ちる溶けた霜のダイヤのような水滴だと分かった。礼拝の後、私たちは、スコットランドのジェームズ6世が王冠を戴いた聖歌隊席（教会堂のオルガンの前）にはいった。当時王は生まれて13か月、王冠はマー伯爵の手で王たる赤子の頭上にかざされたものと思われる。ホーリー・ルードの大聖堂は、ほぼ300年のあいだ、壁で二つに仕切られ、一方は本堂で、他方は聖歌隊席で、別々の会衆の集まりが行われた。しかし現在教会は以前のように、壁はとりのぞかれていた。まったくそうあるべきだ、バイブルは正義と同様美の社なのだから。

お茶の後、モーレーの『グラッドストンの生涯』の最初の3巻をのぞいた。この本は点字で27巻だという！　青年時代のグラッドストンは保守党員の内で最も保守的だったとはまったく知らなかった。彼は英国植民地における奴隷解放に反対した、ユダヤ人の議会入場や非国教派信徒の無試験での大学入学に反対した、投票や財産税に反対投票した、軍法会議条項を含むアイルランド圧政法案の最悪の条項のいくつかを支持したなどを驚きとともに知った。精神的独立、他者の意見に対する寛容な態度、人間の労苦の未開拓な分野にかかわる好奇心を彼は欠いていた。彼は伝統に見られるいとうべき専横から自らを振り放し、巨大な政治家に成長する奇跡的な意志力とまれに見る公正さをもっていたにちがいなかった。そうした彼の姿をディズレーリは情け深く、当惑した驚きをもって眺め、「私はグラッドストンを憎んだことは決してない、困ったことに、私は彼を理解したことがなかった」と言った。大西洋の両岸で私の敬意や忠誠を勝ちとる政党は無い。だがグラッドストンが身をもって証人となり、彼と彼の世代が作った歴史のなかのさまざまな事件には人を引きつける魅力がある。

グラッドストンの日記からモーレーが引用した抜粋を見るとグラッドストンは日記を書き続けるのにハーキュリーズのように偉大な努力で取り組んだように思われる。書き留めた内容は「朝食、車に乗った、書いた、昼食、お茶、家（もちろん議会で過ごしたときのこと）、読んだ本、再読した本のリストなど」、暦よりはいくらかましな記述ばかり。

今晩放送のエディンバラの聖カスバート教会の感動的な礼拝。受信機の振動板に置いた手へオルガンの大波のうねるような響きがとどろいた。「我が民よ、汝らに喜びを」の壮麗な歌声や同じ歌詞に沿って捧げられる雄弁な説教──疑惑を抱く者、意気阻喪した者、悲しみにくれる者、汝らの牧人たる主のもとへ、魂の生活へ呼びかける声──もう一方の手へポリーが伝えてくれる。

〔1月4日〕

終日雨、滝のごとく降り注ぐ、私の記憶の内に先週の太陽のぬくもりが残り、天候が今どうあっても、高地地方の大気が私の体を活気づける。

今朝のグラスゴーの「ブレティン」紙で特に興味を引いた記事は、コロラド・スプリングスの墓地で除幕されたばかりのウィル・ロジャーズ[*7]の記念碑のことだ。その記念碑が壮麗だろうが、ウィル・ロジャーズの人となりをぼんやり示すだけのことだ──愚かさや憂鬱を笑い飛ばし、優しい賢さで人の心を和らげ、あらゆる人びとの内に歴史を通して人間性を強調する好意あふれる精神。彼は障害を負った人びとの友だった。盲人のための仕事で私が求めた援助が断られたことはなかった。「もっと要るか遠慮しないで」と言いながらお金を送ってきたり、私のためにメッセージを放送したり、視力を失うことに広く国中に注意を促す雄弁な名言を書いてくれた。強力で繁栄した人びとがすぐ忘れてしまう事業に、このように世界的な名声があり、豊かな才能のある友人の支持を得られたのはまれな特権だった。

またアンドリュー・メロンが[*8]200万ポンドの値打ちのある美術のコレクションを合衆国政府に提供し、ルーズヴェルト大統領が議会に受け入れを勧めていることを読んだ。私は彼が財務長官だったとき、ワシントンでメロン氏にお会いしたことを覚えている。しばらくの時間、12万の盲人を援助する資金を集めるのに大きな困難のあることを語りあった。彼は私の仕事に関心があるといい、のちに100ドルを送ってくれた。同じ日に私はホワイト・ハウスでクーリッジ大統領[*9]夫妻に会った。一緒に写真を撮った。撮影のため私が彼の唇を読むと大統領は非常に愉快な表情を作られた。アメリカ盲人援護協会の誕生から間もない困難な数年間、大統領の盲人に対する強い関心が私にとっても絶え間ない励ましになった。あの日の朝、私はウィルソン大統領のもとで国務長官を務められたロバート・M・ランシング[*10]を訪ねた。私はランシングの自国への奉仕で、勇敢に働き、大きな試練に耐えた物静かな威厳と感受性に強い印象を受けた。

〔1月5日〕

1月の凍てつく朝。冬の麦はすでにまかれ、固い霜によって北風の爪から土のなかに暖かく安全に保たれている。晴天の空から私の友人アバディーン侯爵夫人の痛ましい重病の知らせが届く。数時間後には彼女が世を去ったことが知らされる。

1934年8月、先生、ポリー、私は16世紀に建てられたハド・ハウスで楽しい時を過ごした。私たちは侯爵夫妻と少人数の友人たちとランチをとった。先生と私はかつてグラッドストンとヴィクトリア女王が座られたという席についた。私は、アイルランドの微妙なユーモアや突然の話題の転換が特徴のアン・サリヴァン・メーシーと大げさで、漠として、こみいった美文で一つの話題にブルドッグのように固執するグラッドストンとの対決を想像して一人楽しんだ。

アバディーン侯夫人はいつも先生に非常に優しく、優しい気持ちで先生の仕事を褒めていた。家のなかを見せていただくあいだ、夫人は注意深く先生を導いた。図書室ではウエッジウッド[*11]の暖炉を見たり、その素晴らしい香りで分かったのだが、ヒマラヤ杉で建てられた部屋へ行ったことを覚えている。外へ出て、この家族の友人や客人が植えた華やかで圧倒するような木々の一群れを見た。ヴィクトリア女王と女王の夫君が苗木を植えたブナの木が大樹に成長していた。

私たちはチャペルへも入った――平和の社で私も亡き侯爵がたびたびここで祈り、お好きな讃美歌を演奏された所だ。音楽家のリード博士が私のために演奏してくれた。壮麗な音楽が私を包んだとき、アバディーン公が私の傍らにおられるかのようであった。涙を浮かべて、まだ侯爵が亡くなられる前の夏、クローマー[*12]のお屋敷にご夫妻を訪ねたことを思い出した。侯爵は私をご自身の書斎に案内して、窓のそばに立ち、私の手へ話された――

「あそこにロッホナガー[*13]がある――私が朝最初に見、夜最後に見るのがあの山だ。ヘレン、黄金の太陽をいただき、緑をまとったロッホナガーはまるで神の丘のようで、私は目をあげ、やがてあそこへ登るのだ」

彼の優しいお話や遠くを見るまなざし――二度と彼に会えない虫の知らせを思い出す。窓を離れて私を机の所へ連れて行く――「ここにあなたへの本『夕暮れの平和』があります。毎晩私は寝る前にこれを読んでいます」

それ以来、魂に畏敬の念を起こさせるいくつかの詩の丸印が私の生活にも描かれたのだ！

〔1月6日〕

今朝、突然日差しが顔に当たって、私はベッドから引っ張り出されてしまった。窓を開けると、4月にでもなったような元気いっぱいのあいさつがツゲの垣根から舞い上がってきた。ポリーがいうには、カラスどもは活気づいて鳴き、ツグミやシジュウカラもそこら中さえずっている。庭では黄色いジャスミンが咲き、スノードロップや他の春の花々も直に咲き出すと告げている。昼間には霜や雪が溶け、冬中幸せな春の近いのを知らせるスコットランドと4、5か月地面は凍結して緑や香りの兆しのない合衆国北部とずいぶんちがったものだ！

今朝は長い覚え書きを六つ、短いのを二つ書いたが、まだ1ダースは待ちかまえている、でも両手が休息を求めている。奇妙な話だが、これまでのようにタイプライターを着実に使い続けられるのはあまり長くはないと虫の知らせが心の扉をたたき続けている。私の手はときおり強張ったりもたついたりするが、それも驚くことはない、睡眠中は別として、2歳のとき以来、ずっとじっとしていることはなかったのだ。手は私が住む世界を意味する――手は目であり、耳であり、考えや友好の通り道だ。手の働きより先に健康や歩行能力（歩行は私が育ててもっているわずかで大切な自由の一つだ）を失うことになるのだろうか。しかし、今もし私が手を正しく扱い、まだ無理をさせていないほかの筋肉を使えば、別なやり方で仕事をする喜びがもてるだろう。どんな方法があるかはっきりは分からないが、何か実験を試みれば分かってくるだろう。

〔後に、ボスウェルの牧師館〕

子どもたちのいる所へ戻るのは幸せだ。彼らの生活は人を狂わせんばかりの心配事や悲しみの世界からずっと離れている。

ハミルトンで映画を見てからの急ぎの帰り道、土砂降りに降られたが、家に着くと空には星明り。映画の題は『怒り』、合衆国のある地方で行われたリンチとそれを行った人たちを強力に弾劾する作品。私の意見では、こうした集団的な非人道行為には口実はない。アメリカの偉大な反奴隷制の闘士ウェンデル・フィリップス[*14]はこうした暴徒について広い経験があり、普通彼らはいい身なりをして教育もある「敬われる人たち」だったという。犠牲者が白人であれ、黒人であれ、リンチに対して私の心は子どものときから反対で燃え上がったものだ。犯罪がいかに凶悪でも、人は正当の裁きを否定されることはないと主張したいし、裁判が遅れることがあっても、暴徒――不法行為――は正義の執行とは考えられない。復讐は動機としてありうる。実際、復讐は！ リンチを行うものは悪人たちと同じ所まで身を落とすことになるのではないか？

思想が行為となる仕方は奇妙だ。群衆のなかでは思想は私から逃れる。思想は自らを説明する前に個別に語られねばならない。

〔1月7日〕

ほほ笑ましい1日、長い散歩、昨日11通も手紙を出した気楽さが特に私の仕事を楽しくした。

家族で一番小さなジョンがここで一心に絵を描いていたが、突然手を止めて尋ねてくる──「ヘレン・ケラーさん、色が分かりますか?」

「ええ、分かりますよ、青を感じます」。（ここでは「フィール・ブルー」といって「憂鬱だ」「ふさいでいる」の意味でいっている──訳者）

彼は笑って、ポンと私の肩を打っていう──「でも、ほんとに色が分かるの?」手で触れて色は区別できないといい、でも書物や風景描写から、どんな色か想像できると説明する。彼の質問から講演旅行で、聴衆が、この世にあるものは何でも尋ねてきたのを思い出した。

「お好きな色は何色ですか?」

「一番お好きな本は何ですか?」

「お好きな詩人は誰ですか?」

「真理についてあなたのお考えは何ですか?」

「きれいな着物がお好きですか?」

「あなたは千里眼をおもちと思いますが、私が無くした宝石がどこにあるか教えてください」

「この世界で最も困難なことは何だと思いますか?」この質問には「議会に何かをしてもらうことです!」と答える。

「寝るときあなたは目を閉じますか?」はよく聞かれる質問で、「私は見るためにずっと目覚め続けてはいません!」

〔1月8日〕

身にしみる霜の朝。でも、11時、ポリーと散歩に出ると、草地へ家畜を連れ出せるほど日差しは暖か。8頭か10頭がすぐそばを通るので、彼らを通すため長く伸びたぬれた草のなかに踏みこんだ。家へ戻るのはいつもいい気持ちだ、スコットランドの風景のなかに、聖堂のような聖ブライド教会の灰色で慈悲深い姿を見るのもいい。

きょう、ようやくシュラム氏の手紙に返事を書いた――

スコットランド、ボスウェル牧師館

オットー・シュラム様

ドイツ、ストゥットガルト

親愛なるシュラム様

お手紙ありがとうございました。

スコットランドへ転送されてまいりました。私の悲しみへの心の籠った慰めのお言葉をいただきありがとうございました。私にとってその友情が真夏の日差しだった彼女が去って私の限られた貴重な花々は今やしおれてしまいました。でも、アン・サリヴァン・メーシーの勇気は思い出すだけで私を強固に保ってくれましょう。そして最も豊かな寡婦産として自由な精神を沈黙の暗闇のなかで固く維持し続けるでしょう。

誤解を避けるため、あなたからのお手紙を点字に移していただき、くり返し読ませていただきました。私はドイツの専横な検閲の法律のくびきが出版者としてのあなたの首に巻かれているのが分かります。「流れの半ばに」あるいは他の私の著作を出版し続けるためにレーニンにかんする私の見解や私が論じようと選んだ主題を削除ないしは変造せねばならないのであれば、むしろ発行を続けないことを望みます。[*15]

それにしても、いま手元に「流れの半ばに」を開いておりますが、レーニンやトロツキーにかんする私の「発言」について誤解をなさっておられます。「居眠りを奪った思い」の章や他の場所にもトロツキーの名前は出ておりません。レーニンについては1ページは書いており、ちょっと「言及」しただけではありません。

シュラム様、お国の政府の見解が異なる国内および外国の人びとに対する威圧的な権威を意図するあなたのお言葉は悲しませるものですが、脅かされることはありません。あなたのお言葉は、それがなくては一国の魂が死んでしまう基本的な自由――言論の自由、出版の自由、世界情勢にかんするゆがめられない情報――がドイツでは圧殺されてしまっていると私が長いあいだ抱いていた感情を正当化しております。このような確信から、どうかあなたの出版目録から私の書いたものすべてを削除してくださるようお願いいたします。

この後私が述べることは、このことを当然とお受け取りになるお役に立つでしょう。

ボリシェヴィズムについて私は態度を変えたことはありませんし、もし態度を変えることがあっても、あなたがそれを知りたいお気持ちがあるとしても、私には「それをお知らせする義務を負いません」。ボリシェヴィズムはレーニンの誕生より数世紀も前に発祥したことは歴史に通じた人なら誰でもご存じのことです。ボリシェヴィズムはそれによってヨーロッパが脅威にさらされるという「悪と脅威の破壊」に対する責任がないことはビジネス感覚をおもちの人ならご承知のことです。ドイツを含む激烈な経済競争、後進諸国における貪欲な市場獲得、通商路にかかわる帝国主義的利益の確保など、これまでにないほど大幅に狂ったように諸国を爆薬と兵器への支出に追い立てています。

ボリシェヴィズムに対してあなたがお手紙で放ったすべての告発の半分でも本当なら、ロシアは今より以前に文字通り地上から抹殺され、以下のような統計が確証できる他の諸国にもそれが当てはまるでしょう——

「数百万のロシアの知識人の殺害と抹殺」

「数百万農民の飢餓」

「農民層の破壊と農産物の恐るべき減少」

「労働者、農民など一般大衆の身体的、精神的並びに心理的破壊」

自ら正当な自由を勝ちとるためにスペインの人民が骨折る超人的英雄主義にどうして「恐怖の支配」の汚名を着せようとなさるのですか？　どのような源から悪意をもって選ばれ、悪意をもって消化された情報が集められ、無知な人びとによって広められる——無知こそ常に悪をなします。自分のもつ事実に確信のない者は大声でそれを広言し、いやしい解釈を行います。

シュラム様、ドイツ人や至る所の外国人がドイツについてうそをいい続けていると同じに誰もがいつもソヴィエト・ロシアについて真実を語っているとは考えられないことです。

私はドイツにかかわる否定しがたい諸事実で悲しみに満たされます。3年前にもお話ししたように、ドイツのユダヤ人への残虐行為、個人および家族に対する恐怖をもって施行する国家統制、数千名の人びとの裁判なしの投獄、天才に対する最も暗い犯罪――世界が敬愛し、人道的な平和主義者に謀反人のらく印を押して追放したアルバート・アインシュタイン――を私は知っています。あなたの国に対してなされる攻撃のすべてが誤りや悪意に満ちたものでない決定的な証拠がここにあります――「意図的に、破廉恥に、まったく利己的な意図あるいは他のいやしむべき動機から自分の金やほかの財産を外国に送るか外国に残している」いかなるドイツ人にも死を与える法律です。別の法律は若者から個人の自由を奪います――今後ドイツのすべての少年・少女は「例外なく」身体的、精神的、道徳的に訓練され、「ヒットラー・ユーゲント」（ヒットラー青年団）に参加しなければなりません。第三帝国の青年指導者バルドゥール・フォン・シュラッハ[*16]は「ドイツの全青年の生命は例外なくアドルフ・ヒットラーのものであり」、「ヒットラー・ユーゲントはキリスト教会でなく、キリスト教会はヒットラー・ユーゲントではない」と宣言しました。シュラム様、これは一体どうしたことでしょう――財産としての奴隷制、盲目的崇拝そしてキリスト教的良心の侵害など？

ヒットラーは自らたてた虚偽の立場に立っては、たとえヨーロッパが必要としても、ヨーロッパを救うことはできません。ドイツは、寛大さを憎しみに変えるだけでは、敵意に満ちた宣伝と広まったどう猛さが休まることのない復讐とが及ばない所に自らを置くことができるだけです。

威圧されて探索に心を閉ざされた方へ、この手紙を書くことはまったく希望のないことを私は悟っております。でも主の御声は強力です。いつの日にか必ずあなた方すべてが捕らえられている牢獄の壁はばらばらに裂け、誤解していた友愛といましばらくはそれについては聾であり盲であるあなた方に深き人類愛が「よみがえることでしょう」。
寂しいさよならをドイツ人民へゆらぐことのない愛をこめて

皆様の親愛なるヘレン・ケラー

（署名）

〔1月9日〕

食事の時間を除き、朝9時から午後11時まで休みなしのお勤め。昨年末のクリスマスの手紙を読む——大変なものだ。手紙を6通書く。慌ただしく駆けぬけたが記憶すべき1年の道しるべとなるさらに多くの点字の覚え書き。1月29日パリで行われるガッツォン・ボーグラムのトーマス・ペインの銅像の除幕式にポリーと私が出席するときのスピーチはよく考えて準備する必要がある。

トーマス・ペイン[*17]こそはまったくの奇跡だ！　彼のことを考えれば考えるほど、彼が信じなかったあるいは信じていないと思いこんでいた神が彼の生涯の始めから終わりまでを組み立てたと思われてくる。というのは、トーマス・ペインは観察し、ほとんど抑圧からは逃れられないところで自分の個性を発展させ、狭い愛国主義がものを見る力を曇らせる他の国々に自分の近親者を見出すように離れて住んだ。

孤独で、曲解され、驚くほど世間知らずの彼はそれでもなお恐怖を押さえ、鎖を断ち、王座を揺るがす天才となった。あたかも神が引き起こした混乱に向かって「光あらしめよ」と御声を下したかのように、トーマス・ペインがイギリス、フランス、アメリカ3国の平民に向かって語ったのは奇跡の瞬間でなかったか？　アメリカ革命の口火となった本『理性の時代』やパンフレット『常識』でトーマス・ペインは信仰ではなく、盲目である迷信、救済ではなく、魂を破壊するような専制政治への羊のような従属、肉体の飢餓と同じく致命的な知識の欠乏を明らかにした。明確で率直な英語を書く人が少ないなか、彼は英語を世界中の聞く耳をもった人びとに今も鳴り響く新しい文明へのトランペット・コールにした。

長く生きれば生きるほど、私は神々はまず狂気を行うものを破壊したいと望んでいると確信するようになった。ドイツで起きているように、巨人のごとき「不寛容」が怒りを募らせて盲目となり、人びとが日常必要なものまでが脅威にさらされている。牧師館の女あるじイサベル・トムソン夫人は今週オレンジを1個2ペンス半で買った。数日後には1個1ペンスの委託販売もあった。うかがうと、ペニー・オレンジはパレスティナから来るので、ドイツによって拒否されていることが分かった。破壊的な風がどこで吹いているかこの麦穂の揺らぎが示している。

この恐るべきインフルエンザ流行のさなか、ハムステッド研究所はこの油断できない疫病に対するもっと有効なワクチンを開発できる見込みだと期待をもたせる公表を読んだ。

〔1月10日〕

春めいた1日。庭でスイセンの香りを嗅ぎたいような気分になった。

またバートの祈りが今度はちょっと長く聞けなくなるのは残念だ。来週の週末にはウェスト・キルブリッジへ出かけ、その次の土曜にはロンドンへ行くことになっている。今朝の彼の説教は信仰についてで、示唆に富むものであった。真の信仰とは、実行することであり、丸暗記をしたり、特定の心情に盲目的に従うことではないと彼は教える。彼は主自らのお言葉の意味を知らせる――「私の命ずることを聞き、それを行うものは私を信ずるもの」。これこそはキリスト教の勝利をあらしめるに可能な唯一の道だ。旧約聖書は全体を通じて、善なるものの認識の上に立って行動することを信仰として同様に力説している。英語のfaithには行為を強制する意味があるが、フランス語のfoiやドイツ語のglaubenにはその意味がないように思われる。いつかこのテーマを研究してみたい。[*18]

教会の境内を通って帰る道々、ポリーはジョアンナ・ベイリー[*19]の記念碑について話してくれた。ジョアンナは私が今泊まっている牧師館で１７６２年に生まれた有名な詩人・劇作家である。彼女の父はこの教区の牧師だった。当時の有名な俳優や女優が彼女の作品の登場人物を演じた――エドマンド・キーン[*20]、ジョン・ケンブル、彼の姉妹シドン夫人など。ウォルター・スコットもジョアンナを称賛する一人で、彼女の作品を高く買っていたという。

ボスウェルの牧師館はまた別の人物とのゆかりもあった。現在のカンタベリー大主教も少年の頃この辺を遊びまわっていた。彼の伯父がこの教区の牧師だったという。スコットランドの牧師館から出た多くの人が高い名声を勝ちえていることは何か教えるものがある。そのうちには芸術家サー・デヴィッド・ウィルキー[*21]、18世紀にはヨーロッパ中に大きな影響をおよぼしたスコットランド哲学派の創始者トーマス・リード、ウォルター・スコットの伝記の著者ロックハート、貯蓄銀行の創立者ヘンリー・ダンカン。ＢＢＣのサー・ジョン・レイスも牧師館の出身だ。

ボストンのカレッジ在学中にスコットランドの牧師館の出身者に会ってうれしかったのはワトソン

博士だった。彼はアイアン・マクラレン[*22]の名で『懐かしいイバラの藪のそばで』を書いた。しばらく前この本を読んだが、私が今日抱いていると同じスコットランド風の寛容さの感覚をそれは与えた。私がスコットランドへ行ければ、自分はよそ者ではないと感じるとワトソン博士に語った。「私たちの地方は気候は厳しいが、人情は、いつも暖炉には人を迎える火が燃え、危難にあった人や孤独な人をかくまう家々です」と彼は答えた。

〔1月11日〕

2時間ものあいだ、ていねいに読むために点字に写してもらった手紙を20－30通読んだ。

心を打つ小型本が届いた。『暗黒と沈黙のなかの音楽と光』と題され、英国で聾盲者のために発行されている点字雑誌「ザ・レインボウ」の編集者E・M・テイラー夫人の著書。彼女は14歳までは見えていたし、聞こえていた。耳が弱まり、目が暗くなった冬に、温かな思い出のそよ風が吹いて、再び色彩が芽を吹き、世界に声がよみがえり、命が改められたと彼女は語る。私が楽しい香りから受けとると同じように彼女も記憶から多くの喜びを得ると想像する。テイラー夫人は自分のやり方で世界を作り直すことで、人間として最も寂しく、最も無防備な人間を助けようとする。彼女はそうした人たちの想像力をかきたて、芸術的な感情を刺激する。彼女の影響力や彼女の作品が、困難で単調な生存を魅惑的な夢で装うおとぎ話を編むように、優雅で微妙な芸術なのはそうした理由からだ。

ボスウェル城の屋敷内で咲き始めたとスノードロップが伝える。今夜の凍てつく風でか弱い彼らの勇敢な行いが痛めつけられないよう望む。

〔1月12日〕

また一日春めいた日差し、若草や木々のつぼみを急き立て過ぎはしないかと気がかりだ。

ワシントン州タコマで、マトソン博士[*23]の10歳の息子が誘拐され、引き続いて起きた殺害の記事を落胆と怒りをもって読んだ。リンドバーグ[*24]の赤ん坊の誘拐の恐るべき光を投げた不法行為の再発を思わせる事件だ。

今朝のグラスゴー「ブレティン」紙は、ニューヨークから処女航海のフィンランド国籍の「ヨハンナ・ソールデン」号がペントランド入江で沈没した痛ましいニュースを報じている。ただ二人だけが助かったという！　多くの人命が失われた悲劇と近親者を失った多くの家族の苦悶は、今日進みつつある戦争をさらに残酷なものにしようとする気ちがいじみたエネルギーのいくらかでも、霧を貫いて探索できる機械の開発にふり向けられたら、いくらかは癒されることになるだろうが。戦争の脅威に直面する今、この手抜かりは科学に対するとがめであり、文明の汚点の一つでもある。

１９３３年7月、先生、ポリーそして私がオークニー諸島[*25]やシェトランド諸島へ向かったとき、ペントランド岩礁を通過したときのことをよく覚えている！　大西洋、北海、ペントランド入江の荒いうねりの集まりで「煮え立つ茹で釜」の大きなゆらぎを期待していた。しかしうれしいことに、期待は裏切られてしまった。サイレン（海の精）のような優しい海水が友情のさざ波で船を愛撫しつづけた。この旅に同行したバートが語ったところでは、夏においてもこのようななぎはむしろまれで、どの季節においても、岩石の切りたった海岸線は欺かれやすく、たびたび霧がそれを見えにくくするのだという。

オークニー諸島への船旅は先生の最後の日々のわずかな楽しみの一つだったし、私がこだわるのはそれが特に懐かしいからである。オークニー島へ上がってすぐさま気づいたのはツメクサの野原で、その香りは島の端から端まで天の流れのように私たちを文字通り追ってきた。私はツメクサが好きだったが、行けども行けども広々としたツメクサの花々の広がりからくる喜びを夢見たことはなかった。

私にとってもう一つの新しい感覚は午後11時まで太陽のおかげで空気が暖かく感じることで、私たちは深夜の太陽に本当に近いところにいたのだ！　生活が完全に動いているさなかにベッドへ行くなんて不条理な話で、町は車や馬車で混雑、お店は開店中、私たちが泊まっている部屋の窓下では船たちが荷を積んだり降ろしたり、鳥たちもいたる所でさえずっている。

私たちはオークニーにいるあいだ、たくさんの探検をした。手伝ってもらって、奇妙な土盛りの一つに登った。上代北欧人が島々を占有していた名残だという。土盛りの下にある古い墓所に入った。壁に刻まれた奇妙なルーン文字（昔北欧民族が用いた）の碑文に触れ、機械などもたない人びとがどうやって高さ9フィート、幅6フィートの石を遠くから運び、それらをどうやって大変な正確さで積み上げたのか不思議に思った。またスカラ・ブラエ[*26]という海岸にある歴史以前の村を訪ねた。細心の注意を払ってごつごつした石段をはい降りて「石器時代」にはいった。中央には石造りのいろりがあり、天井には煙出しの穴が一つあった。家具はみな岩を掘って造られ、寝床や食器棚やかつては塩水を入れて魚を貯蔵する箱などがあった。住民は高潮を防いだり、借金が払えなくて債権者が家財を奪い去らないようにこうして地下に住まいを造ったのだと後で聞いた。

レリックで過ごした数日は興奮させられるものだった。ものすべてが勇猛な生活を思わせる、嵐も騒動も——頑強な絶壁は打ちたたく大洋の大波に屈服して崩れ落ち、生え出たわずかな木々は風の平手打ちに吹きまくられる——そのなかに居心地のいい漁師の小屋小屋。レリックは私を魅了する。カモメたちが人びとのように曲がりくねった道路を埋めつくす。小型の貨物船が往来する。幸運にも晴天に恵まれ、シェトランド諸島の島々を小型船でめぐるなぎのいい日が続いた。北部で有名な鳥類の保護区ブレッセーを訪ねた。

私たちが上陸するやいなや、数百万羽の鳥が一斉に舞い上がり、羽ばたきで大気がゆらいだ——カモメ、アジサシ、ツノメドリ、ウミツバメ、トウゾクカモメ……。騒々しい金切り声は海水を通して船へも響き、それを聞いた人たちと同じく私も驚いてしまった。私たちはこれほどまでに濃密な羽の雲が朝の光にきらきら輝くのに囲まれたことはなかった。急な絶壁に沿って進むと、波は船を揺すり、荒波がうがった洞窟の底からの冷えた吹き出しに震えた。漁船の群れとすれちがった。女たちが乗っており、ニシンを追ってスコットランドの沿岸を移動していて、彼らには牧師と医者が同行しているという。こうした漁の道々、女たちが魚をこしらえたり荷造りしたりして怪我をするので医者が必要なのだろう。

カモメは私たちがレリックに上がってから離れるまでいつも姿を見せ、鳴き声が聞こえるところにいた。たくさんの魚を捕まえ、カモメが飛びながらそれをくわえて飛び去るのを楽しんだ。カモメたちが船に近づくと、ポリーが「よーい」と合図をよこす。力強いくちばしで魚をもぎ去ると指が痛いほどしびれた。こうした魚のとりあいは荒くれた生き物の戦いを象徴するものだ。互いに上から落ちかかり、他のカモメが次の獲物をくわえ去る。カモメたちは船を追って飛び、手際よく釣りあいをとって私の手から魚をとるのを見るのは面白いと皆がいう。

〔1月13日〕

今朝、日差しがいっぱい、だが午後はにわか雪。

ボスウェルからロー・バンタイアの古いシャトル・ロウまで歩いた。デヴィッド・リヴィングストン[*27]の生まれた所で、博物館と記念堂がある。途中、クライド川[*28]に架かるつり橋を渡った。一人で欄干に触れながら橋を渡りきった。一足ごとに想像が刺激された。水面から25フィートの高さの橋だと知らなかったら、ゆらぎや震えからそれは船だと思ったにちがいない。私たちは通行税半ペニーを払ったが、しょっちゅうこの橋を渡る炭鉱夫や他の労働者は払わないと聞いて面白いと思った。博物館への坂を上るとき雪が降った。

リヴィングストンの家族は貧しいながらも自分たちの単独の住まいをもっていたと考えていた。驚いたことに、21世帯が入れる高い建物のあることを知った。建物の外壁にとりつけられたらせん階段の一つを上がって行くと、鋳鉄製の汚水溜めを「見つけた」。それは150年前にこの建物に設けられたたった一つの衛生設備だった。ただ1室の住まいを見た。リヴィングストン夫妻と5人の子どもたちが寝起きし、食事をし、夕暮れを暖炉の周りで過ごしたのだ。この人たちの生きた時代にそれはいい家庭の住まいと考えられていた。冷たい暖炉に乗った湯沸かしに触れたが何やら痛ましい思いがした。何かしら、訪ねてくるはずのない誰かを待っているかのようだった――年老いた父親がグラスゴーで別れ、二度と会えるはずのない高潔な息子を待つ趣だ。

管理人が触れたいものがあれば触れていいと許してくれた――リヴィングストンが苦労した初期のころの紡績機、クールマンで彼がその下で結婚したというアーモンドの木の一片、洗礼用の水盤、暗黒大陸の最も暗い地域を通り抜ける恐るべき旅を表した彼の彫像など。書き出された記録が明かす物語を驚きとともに聞いた――密林また密林を踏破するのに使ったただ一つの六分儀、数千の命を癒し、救った医療器具、ヴィクトリア瀑布やニヤサ湖を覗き見た「凸レンズ」。リヴィングストンが危うく命拾いをしたライオンに砕かれた肩の骨の石膏細工、最後の病に横たわった粗末な小屋の模型、今や死に臨んで目を閉じようとするとき彼が手にしていた古びた聖書――涙ながらにそれらに触れた。感動で胸打たれる誠実な黒人たちの彫像――1500マイルの道を9か月かけて彼の遺骸を港へ運んだ人たち。遺骸はそこから安全に英国へ送られたのだ。私はリヴィングストンの不屈の信念と忍耐とをたびたび読んだ。しかし、ここの記念碑は彼が成しとげた奇跡を如実に物語っている。単身、武器ももたず、学ぶのも困難な言葉の障壁を乗り越えて、敵意を示す部族たちに彼の人間性そのものの大きな愛を気づかせた。ポリーは彼が述べた二つの文をつづってくれる。すべての人が命を得、しかもさらに豊かになる地上に下された主の揺らぐことのない弟子としての印を額に掲げた二つの文――。

「私がもち、またもつことになる物に私は値打ちを与えない、キリストの王国とのかかわりを除いては」。そして息を引きとるまぎわに、黒人の奴隷制度に抗議して「この世界に現れた苦悩を癒すのに力を貸す者には、アメリカ人だろうとイギリス人だろうとトルコ人だろうと神の最も豊かな祝福が与えられよう、私はこうつけ足すことができるだけだ」。

リヴィングストン・ギャラリーは独特だ。四つの個室からなっていて、八つの床の間は建築家F・C・メアズと彫刻家ピルキントン・ジャクソン[*29]により豊かな用途にあてられていた。メアズはまたエディンバラ城の国立戦争記念の作品で知られている。二人の芸術家はこれらの床の間をリヴィングストンの偉業を可能にしたいろいろな特質を表す芸術的な彫像で満たしていた。

屋外では、泉や大型の地球儀やいくつかの彫刻を見た。「詩篇」第24か「地上は主の物にして満ち足り」を表しているものらしい。それによって、進歩や光、豊かさと平和がアフリカの人びとに訪れる願いを表していた。だが悲しいかな、この高貴な目的がリヴィングストンが神の勝利のために命を捧げた壮大な大陸で、ヨーロッパの帝国主義の商魂と貪欲のうちにその姿を失ったことに思いおよんでしまった。日没の光のなかに立って、ポリーは周りの風景を説明してくれる――子どもたちの遊ぶ野原、森、足元に見るクライド川、地上における平和と友情の福音を人びとのためリヴィングストンに具現された平和な田園の心から離れて、部族同士の血なまぐさい争いを思いおこさせるボスウェル城のくすんだ姿などを……。

〈1月14日〉

今朝、霜は重く降り、書き物をするあいだ火を抱えて指を温めるのは本当にうれしい。しかし、スコットランドの南部や西部では、冬はめったに厳しくならず、穏やかな日があいだにたくさん割りこむせいか、寒さは長続きせず、囲いをした場所や雑木林の緑も痛められず保たれている。

昼食や夕食はこの家ではのんびりしてはいない。子どもたちは学校の授業からたくさんの宿題を家へもち帰って、まるで花火のように食卓越しに言葉をかけあう。歴史や地理や国語にかんする彼らの好奇心から生まれる課題を細かく説明しあっているあいだ、父親もまるで少年のように耳を傾ける。彼らだけではむずかしい問題を尋ねられて、正しい答えを求めて彼も熱心だ。ロバートは14歳、ジョンは12歳だが、世界で起きる事件への関心が広く目覚めていて、さまざまな国々の政治や経済の問題の深刻なのにあまりに詳しいのを知らされ、ときにはたじたじとなってしまう。きょう、ジョンはわずかな自由時間に先生がクラスで国際問題や今起こりそうな戦争の結果について討論させたことを話し、私たちを楽しませた。討論の途中、先生は、答えを求めるのでなく、みんなの考えを刺激するため、質問を出された。たとえばスペインの内乱では二つの陣営の双方に志願者がある場合について話しあっていると――、

「ドイツとイギリスが戦った場合、ドイツがジブラルタルやアデンを攻撃したら事態はどうなるか?」

ジョンは考えて、自力でそれらを守るためできるだけ急いで海軍を強化せねばならないと事態の危険を指摘した。ジョンは、先生がスペイン内乱で多くを話され、現在のスペイン政府にひいきするような話をされたと語った。私もそれの同感者ではあるが、教師や教授は学生たちに論議の主題を提示するにあたっては、公平な態度を堅持すべきだと思っている。教師が若者たちを精神的な自立へ導くには、それがただ一つの道だからである。反対側の見解を聞かずに自ら正しいと抱く見解よりも誠実

に考えようと努めた結果の誤りの方がより多くを得られるのだ。

私自身の生活のいくつかの経験が、開かれた心の必要性を気づかせてくれた。ラドクリフ・カレッジで私は「認められた」、「進歩的な」、「真新しい」学説に従って経済学や政治について学んだ。いずれの講義においても、カール・マルクス[*30]と彼の歴史的な著作『資本論』はまったく言及されなかった。フランスやドイツやロシアのように社会主義が重要な役割を担っている国では、少数派ではあるが、頻繁に言及されているのに。私の論点は教授たち自身自分の見解を立てる権利についてではなく、支持者をもつほどの重要な反対意見が、権威があり真実であるのに、一言も触れないという誤りについてである。スティーヴンソンが見せた「嘘をつく公平主義者」に対する嘲笑的な態度は正しい。我々はいろいろな党派からより多く真実を学ぶ——なぜある者はこの政策を、他の者は他の政策を求めているか知ることになるからだと彼は言った。しかしながら、論争において、反対者たちに誠実であろうと努力することは、悲しいかな、めったにない事実のままだ。

〔1月15日〕

今朝、私は１９３８年1月ロンドンで開かれるエマニュエル・スウェーデンボルグ[*31]の生誕２５０年を祝う集まりに出席するよう至急の招待状を受けとった。できることなら、最大の喜びでそれを受けとるべきだ。というのは、スウェーデンボルグの宗教上の著作が、感覚に枷をはめられた束縛に挑戦する私の魂に数千枚の羽を与えてくれた真理の数々を天上からもたらしてくれた。だが予定されたこの日私は英国にはいないことになっている。盲人のための仕事の要求は途切れることはないし、冬は私の精力への要求がいつも最大の季節なのだ。１９３３年に先生と私がスコットランドで過ごさざるをえなかったのはやむをえない長い休息が必要だったからだ。そして今また私は冬の季節にここに来ている。極度の困難と微妙さをともなった仕事――先生が世を去ってゆらぎ、引きちぎられた私の生活を再統合する――を成しとげるにはほかに方法が見当たらなかったのだ。

何もたない者のなかで、すべてをもった者が有利でないと同じに、晴眼の人びとのなかで、盲人のために旗頭の地位を確保するにはたゆまぬ働きが必要である。赤ん坊が始終スカートにまとわりつく母親のように、無限の広がりのなかの片隅で私が共感して、役に立つ会話に熱心に聞きいりたいような会合のすべてに出席するのに逆らうときも当然あろう。たしかに人びとの接触には、各人がそれぞれもっている雰囲気のように、あらかじめもっている考えのもやを晴らしてくれる魔術がある。しかしこれらささやきかける気分もよき動機が歩み続けるように他の影とともに逃げ去っていく。

〈後、ウェスト・キルブライド〉

この週末、ポリーと私はアメリカへ発つ前にお別れの挨拶でラヴ博士夫妻を訪問する。夫妻は私たちに何でもなさるわけではない。世界を覆った試練と痛みに夫妻が温かい愛の重ねで私たちを心から包もうとなされるのは本当に感動させられる。

この家を「サニー・サイド」（日の当たる場所）とよくも名づけたものだ。博士の心の空に黒雲が広がっていても、博士は日の当たる場所へ向かうのに失敗なさることはない。どんな困難のなかでも、彼の快活な勇気が他の人に何らかの機会を見出すように励ましてくれる。ポリーと私の体に忍んでくる老いへの忠告をなさるうちにも、若者の活力あふれる力に私の魂をさらに広く開いてくださる。

〔1月16日、ウエスト・キルブライド〕

今朝の大気は早春を先触れする鳥たちのさえずりであふれているとポリーは知らせる。ここでは黄色のジャスミンが冬の動きを偵察しようと咲きだした。まもなく、ヒヤシンス、キズイセン、チューリップも勝ち誇った美しさで咲きそろうだろう。

午後の日差しにあふれて「古い茶色の大地に大きな心地よいほほ笑み」が、みんなをクライド川のほとりへドライブに誘う。アラン島は雲に隠れて見えないとポリーはいう。しかし、耕作地の静かな茶色の畝々、掘り返された土を追いかけて餌を探すカモメたち、落ち着いてブナの垣根を見渡すウィーミス・ベイで車を降り、防波堤の先まで歩く。夏にはグラスゴーや近隣の人びとが船をこいで入江を下る。クライドには夢物語がある——町々と船とのドラマ、岸辺の大きな家屋敷、はるかかなたの野生あふれる山々——この川を船でずっと下ってみたい——必ずいつか。森と同じく川にもちがったにおいがあり、大気の変化があり、私には読みやすい書物だ。

ラヴ博士はジョン・ガンサー[*32]の『ヨーロッパの内幕』をおもちで、ポリーと私はヒットラー[*33]、ゲッペルス、ゲーリングの目で見るような説明を見つける。かたくなに敵対的な個性のもち主たちが一つの政府で和合することはできなかったし、ヒットラーやお互い同士の恐れがみんなを長く結びあわせておくほど十分ではなさそうだ。ドイツにとってそれこそがただ一つの希望だとラヴ博士はいう。野心的な意志の衝突が第三帝国を遅かれ早かれ掃きだめへ向かわせる運命にある。

いかにしてドイツがこれほどに卑しむべき姿で生存できるのか、私にとって日々それは恐るべき疑問だ――魚のように、圧迫にかんする最初の叫びの記録から、政治と文明とが争ってきたあらゆる非人道にゆだねられつつある――他の近代国家では下されることのない死刑が政治犯として多数の市民を処刑した。4万9000人が強制キャンプに送られた、芸術や演劇や映画に対する批判、ナチスの見方に従わない書籍の禁止、「ドイツのすべての青年の体と心はアドルフ・ヒットラーに帰属し、ヒットラー・ユーゲントはキリスト教会でなく、キリスト教会はヒットラー青年団ではない」とバルドゥール・フォン・シュラッハは公言した。狂ったような速さで巨大な戦争準備が推し進められる一方で病気や暴露への抵抗力をつけたり、維持したりできない食料の配給制度が行われている。

今や人間生活への圧迫の積み重ねが明らかにその頂点に達した。「ベルリン・ターゲブラット」紙の編集長ポール・シェファーはドイツのただ一つの新聞に生き残っていた自由主義を維持しようと努めたが辞任してしまった。ドイツおよび海外に住むドイツ民に敵意ないしは無関心を示す者には死と復讐が待っている。「ネーション」紙にトーマス・マン[*34]の息子が書いた記事を読んだ。彼の父はスイスに住み、追放の身で、ドイツでは彼の作品は購入できなくなっているという。帝政時代のロシアでもレオ・トルストイ[*35]に危害を加えたり、彼の作品の販売を押しつぶすようなことはなかった。ところがドイツでは世界中の保守派、自由主義派の双方から称賛を受けている小説家を脅かしつつある。

ドイツの独裁政権が沈黙させるのに成功したい人のなかにはゲルハルト・ハウプトマン[*36]の名もあると記事は伝えている。私が訪米中のハウプトマンに紹介されたとき、ドイツは政治的な興奮で騒然となった。世界的な旅行家、著述家、ジャーナリストでラジオ解説者のフレージャー・ハント[*37]の友人がニューヨークで催した昼食会でお会いした。

食卓でハウプトマン氏は名誉なことに私の右に座られた。彼は英語がまったく話せず、私のドイツ語も長く使わなかったため錆びついてしまっていた。しかし私がゲーテ[*38]の名を挙げたのを聞かれた彼は早速友情を示された（ちょうどゲーテ100年祭が祝われたところだった）、そして、ゼスチャーやいろいろな作品からの引用が私たちの意味するところを明らかにするのに役立った。私は『ヘルマンとドロテア』から何事かを口にすると、彼は理解したようにうなずかれた。私はゲーテの天才の普遍性について語った——「彼は霊感を得たドイツ人であるばかりでなく、先見の明のある世界の市民です」。

ハウプトマン氏は答えた——「ゲーテの静寂な精神が、軍国主義、疑惑そして猛烈な国家主義のこの時代をはるか遠くまたぎ超しているのは悲劇です。ファウストがいったように『すべての人間のすべての生命は私の体のうちで試され、そして』」といい、間を置いて——「ドイツは壮大なドラマを演じているところです。すべての者がその体のうちで試されており、これまでは暗闇に事態は隠されています」。

私は彼の語り方に一抹の不安のあることを認めたが、彼がドイツにおける選挙結果[*39]を知ろうと試みていたことを後になって知り、それを疑わなくなった。

翌日、ヒットラーはメフィストフェレスの役についた。

〔1月17日〕

風、雨そしてみぞれがまる一日、でも「サニー・サイド」は人の心にはいりこみ、優しく保つ灯のともったほほ笑みを装いつづけた。

春へ向かって日脚が伸びつつあるのを知るのは喜びだ。1月16日付けの「ブレール・メール」紙は、きょう日の出は午前7時58分、日没は、午後4時23分と伝えている。

また本紙は、新聞協会のディナーでのイーデン氏の言葉——英国は「はっきりいって銃よりもバターを好む」がナチス・ドイツの指導者たちをいら立たせていると伝えている。しばらく前、ゲッペルス博士とゲーリング元帥はそろって、銃のためにはバターを犠牲にする必要性を強調したが、その発言が否定されたわけだ。モスクワ放送の誤った報道が非難された——飢饉がドイツを襲っており、ドイツではバターがまったく無く、代わって銃を生産しつつあるという。事態はこのように続いていて、各国は罪深い秘密が明るみに出ると個人同士のごとくとがめあいを続けている。

私はいつもロシア人たちはいかなる地上的な力のために自らの宗教を曲げることはないと思っていたし、今もそれはたしかだと思う。ロシアのクリスマスは、昔は1月7日に祝われていて、「現在存続しているモスクワのわずかな教会は以前よりも混みあっていた」と伝えられている。

夕食後私たちは横になって休んだ。ラヴ博士は、毎日昼食の後はできることならうたた寝をとるべきだと信じておられる。それは命を長らえさせるといわれる。個人的に私は長生きはたいして重要ではない、私は永遠のうちに生きており、すでに先立たれた私が愛する人びとに加わるのを待つのに、地上で過ごす時間が長過ぎると思っている。でも、短時間体を緩めるのは他に方法がないときはやっかいな仕事をやりとげるには助けになった。

私はラヴ博士が「ヴォルタ・レビュー」[*40]に書かれた「アン・サリヴァン・メーシー」と題した一文を読んだところだ。どの文にも先生と私の友情と先生が、ほとんど誰の案内もなく単独で、私の沈黙と暗黒の砂漠に道を開き、私の不幸な人生の束縛を緩めた、信念と勇気の熱情に理解をもった温かみが表れている。マサチューセッツ州レンサムの私たちの懐かしい住まいにおける先生を描いた絵のような言葉も、私が心に抱いている幸せな記録より優しく真実であり得るはずはなかった。

ラヴ博士は1906年に聾唖の研究にカーネギー財団[*41]の助成を受けて合衆国東部に来訪した。私たちは初めて博士に会うことになった。このようにアンドリュー・カーネギーの寛大さを通してまかれたさまざまなありがたい種子から、私の過去30年のあいだに織り成された有益な友情の一つが萌えだした。1913年ニューヨーク市のカーネギー夫妻のお宅で夫妻にお会いして以来、夫妻は盲人のための私の仕事に献金され、夫妻の素晴らしい親切が多くの障壁を取り除くのに役立った。

記憶はまったく素早く飛ぶもの！ ニューヨークのカーネギー夫妻訪問から、私の心はスコットランドでカーネギー夫人を訪ねた3度の夏へ飛んで行く。夫人はいつも先生、ポリー、そして私をスカイボ城での昼食会に招いた。城へ近づくにつれて雄大な眺望が開けた――はるか遠くモーレイ入江が望まれ、「私たちの必要な物がそこから来ます」と夫人がしばしばおっしゃる周囲の丘また丘、8月の黄金色の光の波が峰から峰へ、エメラルド色の野辺から野辺へ波打った。やがて両側に常緑樹の立ち並ぶドライブウェーへやって来る。春にはスコットランド・エニシダの海でおとぎの国のようだと聞く。この花の群がり咲くうっとりさせるような眺めや8月の太陽のもとでこの世ならぬ香りのことを英国国外に暮らす人びとのうちどれほどの人がご存知か疑問に思う。城のいただきにはユニオン・ジャックと星条旗が組みあわされてはためく——大英帝国とアメリカの間に永遠に存在する友情を思い起こさせるカーネギー夫人の巧妙な計らいだ。私たちがはいって行くとハイランド風の衣装を着けたパイパーが心地よい歓迎を奏する。女あるじは手ずから私を彼女の夫の図書室兼音楽室へ導く——エドワード7世[*42]をもてなした部屋だという。部屋部屋は皆広く迷ってしまいそうに感じたが、隅々を満たした花々は寛ぎや平和を呼吸していた。カーネギー夫人は手をとって私を庭へ連れ出し、庭の王者を見せる——800年前聖ギルバートが植えたヒイラギである。夫人はご主人が特にお好きだというカーネーションの花と美女桜の葉を集めた大きなブーケをくださる。私はいつもあの日お会いした優しく物静かで麗しい家族——夫人の娘さんとその夫、それに白いヘザーの大きな花束を作ってくれた4人の楽しげな子どもたち——に囲まれた夫人のことを思い出す。

〔1月18日〕

ラヴ博士は昨夜ロード・メルチェット[*43]のユダヤ人のパレスティナ再入植にかんする本を読んでおられた。ユダヤ人が宗教、芸術そして社会正義における特別な才能を妨げられずに発展させることのできる国土をもてれば、彼らの課題は解決すると私は長いあいだ感じていた。奇妙なことに、私が「盲人のためのユダヤ・ブレール・レビュー」紙を読んでいて何度か思い当たったことのある考えをラヴ博士がもっておられた。ユダヤとアラブの二つの民族のあいだのパレスティナ領有にかんする論争で、アラブ人の侵入者が登場するずっと以前にユダヤ人がこの地を占めていたという議論は、あったにしても、まれにしか出てこない。このような議論は雄弁な効果をもって利用できると思われる。アラブ人はパレスティナの発展で何をしたのか？　彼らは旧来の慣習のまま留まり、争いや略奪をほしいままにして日々を無駄に過ごしてきた。一方、ユダヤ人は長期にわたる迫害や信じがたい誹謗にさらされながらも、建設的な政治信条、哲学、集団的な隣人愛など世界遺産を計り知れないほど豊かにしてきたではないか？　何世紀かのあいだには何人かのアラブの思想家たちが彼ら民族のうちでは高い地位に上ったが、一民族としては、ユダヤ人のように、より高度の生活へ導く堅実な明かりを灯さなかった。

今朝、私は太陽の呼び声を聞いたが、いっさい動けそうにない。手紙というドラゴンたちが机の上にどっかと構えている。平和に過ごすというのなら、午後までタイプライターのそばに居続けねばならない。ポリーと私はある友人とグラスゴーで食事をともにし、ボスウェルへ帰ることになっている。

〔1月19日、ボスウェルの牧師館〕

4時間かっきり読む――私が毎年盲人のために出すアッピールへの100通ほどの応答（ありがたいことに点字で書かれている！）、それらを読みながら、ときにはほほ笑み、ときには涙する。私が先生と再会するまで、何とかやっていけるように私を支える言葉があふれている。

午後2時、私たちはボスウェルの古城に向かう。13世紀後半に建てられ、今ちょうど政府の職員たちの手で修復中だ。目下訪問者は城内へ入ることは許されないが、かなり離れて城の周りを歩いて、角々に立つ巨大な塔の土台石や強靭な壁に触れた――まるで絶壁のようで、場所によっては厚さは11

フィートあるという。かつてはその敷地が広大で、籠城の際は土地の住民や彼らの家畜も保護することもできたという。エドワード1世がこの砦を2から3ハンドレッド・ウェイト（1ハンドレッド・ウェイトは45～50キロ——訳者）の砲丸を投げ飛ばす投石機を使って勝利をえた話を聞いていると、頭の上を飛行機が1機飛んで行った。地上に据えつけた扱いにくい投石機と空を支配する今日の戦闘機とのあいだには6世紀がある——エドワード1世の支配した世界よりも今の我々の世界が普遍的な平和へ少しも近づいたようには思えない。

かつては、矢が放たれただろう狭間の一つに立って、「敵の一隊がクライド川を上ってくる」の叫びやかたわらにダグラス・ツガの木を想像しようと試みた。だがその情景は浮かび上がらなかった。私は穏やかな川と柔らかい大気を通して流れてくる鳥の歌声だけを考えることしかできなかった。城からずっと下の砂の細道を歩き、川水に触れた。クライド川を私の友だち川の一つに数え入れることにした。スノードロップに触れる、川べりが積もった雪のようにまっ白だという。木々のなかに立つ壮大なブナの木に挨拶した、その太くて節くれだった幹や大地のあばらのような根から、それは城と同じく古いものと思われた。周囲は30フィートはあろうか。当惑したことに、不遜にも多数のイニシャルが気高い木肌に彫りつけられているのに気づいたことだ。100年を生きぬく者もまれな人間は、彼らが想像もできない数知れない人間の世代を生き抜いてきた樹木になぜ刻み目をつけて短時間の虚栄心を満足しようというのか？

イサベラが一緒で、私たちはボスウェル・ゴルフ・コースを通って家路についた。イサベラはときどきここでプレイするそうで、ポリーによると、なかなかの腕前のゴルファーだという。ティーがどうやってされるのか、どのようにうまく見積もった腕の振りようでボールが飛ぶかを説明してくれた。ボールを一打一打と打ってコースを進むつもりだったが、ボールは「バンカー」に落ちるばかりだった。順調にグリーンを進んでホールを終了した。私が記憶する限りで、ゴルフのことを面白く話してくれたのはイサベラがただの一人で、やり方をもっと習いたいと思ったほどだ！

〔1月20日〕

今朝、厳しい寒さ、地面は霜で真っ白。ボスウェル城のスノードロップは早々咲くんじゃなかったと悔やんでいることだろう。

ポリーと私はスコットランドのお友だちのためにグラスゴーの聖エノックホテルでお別れの昼食会を開いた。しばらく続いた優しいことどもが終わりなのでここを去るのは誠にわびしいものだ。重荷を背負った魂を抱えるだけの落ち着きと釣りあいとを見出したここスコットランドを離れるにあたって私の勇気はくじけそうだ――「ああ、麗しい人生の春の緑鮮やかな日々」は駆け去り、信念は確固として留まっているもののこれからの年に向けて、大きな喪失はまだ完全には癒えない破れ目を残している。しかしながら、愛と仕事が、世界が与えることも、打ち壊すこともできない平和を私によみがえらせてくれるだろう。

きょう、フランクリン・D・ルーズヴェルト[*44]は2度目の大統領就任式を行った。5時半ごろ、家族みんなで彼の就任演説をラジオを通して聞いた。一人の大統領がこの職についたアメリカの歴史に残るあの3月4日のことを思うとある衝撃が私の身内を打った。先生、ポリーそして私はジョージア州におり、ちょうど泊まっていたホテルでルーズヴェルトの最初の就任演説を聞いた。高まいな政権のなかに関心を引かれた主題を見出した彼女なしに、私たちは今スコットランドで彼の演説を聞いている。ワシントンの天候はじめじめして腹立たしいのは残念だが、大統領が演壇に立つと喝采と呼び声は感動的だ。私は21歳以来、新たに選ばれた大統領の演説を読んだが、ウッドロウ・ウィルソン[*45]を除いて、今度の演説のような成果への大きな期待を抱かせたものはなかった。ルーズヴェルトが「アメリカ国民すべての福利がこの国の利益であり、かかわりのすべてだ」とする宣言には正真正銘の響きがある。リンカーン[*46]以来のいかなる大統領よりも、彼は国民すべての経済的な安定と福利を推進する手段を政治のうちに見出す必要性を強調したと私は信じる。世界については、数百万の人びとが無知のまま生活し、3分の1の国々がさまざまな困難、住居の不良、衣類の不足、栄養不良に直面するような不正の横行を彼は非難した。議会と国民とがルーズヴェルトを強固に支持することによって、新たな活力が我らの民主主義を刺激し、「新たな社会正義の資源」が我々の先祖が築き、しばしばゆらぐこともあった共和国を強固にする。

理想――ルーズヴェルトが実現しようと求める建設的理想――は霧深い未来の岸辺に建てられる灯台である。しかし多くのアメリカ人はそれらの理想を言葉では拒否し、よりよい生活を目的に政治を語ることは単なる理想に過ぎないとする。彼らは彼らの最も強固な伝統は、かつては宗教や憲法に対して「驚異の」新しい理想だったことを忘れている。この理想を無視する傾向は公共の福利のための政策の推進に奮闘せねばならないルーズヴェルトにとって今一つの難関である。人びとが実際に自分たちの利益を求めて政府に送りこんだ人のうち、協力者として頼りになる人は誠にわずかなのである。

〔1月21日〕

きょうは本当に暖かだ。学校をあがってきた子どもたちは家畜が野原で日なたぼっこをしていると知らせる。

これは朝書いたもの。昼食後、私は自分のスーツ・ケースを詰める、一方ポリーもトランクでせわしい。ロンドンから借り受けた点字図書や郷里へ向けた多くの荷物を発送する。つづいて、デーヴィッドがプロデューサーのフィルムのために、ポリーが「メイキャップ」をしてくれる。私がここに滞在しているあいだ、何をしていたか映そうというのが彼の構想だ。

最初の場面はタイプライターのところで仕事をする私、第2場は食堂の入り口をロバートに従ってお茶の席へ、撮影では細かいところで時間がかかるもの。あすの夜も「撮影」は続く。デーヴィッドが指図をうまく伝えようと一生懸命な一方、照明に注意と呼びあいながら子どもたちが駆けまわるのはまったくほほ笑ましくなってしまう。この撮影に恵あれ！――大いなる楽しみとかつてハリウッドでスター気どりで過ごした楽しい日々*47の上にも。くそまじめで不器用だったこと！　鉛筆で何かを書こうとするリハーサルではカメラからの要求に当惑してしまった。ポリーが駆けよって「なぜそんなに口を尖らせたり、誰かの頭にかじりつくような格好をするの」とつづってくる。そんなことは夢にも思っていないのに。かくて私は毎日、夢と気まぐれのフィルム・ランドで、真剣にやろう、ベストを尽くそうというのに日々違反行為を犯したものだ。

〔1月22日〕

昨夜ももっと撮影を、もっと笑いも。ロバートが私を食堂へ連れて行き、飼いならしているボタンインコを見せる成り行きは心地よい。鳥たちは真剣にカメラを見つめ、私がずっと見つめているのをすっかり忘れている。ちっぽけで可愛らしい羽根の生えた妖精たちと同じく写真のほうも魅力的に仕上がるといいが。お食事のときのように食卓の周りに集まり、いつものように食前の祈りを唱えるバートの唇を私が読む。エフィーがお茶を出す仕草をつづけ、お菓子を配る。ロバートはお茶の集まりの表情を顔に浮かべながら、内緒にいたずらっぽいことをいい、私を客間へ連れ戻す。次の場面では、ジョンがピアノでお得意の『ピブロック響け』[*48]を弾き、そばで私が調子をとる。子どもたちといつまたこんなに楽しい時が過ごせるだろうか。

きょうもさらに荷造り。近づく別れで日記も言葉が詰まりがちだ。不幸に引き裂かれた人の心は、おそらくほかの人よりも、心から愛する人や土地と別れるのが一層辛いだろう……。

今私たちは最後の夕食を終えたところだ。もう何も話すことができない。私の体がここにいるのは、1938年までではは今夜が最後だが、心ではたびたびここへ戻ってこよう。ボスウェルの牧師館に、私が心慕う牧師館にさらなる平安を！ ……。

〔1月23日、午後、グラスゴーを経てロンドンへ〕

春のような朝、牧師館にさよならをいうのはいっそう辛い。家族みんなで私たちをグラスゴーまで送ってくる。

ロバートは目に映るものを片端からつづってくる――楽しそうな古い家々、緑の一番濃い草地、牛乳、卵、小麦粉、野菜などを積んで町へ向かうトラックの数々、町を行進する大きなパレード――毎年やってくるチャリティ・デイだ。病院のためのグラスゴー市の分担金募集に役立とうと大学生たちが明るい赤のガウンや珍妙なお面や仮装でパレードをする。でも私は笑えるような心持ちではない。汽車に乗るともう一言も話せない。気づかぬうちに、信号手の緑の旗が振られ、プラットホームで手を振る大人と子ども合わせて6人の大事な友から速度を上げて遠ざかっていたのだった。まるで寂しさを感じる前にボスウェルを離れてしまわねばならない！　周囲に身を屈める優しい魂のような塔のある聖ブライドの教会や、死とか恐怖や洪水の破壊とかによっても阻まれることのない自然の調べを求めしょっちゅう歩いた道をポリーが目にすると私も一緒になって涙ぐんだ。「タイムズ」紙のニュースも私の思いを明るくはしてくれない――ウェスト・ヴァージニア、オハイオ、ケンタッキー、ミシシッピー諸州を襲う洪水や軍と文民との権力者たちが最高権力をめぐって激しく争う日本の危機など。広田首相とトーチャイ軍事省[*49]とが100年ものあいだ日本帝国の安定と福利とを明らかに危難にさらす敵対しあう勢力の典型だ。このように紛糾する状況のなかへわけいるとすると、私たちの日本訪問は奇妙な冒険になるだろう。

満足――それにちょっとうらやましさも――戴冠式とそのお祝い行事ですべての階級の大方の人びとがお祝いできるよう努力が進められていることを「ブレール・メール」紙で読む。今は「失われた虚飾」の多くはそのまま静まっていてほしいが、英国における最後の戴冠式は……。

ヒットラーとムッソリーニ[*50]の秘密会談の記事は緊急の謀議だと指摘する。二人がフランスをその同盟から引き離して孤立させ、スペインにおける国家主義者たちを支援する努力がくじけることを私は望んでいる。このような二人の人物はいかなるときにも地震や火山の噴火によって起こされる自然の破壊的な力のように恐るべきものだ。

「ローヤル・スコット」号は揺れながら、ポリーが風景などほとんどつづれないほどの速さで飛ばしており、横ゆれで彼女の指の動きについてゆくのをむずかしくしている。対照の法則というべきか、私たちが「フライング・スコッツマン」号でエディンバラからロンドンへ旅した1930年8月の記憶が心に浮かびあがってきた。あのとき、機関手が私を機関車へ招いてくれた。英国皇太子がおかけになったという席に腰かけ、燃えさかるドラゴンの口へ石炭をすくって投げ入れた。金属が焼けていると聞いて驚き、燃え殻やすすにはじゃまされないことを観察した。車のゆれは滑らかでリズムがとれていることを知った。バリック・オン・トゥウィード地方を文字通り駆けぬける速さを手を出して触れた（あの時私たちは時速70マイルで走っていた）。私は「フライング・スコッツマン」が人類の最高技術の驚異として記憶するだろう。スランバーランド（おとぎの夢のお国）からユーストン駅に転がり落ちた——ジーン・ミュアがまるで美しいスコットランド語「お上品な」がぴったり当てはまるあけっぴろげな歓迎ぶりで私たちを出迎えた。彼女は私たちをエセックスのバーデンへ案内することになっていた。私たちは彼女と夫チャーリーと彼らの魅力的なおうち「ザ・オールド・コテージ」で週末を過ごすことになっていた。この家は1650年に建てられたもので、草ぶきの屋根は美しく、梁は太い樫で、窓ガラスはダイヤのようにきらめき、鉄の鋲を打った扉には古いノッカーが下げられていた――そして英国の家庭の魂――庭である。毛の荒い2頭のテリア犬、ビングとサンディーも出迎える。ビングはもう耳が遠くなっていたが、その日の夕方中、私から離れなかった。「ぼくらには仲間の情があるよね」といわんばかりに、ビングは私の足に頭を乗っけていた。

夕食後チャーリーと私はヒットラー独裁政権とソヴィエト・ロシアのどちらが専制国かをめぐって長時間議論した。私がなぜロシアよりドイツに対し厳しい態度をとるのか彼は疑問に思っているようだった。私は、ロシアは千年も続いた奈落のような不幸を考えると、父親のような政府かも知れないとしても、慈悲深い政府の下、素晴らしい進歩を続けており、そのアジア的な思想や自己表現の様式はドイツあるいは他の西欧諸国が経験したこととは基本的に異なるように思えると述べた。彼が私を異端者だと思わないか気になる。反キリスト教的な運動を残念に思うと彼が語ったとき、ロシアの教会が覆るのはうれしいと私は言った。実際に聖職者の権力下にない国に住む我々には、教会がどのように無知で未発達で、原始的な人びとの心と体を掌握したか――教会がどのようにこれらの人びとが種をまき、採り入れ、奴隷のような結婚の契約をし、死者を葬り、大君主の命ずる小作料を納めるよう強制されるかの考えは持ち得ない。私が強く憂えるのは、神が存在しないことを求めるのはボリシェヴィズムの結果ではない、ボリシェヴィズムは、教会がすべての権力を握るよりずっと以前に生まれ、現在は神秘主義者がしばしば説くものになっている。教会の堕落を弾劾した論文でカーライル[*51]は、神の存在の否定は長い間信仰が冒とくされ、天国への懇願や呼びかけが、より高い徴税、追い払い、むち打ち、冷酷な処罰の結果だと糾弾している。反キリストはこの千年来ずっと存在してきた。ソヴィエトには神が無いにしても、少なくとも「啓蒙された」ドイツがアインシュタインの天才に対して犯した恐るべき罪を犯すようなことはなかった——シュラム氏にも書いたことだが、1千年の業績でも消すことができない汚点である。帝政ロシアでさえトルストイを罰することはなかったし、英国はガンジーを追放したり、殺害するところまではいかなかった。

また私として見過ごせないもう一つの事情は、世界大戦でドイツは侵略者だったし、ロシアはそうではなかった。世界平和のために素晴らしい努力をした、飢餓にひんしたロシアを踏みつけにした情け容赦のないドイツ人の冷酷さや1919年生まれたばかりのソヴィエト共和国を粉砕しようと試みた他の諸国を後世の人びとは正しく判断することだろう。ロシアは強大な防衛軍を創設せねばならないとレーニン[*52]はいったが、今日、この格言は正しいとされているようだ。いつの日にかドイツ、イタリー、日本がロシアを圧服するために最高の努力を結集するかもしれない可能性、いや当然起こりうることだとなっている。

〈1月24日、エセックスのバーデン〉

今朝、太陽とジーンが部屋へ一緒に入ってきた。ツグミたちは愛の歌を歌いつづけ、張り出し窓を通って吹きこむそよ風には春とロマンスがあふれている。ジーンは私たちにベッドにいるよう告げる、手ずから朝食を給仕するという。彼女は魚や卵を食べやすく整え、トーストにバターを塗り、お茶をついでくれる、したがってポリーには何もすることがない、食べ、飲み、そして休む以外は。

なまけの虫を十分払い落として着替えをしていると、雨が激しく降りだした。庭へ出る機会の到来を待ちながら座りこんで待っているが、お天気はいっこうに晴れる気配をみせない。しばらくしてチャーリーがはいってきたが、しばらくのあいだ私の指が信じられないことに彼は庭で摘んだ真ん中が黄色の愛らしいピンクのプリムラを挿した壺をタイプライターのそばに置いてくれたのだ。何しろ1月24日のプリムラだ！　私はなぜシェークスピアやほかの詩人たちが「早咲きのプリムラ」「早咲きのか弱きプリムラ」などと歌いつづけたかが分かった。だが、霜の爪のなかにありながら、その優美さを力強く差しだすところ、この花はけっして「か弱き」はずはない。

夕方、私たちは腰を下ろして文学を論じあった。チャーリーは現代の優れた詩の一篇とされるT・S・エリオット[*53]の「ホロー・メン」（うつろな人びと――訳者）を朗読してくれた。それは力強く、依然ジェームズ・トムソン[*54]の「恐るべき夜の街」がそうだったように墓のような終末性に心はひるむ。しかし、「ホロー・メン」の真の意味の理解に当惑してしまう。この作品は、精神を養うパンのためでなく、富や地位を得ようと悪戦苦闘する人間をイメージしているのか？　あるいは、今日、長時間機械のかたわらで、古き時代の創造的な物造りの本能的な喜びを奪われた労働者を象徴するのか！

このことをほのめかすと、チャーリーは興味を引かれたらしく語った――「すべての労働者が3時間機械のそばで働き、残りの時間を自分の体力を増進し、子どもたちのために快適な環境や最良の教育や正しい人生の出発を与えるために費やすことが可能になる日がやって来ると思わないか？」我々がこの社会正義の本質的な原則に完全に合意できれば本当に喜ばしいことだ。

夕食後嵐になった。でも雨は穏やかで、大地を目覚めさせ、草々を芽吹かせる香りがする。早い時間にポリーと私はエリザベス朝風の小さな家を調べに出かけた。売りに出されていて、1930年にそれを外から見たとき、先生があることを思いめぐらしておられたのだった。先生は英国を訪れたときは、いつかはそこを休暇の隠れ場所にしたいと望んでおられた。もち主も売却を考えてはいたが、昨年夏までは最後の決心がついていなかった。先生は最後の日々にポリーと私に「エセックスのあの小さな場所が手にはいれれば、あなたが好きな美しさと人びとからの隔たりがあり、私がかたわらにいるのを感じるのに役立ちます」。でもそれは考えるべきことではない。私が住むのに必要な改築をすることは大変複雑だからだ。

今晩はまったく記録すべき夕べだ。ジーンは私をミューム・スチュワートに紹介した。彼は昔ローマの砦があった場所に建てられた16世紀のコテージに住んでいる。そしてさらに高名な劇作家クリフォード・バックス[*55]に紹介した。作曲家アーノルド・バックスは彼の兄弟だという。これまでバックス氏のようなロマンチックな人物に会った記憶がない。背が高く、エレガントで、堂々としていて、作法や言葉遣いも磨きがかかっていて、昔の廷臣に似ていた。彼は、私が15歳、自身は18歳のときから私のことを知っていたとうかがって驚いてしまった（当時、彼はドイツで勉強中だったという）。彼の戯曲『とげのないバラ』――ヘンリー8世の3番目の王妃キャサリン・ハワードの悲劇――や『ソクラテス』について何か話してくれるよう求めた。彼はこれらの作品は近いうちにニューヨークで上演されるという。そうなれば私も必ず拝見するだろうと述べた。私は4月には日本を訪問することになっていると語ると数年前そこに滞在したときの経験を語ってくれた。彼は多くの仏教寺院を訪れ、そこに住む僧侶たちの静寂さに深く印象づけられた。長崎では、ちょうど雨模様だったが、住民が屋内に小型の花の咲いた桜の木をもっているのを見たと語った。

誰かがエリオットの「うつろな人びと」に触れたのでバックス氏にご自身の解釈をうかがった。幻滅と無関心とが信仰を枯らし、世界の新鮮さを失わせるとき、反哲学的な人びとの希望のない態度を述べたものと考えておられる。私は、ＡＥ[*56]の詩篇が先生と私に、朝露に輝くバラの花のように愛らしい時を何度ももたらしてくれたと語った。バックス氏も彼の詩を喜んで読んだといい、「古代バビロンにて」の最初の数行を暗唱してくださった――。

街々を青い夕暮れが流れる、
私の愛が心のうちで翼を得て、
きょうやきのうを去って
３０００年の昔へ。

私はまだその詩を読んだことがないというと、写しを送ってくださるという。私たちは彼が信じているとおっしゃる仏教やエマニュエル・スウェーデンボルグの教えについて論じあった。バックス氏の来世についての信仰に強く心を打たれた。このようにロマンチックな個性の持ち主で心豊かな人物と語りあうことはなかなかえがたい喜びであった。

〔1月25日〕

日差しで輝き、鳥たちの歌声でうれしい朝。堂々たるオウムのマクレガーはコーラスに罰当たりな言葉を浴びせかける。その育ちは模範的からはかなり隔たっていることは明白だ。オウムは１日中庭のちょっと離れた一角にあるチャーリーの書斎にいて、午後の散歩にはチャーリーについてくる。チャーリーの頭の上の木々を飛び移り、母屋へ入るときは羽ばたいて、ジーンに向かって「ハロー」という。鷹が彼を捕らえようとするが、オウムの種族が身につけた戦術で木陰へ身をかわして逃げ、家の避難地域に到達する。

ロマンチックな小道、神が開くよう仕向けられたに相違ない緑の牧場、バーデンの栄光の楡の木々、そして幾世紀も実り豊かに受け継がれてきた静かな農園に囲まれたオールド・コテージの広々として活力をもたらす雰囲気を私は言葉で伝えることはできない。

チャーリーやジーンのような友人の大切さを計ることは私にはさらにできそうにない。二人が私の兄弟姉妹だったとすると、私が打ち明ける喜びや悲しみにこれほどまでの反応はできないだろうし、私の将来についてこれほど考えてくれることはなかったろう。私には多くのうれうべき事態が起こったが、新たに背負うべき課題や責任にとり巻かれて激しく試された私の気力を支えようと彼らの自発的な努力のようなものはほかにはない。私がしたように、彼らに私の心を赤裸々に示し、しかも誠に素早く理解されたことはまれな経験である。彼らの語ることは乾ききったポンプに注がれる呼び水のようで、それは新たな考えの流れを起こさせる。二人は、先生やジョン・メーシー[*57]やベル博士と同じく、突然の話題の転換や変わった着想やちょっとした表情や語調が伝える微妙な意味などで素晴らしい会話にも私がついていけないことが多いことをよく理解している。チャーリーはジョン・メーシーのように素早い発言や小話や何かに対する人の反応をとらえるのがうまく、私にもそれらを楽しませてくれるのだ！　先生と私がレンサムに住んでいたころ、私たちにはお互いが話し手や聞き手になって楽しむ友人たちのグループがあった。そこではいつものように新鮮な思いつき、くつろいだ気分で議論するのにふさわしい本、極めて適切な効果を上げてくり返される選り抜きの小さな詩篇、興味深く紹介される自然や科学の発見があった。口達者な人のお話から話の核心を引き出そうと心がけたり、議論を長引かせたり――今日のアメリカ人にはめったに見受けられない特質のようだ。多くの作家たちと同じく、私は、会話はもう廃れてしまった芸術だとときおり思うことがある。でも恐らく仕事に専念してきた過去20年のあいだにあるいは他の人びとの近しい心を引き出す技術をもたないわけで、たびたび寂しさが私のそばを歩くことがあった。しかし――

この世で私が知っているもので
愛から逃れられるものを私は知らない
どの深みにもそれははいりこみ、
どの高みにもそれは上る

それはまた空が待つように、
雲々が行き過ぎるまで
なお静かに輝き続ける
永遠の一日とともに。

スコットランドとイングランドでそれは待っていたし、高潔な考えと寛大な情緒とをもって二重に麗しい友情のうちに再び私の上に恵みとなる…。

〔1月25日、パーク・レーン、夕刻〕

寂しいことに、今朝、私はこれからも数々の思いが長くその周囲にただようもう一つの巣から自らをひき離した。チャーリーは車でビショップス・ステートフォードの駅まで送ってくれた。途中、前ロシアン侯の娘にあたるヴィクトリア・ゴスリング夫人の住まいのそばを通りかかった。彼女は「アニー・ローリー」[*58]の作者ジョン・スコット夫人の親戚である。どれほど多くの声がこの世界の愛唱歌を私のために、子ども時代以来、故郷で、英国やユーゴスラヴィアで優しく歌ってくれただろうか!

エセックスを1マイル行くごとにそこには歴史や神秘や物語が詰まっている。よくは分からないが、私は6つかそれ以上の文明の埋まった上を踏みつけながら歩いているとの思いを組み立てようとしつつ、ときには身震いを覚えながら、あの道、この道と歩いた。ローマ人の建てた壁、コルチェスター[*59]のセント・ヴォトルフ寺院の廃墟、ボアディケア女王[*60]の軍隊が敗れた塹壕に触れたとき、いにしえの香りそのものが私の指へ発散してきた。エセックスにはもう一つ懐かしいことがある。ロンドンからほんの39マイルしか離れていないのに、人びとが何世紀も前と同じように暮らす小さなウェンデンズ・アンボの田園が保存されているからで、1930年の7月から9月まで私たちがそこに滞在したとき、先生は幸せだった。私たちの隠れ家は400年も昔からあった古屋で、壁でかこまれた庭があり、私が一人で歩ける長くて変化に富んだ散歩道があった。そこは「トラウト・ホール」(「トラウト」はニジマスの意――訳者）と呼ばれていた――でも庭の外れの小川にはニジマスが住んでいたとは想像もできなかった。先生を喜ばせた場所場所を再び訪ねてみても、私の心の痛みは癒されることはなかった。でもそれは本当に望んだだけのことで、先生の病める目で見た最後の生き生きした眺めを楽しむことができた…。

ジーンがロンドンまで一緒で、アイヴィ・レストランでランチをとった。ここは有名な俳優、女優、作家、芸術家がよくやってくる所だという。ごちそうの舌平目とナスの料理を食べながら、魅力的な男女が立ち寄って、挨拶を交わし、お好みの料理をあっさり食べて、仕事へ戻って行くのを見るのも楽しいものだ。ジーンはリリアン・ブライスウェイトやジェームス・アゲイト[*61]を見つけた。ジェームスは手ごわい劇評家で『エゴとエゴ2』の著者。次に英国に来たときもアイヴィにやって来たいものだ。そこではいろいろな人物を見聞する魅力的な機会が得られる。それから私たちはブラッドレーに行き、二人の新しいスーツを注文した。私のものは黒と白で、けっこう重い。こちらでむらのない天候のもとで過ごした後では、アメリカの寒風に触れるのだから本当にうれしい。

パーク・レーンではがっかりする電報が待ち受けていた――トーマス・ペインの銅像は29日には除幕されないという。準備に時間が十分とれず、除幕式は4月まで延期されることになった。そのとき私たちは日本にいることになっている。最初私はパリ行きを諦めようかと思った――予想した主な目的もなくなったのに、せわしい数日の旅行はプリンスの登場しない「ハムレット」のようなものだと思った。あれこれ思案の末、二人は自分たちの旅行計画を進めることで考えがまとまった。この魅力的な町は多くのものをもっているなどいうまでもない。私はずっと前からドンレミ[*62]を訪ねたいと思っていた。そこは私が愛するヒロイン、ジャンヌ・ダルクが生まれた所だ、そしてもしそれが遠くでないなら、この旅行は、来週金曜日に出席を期待していた心惹かれる催しに匹敵するような感動的なものになるだろう。

〔1月26日〕

寒くて湿った朝、でも霧はない。最近ロンドンの交通が麻痺したような黒い霧に襲われると困るが、その危険は去りつつあるが、別の危険が起こってきたと皆さんはいう――イートン、ウィンザーその他テームズ川流域の洪水だ。

「タイムズ」紙は合衆国の洪水の恐るべきニュースを伝える――忘れようとしても終日頭から離れない話だ。ミシシッピー川やオハイオ川が豪雨で水位が上がり、大小の都市が洪水に見舞われた。シンシナティ近郊で100万ガロンの油に火がつき、炎の洪水となって、シンシナティを襲い、燃えるオイルは流れに乗って洪水地帯へ迫る。シンシナティを所管する警察署長は状況を簡潔に語る――「地獄がほどけた」と。50万の住民が家を失った。ハリー・ホプキンス[*63]は2500名の労働促進局の要員を10州の被災者のために派遣するが、まもなく事態はさらに悪化すると予測されている。

「タイムズ」紙はまたモスクワにおけるジノヴィエフ・カメネフ[*64]「パージ」(追放)の忌まわしい事件にかんする社説を載せている。そして、そのうちの何名かはソヴィエト政府の高い地位にある人を含む17名がスターリンに反対するトロツキストの陰謀に加わったかどでその生命を裁かれようとしている。大変な状況だ――名声の高い人物たちの没落だ――長年鋭い洞察力で国際情勢を解説してきたジャーナリストのカール・ラデクや以前駐英大使で、最近までソヴィエトの財政再建に力をつくして称賛されていたソコルニコフも含まれている。今日のロシアのような進歩的な国におけるこのような裁判事件は私にはまったく理解しがたい。かつてピューリタン・ニューイングランドで起こったヒステリックな魔女裁判をちがった名前でくり返すような記事に読める。ソヴィエトの指導者たちのあいだに明らかに同じような逆上した恐怖が存在し、投獄者たちにはまったく犯したことのない罪を認めることを強制する決断がある。ラデクには現在の政府を転覆しようとする罪があるが、彼が人間らしさのひとかけらでももっているなら、なぜこれまでの素晴らしい仕事に報いられないのか、それを汚して、自国をドイツと日本に売ったとまで「告白」したとは？ これまで世に知られた人で、マーク・トウェインほど人間の性格を深く知りつくした人はいないが、追い詰められ、探し出された犯罪者はたびたび自分の共犯者をかばうため虚言を弄するものだと彼はいう。もしそうだとすれば、ラデクはなぜこれ以上軽蔑すべきいかがわしい偽善で自らと自身の業績を卑しめるのか？ いずれの国の歴史においても、この男のように優れた知性のもち主で、高い使命に身を捧げようと誓った者よりも身分の卑しい者が拷問にさらされると、自尊心と高潔さを表すものだ。

今朝、合衆国汽船会社に行く。ポリーと私はル・アーヴル[*65]で「プレジデント・ルーズヴェルト」号に乗船できないことが分かった。アメリカの海員のストライキのため乗客を乗せないという。これまでストライキが私たちをどこへも行けないようにしたことはないとムーア氏に語った！ 私たちは「ルーズヴェルト」号宛てに荷物を数個送ったのが心配だった。彼は私たちのために別の船が見つかればそれらは容易に転送できるという。あすの早朝彼からの知らせを聞くことになる。そこで私たちは数か月前に郷里の友人たちに2月12日には「ルーズヴェルト」号で帰国するとしていた厳粛な確約とは別の計画を立てることになる。ときにはさまざまな事情が頭をそろえて起こってきて人間を悲しみに陥れるのは誠にいたずらな話だ。数年前読んだある記事が「生命のなきものの完全な堕落」に対する私の考えを変えさせてしまった。そして年をとるにつれて、物や事件の不条理についての信念が一層たしかなものになった。哀れな人間でなく、事物に責めを負わせるのも愉快ではある！

昼食前にポリーと手紙や仕事の書類など際限なく読んだ。先生が辛抱強くこの日常の通信の山に耳を傾け、情報を簡潔に手際よく伝えてくれていたおかげで、私は救われていたことを身に染みて悟った。

この次英国を旅するまでは会えないので、ポリーは電話で多くの人をお茶や食事に招いた。それからブラッドレーで最初の仮合わせをし、招待客をお迎えするのにまにあうようホテルへ戻った。お客のなかにはサー・アイアン・フレーザーもおられた。私は彼が議会で議席がなくなったことを残念だと伝え、盲人のために声を上げるため議会に復帰するよう希望した。「MP（国会議員）でいるメリットは特にありません。600人のなかの一人では私が望むところを成しとげるには機会がないのです。BBCの会長として、英国の失明退役軍人のために有意義なサービスをしたいものです」と彼はいった。

やがて、マックとベル・イーガー、チャーリーとジーン・ミュアとネッド・ホームズが集まった。イーガー夫妻はこれまでネッドやチャーリーには会っていなかったが、じきに打ち解けてくれたのは誠に喜ばしい。政治が話題を独占した。国王の退位が帝国におよぼした影響についての予測が広い分野へと広がった。この運命的な日々のあいだ、前例のない危機に対処したボールドウィンの能力と確固たる態度や国民の自制についていろいろと発言があった。先王の結婚問題について議会におけるさまざまな発言がくり返されたり、王制を倒し、すべての人民の生存のため平等と公益の統制を基礎とする共和国を樹立するとのジェームズ・マクストンの発言も引きあいに出された。あまたの議論のうちで歴史的なものとなるのはマクストンの発言だけだとネッドはいった。

誰かがシュラム氏の手紙とそれに対する私の返事に触れた。マックによると、数日前ドイツから「デル・シュツルメル」紙（シュツルメルは「前衛」または「突撃」の意がある――訳者）の写しと手紙が送られてきた。手紙では、英国国立盲院の職員でユダヤ人を追放するよう彼に求めているという。「そうしないとドイツではこれまで私たちを扱ってきたようには扱いかねる事態になる」。マックは、これまである人物がユダヤ人かどうかを尋ねたことはなく、彼らの仕事ぶりによって彼らを採用しているという。「よきユダヤ人」の一例として、彼はドイツ出身のユダヤ人紳士について語った。数年前、それまでの仕事を退いた彼は国立盲院を訪ねてきて、盲人のために何か仕事ができないだろうかという。マックはそのとき彼に面白くないうんざりする事務作業を頼む以外何もしてやれなかった。でもこの新米の紳士は喜んでそれを引き受け、ボランティアのスタッフとしてその仕事を遂行している。彼のように優しく思いやりのある人物はどこにもいない。マックは「デル・シュツルメル」紙に鋭い返事をおくり、「タイムズ」紙には反ユダヤ的偏見の蔓延について高潔な抗議を書いた。ドイツは英国との友好関係を維持したいと熱心だが、英国政府は第三帝国（ドイツ）に対して国境外でユダヤ人に敵対する文書の配布を認めることは2国間の関係に対する違反行為であると警告するのが義務だと彼はいった。あらゆる信条、あらゆる国籍の盲人のためにその恩恵を広めて名のある機関の長が書いたこの書簡が重きをなすことを私は願う。

ドイツ、イタリア、そしてロシアの独裁政治が比較され性格づけがなされた――ドイツ人はヒットラーを崇拝し、イタリア人は戦争の神を、ロシア人は機械を崇拝する。若いソヴィエトの技術者たちが世界を驚嘆させる仕事をしたとネッドはたたえた。

「そうだ、ロシアの理想は素晴らしい、だが宗教も自由もないままで彼らは成果をどのように持続できるのか?」とチャーリーとマックは同意した。

「少なくともロシアでは彼らの特別な能力を発展させる自由がある。でも今日のドイツではそれは不可能だ。芸術、文学、教育が死んだ状態に縮まり、科学はパンアーリアン的偏見に変わってしまった」と私はいった。お客たちが帰り際に、チャーリーは尋ねた――「ロシアはなぜトラクターに変わって兵器を積みあげているのだろうか?」この質問に私はびっくりした。私が読む敵・味方双方の論説は、同様にロシアはトラクターで国土を耕し続けていると伝えている。この主題についてできる限り知らなければならない。

〈1月27日〉

今朝、問題の一つが満足できる形で解決した。ムーア氏は私たちが2月2日ル・アーヴルから「シャンプラン」号[*66]で出発できると伝えてきた。この話は特に私を喜ばせた――アンドレア〈アンドレアはニューヨークの高名な眼科医コンラッド・ベレンスの夫人で、ベレンス博士はメーシー夫人〈アン・サリヴァン〉のわずかな視力を維持するため最後まで尽力された）が熱心にこの船を勧めていたからだ。11月のニューヨークからの出発にも彼女は「シャンプラン」号を勧めたが、私たちはもっと早く出発する必要から「ドイッチェラント」号に乗ったのだった。

ここ3日間、血がうずくほどにうろたえてしまったもう一つの問題は未解決のままだ。奇妙なことに、日記の一部や個人的な覚書を入れた封筒を紛失してしまった。月曜日、ポリーと町へ出かけたときにはそれを持っていた。数時間後、封筒がなくなっているのを発見、仰天してしまった。ポリーはアイヴィ・レストランやブラッドレーの店に電話を入れたが無駄だった。これらの店のドアマンやこれらの場所への往復で乗ったタクシーのドライバーにも問い合わせたが目的は達せられなかった。ついにはスコットランドヤード（ロンドン警視庁）にお願いしたが、目下探索中である。これまでにもスコットランドヤードの胸のすく手柄話を読んだが、探偵物語に登場する機会がこようとは思ってもみなかった。

これらの書類が見つからないのは本当に残念だ。書類には私の悲しみの覆いを少しばかりもち上げ、活力を与える考えをもたらす経験が記録されている。しかし、この災難は、金に換えられない文書を失った著作者の不幸に比べればまったく無意味なことに過ぎない。机の上に置いた火のついたローソクを子犬がひっくり返し、貴重な論文を焼いてしまったアイザック・ニュートン[*67]がいる。がっくり落ちこんでしまったニュートンは叫ぶばかりだった――「ああダイアモンドよ、何をしたかお前に分かるはずがない！」私は17世紀の学者ロバート・エインズワース[*68]の毅然たる態度にも感銘を受けた――頑固一徹の妻が怒って、まさに完成したばかりのラテン語の辞典を火のなかへ投げこんだ。頑強な彼は仕事を続け、再び辞典を書きあげた。最近の例としては、アラビアのローレンスは彼の『知恵の七本の柱』[*69]の原稿を鉄道の駅でなくし、発見されず、彼はそれを書き直した。彼を襲った災難のおかげでこの本は一段と豊かなものになったと私は思っている。このような試練を通じて、私たちはほかのことでは分からないいろいろな源泉が我々に存在することが知られるのである。

今朝、私の注意を引きよせたもう一つの現実はオハイオ峡谷の洪水危機の報告であった——交通の途絶、飲料水の汚染、火災の発生、疫病の発生、300マイルの堤防を砂嚢や泥砂で補強しようと必死で試みる軍人や民間人、など。赤十字や他の奉仕組織は住まいを追い出された75万人の人びとの救援に全力をあげている。アメリカの歴史で最も破壊的なこの洪水のもたらした損害は見積もりようがない。きたるべき数年間に政府や慈善団体には恐るべき負担がのしかかると私は憂えている。

きょう、フェアヘヴン夫人と昼食をともにすることになっていたが、急のご病気で約束が打ちきりになった。ちょっとしたお見舞いをしたためているところへ、うれしいことにクリフォード・バックスがお友だちのサー・ジョン・スクァイアとやってきた。サー・ジョンは長年にわたって私のことを知っておられたという。彼の気さくな態度に魅了された。私たちはキングズリー・ウッドの大ロンドンとその再建設の構想について話しあった。私は、ルーカス氏の考えるように、多くの歴史上由緒ある部署が破壊されるのでなかろうかといった。サー・ジョンはそんなことはないといい、事業の大部分は道路の拡幅など交通の利便のためのものだという。私は魅力的な歴史や偉大な文学の中心としてのこの都市をもっとよく見る機会がなかったのは残念だと述べた。クリフォード・バックスとサー・ジョン・スクァイアは、私の次の来英の際には喜んでロンドンを案内しようといった。何たる希望だ

——二人の立派な騎士が豊かな心もてロンドンの探検に私を支えるとは！

午後、英国議会下院でジェームズ・マクストン夫妻とお茶を。くしくも1932年7月、アイアン・フレーザー夫妻と先生、ポリー、私が一緒に食事をとったのがここであった。当時、私は英国の歴史を具現するこの古い建物のなかに自らの体を置いていることが信じられなかった——マグナ・カルタ[*70]、地球の4分の1に拡大した帝国、王朝の変遷、一つの文明から別の文明に飛躍した100年！空にみなぎる夏の夕暮れの美しさのなか、テラスへ出て腰を下ろすと、魅力はさらに深まったことを思い出す——幾世代にもわたって流れるテームズ川やロンドン・ブリッジやタワーをはるかに望んで。

今私たちは下院の建物に2度目に入ったところだ。そこにはさらに別の壮麗さがある——大胆な夢の数々、戦争が避けられる日、ただ一人の王を仰ぐ礼拝、ただ一つに結ばれた兄弟愛、ただ一つの帝国の平和。

マクストン夫妻が私たちを丁重に出迎える。お茶室へ向かう長い廊下で、熱心なポリーの指が目にするものすべてをせわしく伝えてくる。

私はマクストン氏に、偏見と無知の荒れ野でただ一人恐れることなく声をあげる彼を大変称賛していると告げる。危機に直面した政府に向かって行われたすべての発言で歴史的なものとなるのは彼の発言だと、昨夜の発言をくり返した。

「私にはアメリカ人の血が流れているにちがいない」と彼——「私は共和主義者です」。

「英国の王制はまだ長くつづくとお思いですか？」と尋ねる。

彼は長くはつづかないと思っている。

「私はつづくと思います。国民は今も変わらず王者に強い忠誠心をもっているように思います」と私。

「でも一人の王から他の王へ忠誠を早々と移したのをあなたは見たところでしょう」と彼は指摘する。――「彼らが敬意を払うのは王個人ではなく、王冠に対してでしょう?」

「ヨーロッパのどの国民より王冠に伴う威風によって国民は惑わされることはないと思いますが?」

「その通りです」と彼は同意した。「それにもかかわらず、英国の労働者は古くからの秩序に何らかの欠陥があり、大規模な変革が必要なことを知っています。彼らが行動を控えているのは、ドイツやイタリアやロシアで演じられた恐るべき悲劇を引き起こすような実験を恐れるからです」。

「もし彼らの自制心が同じようにその闘争で示されることになれば、多くの欺まんにもかかわらず、彼らの共和国は英国の歴史で光り輝く賢明な指導力や高貴ある伝統にとって価値の高いクライマックスを築くでしょう」と私。

「私も心からそのように望みます」と彼はいった。つづいて私は議会での日常をどのように感じておられるのか尋ねた。

「一度議会に入ると、事態の進行がのろいのに慣れてしまいます。それはいらいらさせられるものですが、気を狂わされるようなものではありません」と彼は答える。

労働者が自分たちが深くかかわる問題に鈍感で無気力なのに力を落としておられるのではと尋ねると、彼の答えは、アメリカの労働者に対する私のときおりのいら立ちに対する戒めであった――「でも私はこれまでブルース（憂鬱）に陥ったことはありません。ご存知の通り、私は楽天主義者ですから！」

「ヨーロッパでは今後何が起きるとお思いですか？」

「ドイツ、イタリア、そしてロシアの独裁政治の崩壊です。一人の人間が単身で独裁政権の重荷を背負いつづけることはありません。彼は順次増加する緊張にさらされ、他の者に助力を求めれば、必ず彼らが彼を倒すことになるでしょう」

マクストン夫人とは一言も言葉を交わさなかったといって恥ずかしくなった。彼女は優しく「夫はどんな集まりでも中心なんですのよ！」と許してくれる。実際、私はお茶のことはすっかり忘れていた。マクストン氏はポリーに向かって――「ケラーさんに伝えてください、下院の議事堂で婦人方とお茶をいただくことはありますが、何も召し上がらない二人の婦人をお迎えしたのはこれが初めてです！　私はかなり偏屈なスコットランド人で、食べない物や飲まない物まで支払うわけにはいきません！」出口でいとまを告げているところへ議員さんがお二人通りかかって早速紹介された。反対党の党首アトリー氏[*71]と私が子どものころ読んだスコットランドの物語で生き生きと書かれていた荒々しい一族の子孫ラヴェット・フレーザー氏であった。

「我が一族は昔の紛争で追いまくられました」といい――「でも、ご覧の通り今は平和のうちに議会に侵入しているのをご覧になるでしょう」。

私はアトリー氏に労働党はこの国の運命に大きな力となるでしょうと述べた。

「それはゆっくりとした――非常にゆっくりとした歩みです」と彼はいう――「自然や人類は急が

されることを嫌います」。

「私が彼に政治ともっと早く進むことを教えているところです」とマクストン氏は笑った。

先生は彼との対話を本当に楽しんだことであろう！　彼女が当意即妙の主張や鋭い論陣で火花を散らすと彼は幸せそうに答えるのだった。議会でも彼は大変な人気者だろうと私は確信する…。

私はまだ私の愛のカルヴァリー（聖なる丘）[*72]を登りはじめたところだ。私が最も懐かしいと思うものすべてが大切に置かれている誰もいないニューヨークの家には、神が私を導き私の魂を癒してくれた静かな水辺のかたわらに別の聖なる場所を求める願いを止めようがない。あの部屋、この部屋に行くたび、あの物この物に触れるたび、何度も先生が亡くなるのに会うような気がするが、そのたびに先生を見出すことはなかった。私が心に描いているすべての天国の姿、麗しい神のみ言葉のすべて、計り知れない、引きずり降ろそうとする寂しさを乗り越えて先生の魂まで己の魂を引き上げるため、先生とともに思いにふけったやり方のすべてが必要なのであろう。人びとは聾や盲が恐るべき苦悩と思って私に向けて書いたり、話しかけたりする。それは人びとが気高い友情を経験し、生涯続く別離を経験したことがないからだろう。私は自分の体の限界をまれにしか気にかけないし、悲しむことはないが、この悲しみのように無慈悲で厳しい試練は他にはない。

ああそうだ――パリへ向かうのだ！

〔1月28日、パリ、ホテル・ランカスター〕

愉快でしかも苦労多いきのうのできごとは忘れがたい。朝、薄ら寒く、霧がかかり、これで海峡を跳び越すべきか疑問がわいた。天候はもち直す期待には反対の希望を抱く。ポリーと私は6時半に起き、荷造りや電話や出発間際につきもののあまたの雑事をこなした。朝食を終えると私たちは最後の仮合わせでブラッドレーに駆けつけた。私たちがパーク・レーンに泊まるときはいつもそうなのだが、親切な給仕長が荷物に荷札を取りつけて喜ばせてくれる。

ブラッドレーの店にいるあいだに、喜びで胸が小躍りする知らせを受けとった——なくしていた日記の数ページが店内の電話ボックスで見つかった！　こんな安堵の後では、冒険でもやって来いと一層強い意気ごみを感じた。

11時、さよならやありがとうをたくさん残してヴィクトリア駅へ向かう。そこからバスでクロイドン空港へ向かうことになっていた。ところが、駅で、悪天候でフライトが中止されたことが分かった。興味津々の目新しい旅行計画がおじゃんになって悔しいながら、切符をとりかえ、ドーヴァーへ向かう1時50分発のボート・トレーン（汽船連絡列車）の座席を確保、グローヴナー・ホテルで2時間待った。ようやく列車に乗ると、パリやマルセイユへ向かう人、ウインター・スポーツでスイスへ向かう人、もっと遠く地中海を横切ってインドやオーストラリアへ行くクルーズに向かう人で超満員だ。

不幸にも途中まで霧が車窓の眺めを閉ざし、ようやくポリーがケントの谷あいを望めるようになった。よく読んだことのあるホップの畑や立派な果樹園などこの地のほほ笑みにあふれた春の優しさを見ることができた。ドーヴァーでは、荷物の受け取りで大変な騒ぎ。ポリーと私は東洋へ向かう数千個のカバンやスーツケースの合間を縫って進むのが大変な苦労だ。

相変わらず天候は暗く荒れ模様、寒風は強まり、海も荒れ狂っているとポリーが伝えてくる。乗客を不安がらせるのにおあつらえの小型船に乗った。船がちょっと岸壁を離れたかと思うと、恐ろしいほど横に傾き、甲板へ打ちかかってきた大波でぬれてしまった。甲板員が二人で船室へ下りるのを手伝ってくれる。船酔いにとりつかれてマットレスに横になっている人につまずきかかったことを思い出すと身震いがする。めまいがして気分も悪くなった私たちも、永遠に続くかと思われる長い時間、椅子にうずくまったままである。船は無慈悲に横ゆれし、縦ゆれし、舞いあがるかと思うと舞いおちて、体から呼吸が絞りだされるかと思うほどだ。英仏海峡が、救助の見込みを超えて水浸しにしようと船に襲いかかって来るような感覚に襲われる。

カレーで汽車の座席を見つけ、さらに5時間の旅をどうやって耐え抜いたかまったく覚えがない。ほかの時なら私たちを魅了したはずのものにもまったく無関心の状態だった――カレー[*73]はかつてその周辺で100年にもわたって英仏戦争が荒れ狂い、今では決して敗れることのない兄弟のきずなを結ぶ町だ。英国側のケントと同じく気楽で実り豊かな土地、アベヴィルやアミアンと共に松林に覆われた丘には大戦で戦死した両国の息子たちが葬られている。しかし、駅が近づくにつれて、パリの永遠の魔力や人を魅惑する光が私たちを活気づける。

ホテル・ランカスターの店主、ムッシュ・ウルフが車で出迎え、丁重な歓迎に私たちはすぐに元気を取り戻した。

〔1月29日〕

今朝、私は別人のごとく目覚めた。素晴らしいホテル・ランカスターのコーヒーと口に入れるとすぐ柔らかくなるロールパンを楽しんだ。5年を経て再び本当にパリにいる驚きが私の心をとらえた。だがこの愉快さも「ニューヨーク・ヘラルド」紙のパリ版の伝える巨大な悲劇を知るにつれて色あせてしまった。今や100万の市民が家を失った――オハイオ川の水位はいまだに上がりつづけ、多くの場所でえん堤が崩壊しつづけているという。合衆国軍があらゆる手段をつくして人命救助に増強された記事だけがただ一つの心頼みだ。結局は国のために勝利というものを擁護し保持することがただ一つの備えだ。

11時からジョージ5世ホテルで開かれ、私が除幕することになっていたトーマス・ペインの銅像の製作者ガッツォン・ボーグラム[*74]をたたえるレセプションに出席。このように重要な催しに出席できることは願ってもないことだ。私たちのドレスがはいったスーツケースがサザンプトン行きの船へ送られてしまったことが気がかりだ！　でも、ほほ笑みをたたえて好意的な態度で音楽に向きあわないすねた気質よりは社会的な衣服の慣習の違反や手抜かりのほうがもっと簡単に許されるという原則のもと、私たちは旅行用の衣服を着けた。

挨拶の握手が始まると、ポリーには素晴らしい会場を見渡し、私にはバラの花を愛撫する暇がない。最初にお会いした何名かの人のうち最も興味を引いたのは社会問題でフランスの思想界に影響力のある小説家ジュール・ロマン[*75]。彼はもっか執筆中の連続小説『善意の人びと』[*76]について話してくれた。つづいたのがパリ法廷の弁護士マダム・マルセル・クレーマー・バック[*76]で鋭い知性のもち主。アメリカ大使館のハミルトン・ジョーはマダム・クレーマー・バックはトーマス・ペインの家系の出だと教えてくれた。私はボーグラム氏が入場されたときどちらにおられるか知りたかった――みんなの目が彼に向けられたから。

しっかりした活力あふれる彼の手のうちに、それまで私が想像していた恐れを知らない彫刻家の存在を認めた。彼は私に尋常でない知覚力と独立の感覚を与えてくれた。挨拶が終わり、天才を目の当たりにした畏敬の気持ちから私はいった――あるいはいおうと試みた――「あなたにお会いするのは神々の誰かが訪ねてこられたような思いです。私はあなたが偉大な芸術家である上に、あなたが大理石の像を通してお考えを大きくなさっておられる故にあなたを称賛しております。熟練と大胆な想像力が合わさって傑作が生まれるのです。トーマス・ペインの像にこめてあなたは文明を作り直す新しい自由を祈っておられます」。

いつものように新聞記者たちからフランス語や英語の質問が浴びせられ、写真が撮られる。2時間も立っていたおかげでムッシュ・ウルフが私たちをホテル・ランカスターへ連れ戻ってくれた行き届いた親切がうれしかった。オードブルとコールド・ミートにホワイト・ワイン少々でランチ。

ムッシュ・ウルフは帽子で運試しをしようと私たちを帽子店へ案内する――そしてパリならではの成功を収めた。「ヘラルド・トリビューン」紙のアメリカ人記者の会見にまにあうようにホテルへ駆けもどった――レセプションの会場ではお話が混乱してインタビューが妨げられたからだ。女性記者が帰るとまもなくネルソン・クロムウェル氏（ネルソン・クロムウェル。ニューヨークの法律家で、合衆国及びフランスの心豊かな盲人の友人。フランスの名誉勲章レジョン・ドヌールの受勲者。若くしてフランスに渡り、私財を投じて点字出版所を開設し、多くの盲人を雇用するなど活発に支援活動を行った）の来訪が告げられた。愛情のこもった大げさな身振りで私たちに接するさまはまるで大きな翼が私たちを守るかのようだった——その仕草は、私が感じている世界中の盲人に対する彼の慈善行為そのものであった。私は40年ものあいだ知らずに過ごしてきた彼との友情を思い返した。彼は、シーブライトのローズ氏邸の上のヴェランダを私がニーナ（ニーナ・ローズは盲人の作家で、ニューヨークの銀行家だった故ジョン・ハッスン・ローズの娘）と歩いているのをよく見かけたという。奇妙なことに現実が姿を消し、異様な漁村の香りが浮かび、長い板を並べた道、波しぶきが打ちつける船の隔壁、水浴びで引き波を警戒して私たち若者がつかまる綱……。

私たちは2時間ほどいろいろな話題を語りあった。美しい心で彼は私にすべての宗教、人種、言葉の異なる盲人を仲間に入れるよう勧めた。多分4月には日本へ行くことになるといい、さらにそこから中国へ渡って、まだ顧みられず、教育も受けられない多数の盲人たちに激励の言葉を届けたいというと彼は大いに喜んだ。

「そうだ、ヘレン、あの人たちのやり方でいいなさい、『そこに光あれ』と。異教のためなら、ほかの人びとよりものを学ぶのが遅いとしたら、『いつか必ずあなたたちにも光が差す』と」

クロムウェル氏はフランスの盲人のためにトーキング・ブックを完成し、フランス政府に無償で提供したと語った。彼はポリーと私を月曜に自宅での昼食に招いた。そして食後に、盲の障害と戦うすべての人への挨拶と障害者へのトーキング・ブックの提供を国の制度として行うことへ私の謝辞を録音させてくれるよう頼まれた。

私の武者修行者（とクロムウェル氏は私に自らをそう呼ぶことを好んだ）がいとまを告げたときにはトー

マス・ペイン記念協会の会長ルイス氏がボーグラム氏のためにジョージ5世ホテルで用意した夕食に残念ながら遅れてしまった。だが人びとは私たちのお詫びをまこと好意的に受け入れ、本当に気楽な気持ちにしてくれた。ディナーのあいだの会話が芸術におよんだ。ボーグラム氏は私に「目の見えない人びとのために芸術家として永遠に価値のある仕事をしたいといつも考えておりました」と語った。

「それは正に真実です。私たちは隠れた問題や恐れを見極めるまでは、肉体に生気を吹きこむ魂の半ばまでも理解することができません。それは生まれつきの教師の芸術です」と私は同意した。

「よく分かります」と彼は心をこめていった。「あなたの先生があなたのうちに隠された力に近づけなかったら、感覚の閉ざされたあなたの能力に生命を吹きこみ、あなたのプラクセタイレス[*77]にはなれなかったでしょう」彼はジョー・ダヴィドソン[*78]の仕事について語った。ジョーは仕事から多くを得たが、芸術に対する強すぎる唯物主義的態度に災いされているようだと彼は言った。

パリには本当に短時間しかおれず、わずかしか見物できず残念だといったのに、ボーグラム氏はナポレオンの墓を訪ねるべきだという——世界にこうしたものは存在しないという。人が他人に勧めるものには最も高い真実味があるとは思うが、戦士ナポレオンは私の敬意を呼び起こすものではないといった——「エミル・ルードウィック[*79]の伝記をお読みなさい。ナポレオンについて今まで知らなかったことが分かりますよ」とボーグラム氏は急いで答えた。これを聞いて大変うれしくなった。私はこれまでナポレオンをまったく非情な征服者として描いていた。エマソンが彼の言葉を引いていた——「友情は名ばかりのものだ、私は誰をも愛さない、兄弟さえも」。でも私はこの言が真実だとは思わない。ルードウィックの本の点訳書が手に入り次第、この奇妙な人物の謎に探りを入れてみたい。

急に起こった衝動に任せて、長いあいだ心に描いていたロダンの傑作に触れることができればの願望を口にした。「都合がつけば、あすでもいいのですか？」のボーグラム氏の素早い問いに私の呼吸が詰まった。「蛾が星にあこがれる如く」願望は成就されるのだ。

「私はロダンをよく知っています」と彼はつづけた――「彼の作品は私には本当に親密な意味をもっています。私も美術館に行って、傑作をお見せしましょう」。私は非常にわくわくしたが、彼の言葉を私の指がまちがって受けとったのではないかと怪しんだほどだった。これを書きながら、私は目覚めたときはいつもすべてが夢だと期待するほどだ――大理石に「多くの打ちこみや鋭い切りこみをして」新たな天使の像をとらえる芸術家が、「考える心の都市」パリで霊感を得たもう一人の彫刻家の社へ私を案内してくれるというのだ。

夕食には二人の愉快なお客があった。デ・ラ・ヌクス夫妻である。デ・ラ・ヌクス氏は10年間国際連盟の仕事に就いておられた。彼のお話は哲学的で、共感を呼ぶものだった。フランス人の国民性についての発言は率直な言葉だった。

「フランス人は非常に個人主義的です。彼は一般にいいとされることに考慮を払わず、自分の考えに従って物事をしようとします。自分の庭を自分流に造ります。訓練を積んだ人の協力のもと、他人と仕事をすれば、結果は上々なのに、彼の庭は豊かでも有意義な結果をもたらしません」とデ・ラ・ヌクス氏は語った。

フランス人は現代文明の普遍性に対して自分の個性を犠牲にしないことで社会に貴重な奉仕を行っ

ていると私は指摘した。

彼は同意しながらもつけ加えた――「私は英米人によくみられるギヴ・アンド・テークの精神を身につけるのを見たいものです」。

「私たちはもっと多くをフランス人から学ばねばなりません。たとえば、創造的な手工芸の技量やその喜びです――私たちはそうしたものを失ってしまったように思います」と私は応じた。

彼は温かくいった――「そんなことはありません。アメリカから大変励まされています。数年前、私は機械技術が土着の工芸を破壊するだろうと思っていました。でも、経済恐慌がアメリカ人の内的資源の感覚を目覚めさせました。あの町この町を旅するあいだに、余暇に手で作られた趣味の物作りや美しい器物の富が増え続けているのを見ました」。

この予期しないお話に、私はメキシコ湾流のように、国際的精神が活力――自国および他国の優位性についての新鮮な認識――を循環させていることに思い当たった。

デ・ラ・ヌクス夫人がその素晴らしい感受性から先生のことを私に思い出させた。夫人は先生と同じく醜さを身体的な苦痛と感じるほどで、その信念は一種の宗教である。詩人キーツ[*80]と共に彼女はいう。

美は真理だ――真理は美だ――それがすべてだ。
人は地上にある物を知る、そしてすべて人はそれを知らねばならない。

きのうまでは見知らぬ他人だった人たちが偶然に会い、ほほ笑みを交わし、握手して、彼らの社会的な意識のうちにある異なった、拭い去ることのできない何物かが明記されることは私には衰えることのない驚きである。

ホテル・ランカスターへ戻ると、「レ・ソワール・ド・パリ」紙の記者が私へのインタビューで待っていた。記者は英語がまったく話せず、彼の奥さんが質問を通訳し、ポリーが私の答えをくり返した。この会話の結果がバベルの塔の言葉の混乱に陥らないよう願いたい。丹精したリラの花のあふれる優雅でいごこちのいいラウンジで数分間静かに座っているのも結構なものだ。ムッシュ・ウルフには花の選択やそのアレンジで芸術家の目がおありだ。これらの花はもうオランダからは空輸で運ばれて来ることはないと彼はいう——フランスの花屋さんたちが保護を要求したのだという。

〔1月30日〕

今朝もうすら寒かった。でもことわざにいうパリのもやではなかった。私はまるでショウの舞台で動いているようだ。朝食後「レ・ソワール」紙のカメラマンがやってきた。ポリーと私は彼について町へ出る。シャンゼリゼ[*81]でまばゆいばかりのパリの帽子や婦人服であふれた店のショーウィンドウのそばで写真を撮らせた。

つづいて帽子屋さんが私たちの帽子を合わせにやってきてちょっと時間をとった。ここファッションの極致にいる皆さんを見ては、女性としての私たちの虚栄心をなだめすかすところまではいけない。そこで私たちはきのうの朝から続けているようになくなったスーツケースをとり返そうと大いに努力した。

昼食ではマクドナルド夫人が一緒だった――元気で心の温かい知的な女性だ。彼女に会うたび、5年前彼女から受けた援助を思い出さずにはいられない。先生、ポリー、そして私がシェルブール[*82]に上がったとき、ちょうど彼女が居合わせた。紛れもない善意の妖精のごとく、彼女はせわしいポーターたちや旅行かばんの山を縫って私たちを誘導し、ホテル・ランカスターを推薦してくれた――それはラ・ベル・フランス（麗しきフランス女性）の心を感じた最初であった。

マクドナルド夫人はニュースを聞かせてくれた――特に奇跡を生み出す衣装デザイナーのマダム・スキアパレッリ[*83]のため自分が行っている広報活動のこと。昨年夏、彼らはロシアへ仕事で旅をし、かの地の事情について真実とおぼしき多くを学んだという。いたるところで工業や進歩的な農業が効果的に組織されているのを見たという。

3時にボーグラム氏がうれしい知らせをもってやってきた――アメリカ大使館を通じて私がロダン[*84]の作品に触れる許可が得られたという。まさに出かけようとするところへ聾者の家で暮らす聾者2人が面会を求めてきた。二人は彼らの奥さんたちと一緒だった。彼らはフランス語で感動的に温かい挨拶をした――100年もの昔エピー修道院で聾児を教えるのに使われた手話アルファベットを使った。私はフランス語を話すよりもっとうまくフランス語がつづれたことがうれしく、神が贈りたもうた囚われの魂たちを最も自己犠牲的な解放者としてエピー修道院の人たちへの愛を表明した。二人は私にラーネイの聾盲者たちのことを知っているかと尋ねた。彼らは折に触れて挨拶状を交わしているという。私は、盲聾者友愛協会から発行されている「私たちに援助を」誌やイヴォンヌ・ピトロワの編集する「太陽の光」誌から、多くの修道院のシスターたちのフランスの盲聾者たちに対する麗しい友情を知らされていると語った。私はいいたいことの半ばすらもいわずにこの友人たちと別れるのは残念だった。なにはともあれ手話アルファベットは会話の手段としてはのろい方式ではある……。

美術館[*85]への途上、私たちはアレクサンダー3世橋を渡った——ボーグラム氏によると世界で最も芸術的な橋だという。彼は橋の優雅さと堅牢さとを作り出した熟練した腕前について力説した。「ルイ14世は錠前鍛冶の腕達者だった」と彼はいい、「フランスに美しい手工芸を根づかせたのも彼の影響です」と語った。

美術館で最初に見た作品は「ヴィクトル・ユゴー[*86]とグリーフ（悲しみ）」だった。彫像の台座のそばに椅子が置かれ、私は巨大な解放者の像に手を伸ばすことができた——解放者は苦悶にうなだれたグリーフに気高い哀れみのまなざしを向け、手をさしのべて心をしずめるようにうながし、国から国へ鳴り響く自由のラッパを聞けとうながす。またそこには「夜」と「無知」の死を免れえない闘争をしずめ夜明けを予告するユゴーの身振りがあった。

私は考えた——「貧困を癒すものを手にして、かつて盲人や聾者や心弱き者には絶望に運命づけられていた暗闇を踏み越えたのはフランスだ」と。

ボーグラム氏は私を「考える人[*87]」へ導いた——思いにやつれた手にあごを乗せ、ひたすら緊張して座った像へ。私が触れた五体のどこからもなにごとかを明らかにしようとする苦悶のさまが感じられた。これはボーグラム氏にも語ったことだが、先生が"w-a-t-e-r"とつづり、物にはすべて名前があり、私が欲する物に達する方法は手の動きだと知ったとき、私をゆさぶった力を私は認識した。私の解放が私を驚かせる前に、しかしそのときまではっきりとは認識しなかったのだが、先生は形のない沈黙の暗闇から少しずつ、少しずつ私の命を刻みだしたのだ、まるでロダンが岩石から精神の源を刻みだしたように。考える人ははじめ「未知なるもの」に近づくにつれて強いわびしさに包まれていることか——内部に存する神と彼の筋肉以外の力もなく、おのれの意志以外動機のない外部の世界が彼の足元に横たわる！

「あなたのようにロダンの指し示すシンボルの基本的な意味を理解した人は本当にわずかしかおりません」というのがボーグラム氏の言。「あなたは肉体がその行ける極限まで進み、意識的思考が始まる生存の闘争を見ておられます。ではこちらへ来て、人の精神が上り詰めた高みを見ましょう」。

再び私は椅子に乗った、そしてそこに見たのは！　バルザック[88]の秀でた頭の額が私が触れるのを迎えた。その頭は想像どおり高潔だ——あらゆる宗教や哲学を探索し、人間に内在する天使のごときものと悪魔的なものを考察し、最も高きものと最も卑しきものを偏ることなく探究して、書物を積みあげた人の頭だ。彼がまとったクロークは同胞たちの間を歩んだ帝王——諸国の王たちの上に君臨する帝王——のクロークと思われた。

傑作「カレーの市民たち」[89]に向きあって私の心は縮みあがった。像の1人の顔を覆った手から涙があふれこぼれ、すべての苦悩に触れたように思われた。やつれた頰には戦い、敗北した止まることのない労苦が印されてる。それは墓石に触れるよりさらに悲しい作品だ——征服された都市の典型、さらには戦いに訴える人類の愚かさの典型なのだ。くびき縄を首に巻かれ地面を見つめる農夫たちのように、非人間的な苦役と無益な忍耐とが彼らの魂から希望をたたき出してしまった。しかし1人の人物の陰気な面立ちのなかに一抹の明るい目標が輝く、彼らの自己犠牲によってカレーの人びとの救済が成しとげられると語っている！

私が見た他の作品でボーグラム氏はクレマンソー[*90]は誠によく本人に似ていると語った――厳格で冷淡、その目は鋭くあらゆる偽善を見逃さないと私は想像した。つづいて、ペネロープ（ギリシア神話のユリシウスの貞節な妻）のような忍耐の顔をしたマダム・ロダン、さらに二人の子どもは人の形をした花と思えるかわいくて優雅な姿、クモの牢獄を抜けて勝利を勝ちとった壮麗さに咲き誇ったアポロなど。

「ミケランジェロ[*91]の不幸な最期とロダンの栄光の晩年はまったく奇妙な対照です」とボーグラム氏は声に出していった。「ミケランジェロの初期の芸術には天上の心象が輝いていましたが、地獄へ下るにつれて、盲目、自己卑下、憎しみに満たされていきます。他方、ロダンは反感を抱かせるような造形、青年時代の明らかに秩序のない象徴に始まり、天上に向かって静穏で創造に満ちた年代へ上りました」。

なんて労多き忍耐力で、すべてのものが彫り上げられたものかと私はいった。

「その上ロダンは自身の思想を言葉で装う仕事も成しとげています！　彼は70歳までは文章を書きませんでした――彼は誠実に岩から高貴な伝言を刻んだのです」。ボーグラム氏はロダンの名言をまとめた本を贈ってくれた。私のえり抜きの宝物のうちに加えるつもりだ。

「ここにも別の神秘があります」と彼はロダンと同じ時代の人物――デシャヴァンヌ、使徒のように仁愛を与えたジャン・ポール[*92]、今日のアポロというべきダリュ――を見せながら続けた。「ロダンはダリュの不朽の胸像を作りました。ダリュは事業で成功したがその仕事は長くは続かなかった。身を削る貧困に取りまかれた晩年のロダンはここパリで働きました。そしてご覧なさい、彼はフランスでただ1人の芸術家として二つの宮殿に作品が所蔵される名誉を与えられたのです」。

この2時間のあいだにあふれるほどの壮麗さに詰まった心に余裕を見出すため孤独が必要だった。私たちは夕食前ホテルで休んだ。後、イヴニングの着物を散歩用の服に着替えて二人だけでシャンゼリゼへそぞろ歩きに出た。空気は穏やか、町の上へ月が雪のように愛くるしさを降りそそいでいた。車の通行も引きかけていた。マキシム[*93]のそばを過ぎて、気をつけないと破滅に陥るお店のウィンドーをのぞきながらロワイヤル通りまで行った。ポリーは特に宝石や珍しい古器物やラリック[*94]のガラス細工にひかれているらしかった。いたるところ私はパリ独特の香りを味わった——香水や白粉やワインやタバコの香りが心地よく混じりあって。ポリーは歴史上由緒ある建物や通りを案内してくれるフレンチ・カヴァリエ（つきそいの男性）がいたらいいなといった。「だめよ、今夜は疲れて尼さんみたいなの」と私は反対した。若いときから「パリのナイトライフ」は彩り豊かな興奮を誘う眺めとして目の前に現れ、通りすがりに一つか二つの名残を手にするほどのものだったと思った。ある場所では3人のその道の女性たちがお相手を待っているそばを通った。わずかな人が歩道のテーブルに座ってリキュールを飲んでいた。カフェのなかでは多くの人が食事をし、笑い交わししゃべりあっていた。その上にすべての心を鎮める月が輝いていた。これこそが実の冬のパリだ。それを知れば知るほどパリは私を楽しませる…。

きょうはヒットラーが刺激的な布告のあとで熱くなった頭を冷やすのに制定された有名な週末土曜

日の一つだ。みんなが争って夕刊を買っているという。人びとの動きから、何かいいニュースになることが起きたことが明らかだ。ホテルへ戻ってみると、「フランスと異なる目標はもっていない」とヒットラーが公言したと分かった――ボリシェヴィズムと戦うために協力しようというのが彼の主な関心事だという。

きょう届いた郵便物は読まずじまい。この魅惑にあふれるパリでそんな仕事ができるかと考えるだけで心臓が縮みあがってしまうし、その上これ以上タイプにしがみついて眠りをじゃまされた人たちの怒りを招くような真似はしたくもない。

〔1月31日〕

今朝、ポリーと私は遅くまで休み、目覚めて日差しにあふれるパリを見いだした。マドレーヌ教会[*95]の礼拝にまにあうように急いで着替えをした。ムッシュ・ウルフが一緒だ。教会は混雑していた。床が大理石のため私の足にオルガンの演奏が響いてこないのは誠に残念だ。豊かな演奏の振動を楽しみたいと望んでいたのに。演奏の終わり近く、椅子に置いた私の手で和音の響きのいくつかをとらえることができた。司祭はフランス語できたる5月開幕するパリ博覧会について語り、教会の義務としてこの催しの募金を集めることを数分話した。人びとが祭壇へ進み、ひざまずいて聖餐用のパンをいただくのが見えた。コーラス隊の少年たちがローソクをかざしたり、音色のいい鐘が鳴り響いたり、堂内に香の香りがただよい、オルガンが鳴り響く――1篇の詩篇である。ラテン語を追って聞くことはできなかったが、不変の心の言葉で拝むことを妨げられることはなかった。腰の曲がった老人が1人祭壇に近づき、膝を折り、輝かしい表情で立ち上がり、よろけながらも席へ戻るさまは感動的だ。白髪で黒いヴェルヴェットの蝶結びをつけた婦人が優しく私の手をとって、ずっと以前から私のことを知っていたと言っているという。

礼拝の後、私はムッシュ・ウルフに教会の入り口や外壁の彫刻に触れることができたら本当にうれしいがといった。手の届くものは祭壇も含めて何でも触れることが許されたのには驚きもし、うれしくなった！　私がこれまでに触れた最も麗しい祭壇を恭しく触れた、白い大理石やミラノ産のレースの掛物やさらに天使たちの両手や翼の先へ手を伸ばした。なんて優美にしかもはっきりと羽根毛が石に印されているではないか！　壮大なコリント式列柱を歩いてまわり、ギリシア寺院の優雅さを味わった。ナポレオンの壁画が頭上はるかな高さに掲げられていたが、ポリーが驚異を感じながら見上げ続けているのが分かった。屋外へ出るとポリーは十字架上のキリスト像や聖書の場面を表した心に沁みる像を見せてくれたが、一方周りの人びとも好奇の目で私たちを見ておられた。

教会をあとに私たちはブーローニュの森[*96]へ車を走らせた。頼もしい雰囲気の人びとの群れが優しい自然の保護地域にあふれて――歩いたり、車に乗ったり、ベンチに腰かけたり――これらの人たちこそ私がいつも見たいと思っていた本当のパリジャンだ――美しい家庭生活、健全な楽しみ、快活と真剣との幸せな混ぜあわせ。

きょうはボーグラム氏をランカスターのお昼に招いた。彼は今週「シャンプラン」号より2日前に出港する船でニューヨークへ発つといい、あちらで会いたいともいった。彼は自分はユトランド半島[*97]の出身で、デンマークを訪ねたとき国王が2時間以内に会いたいと迎えをよこしたという！　彼の名声は本人よりずっと早く伝わっていたらしい。彼は6年前のミシシッピー川の洪水のとき、アメリカにいたという。彼が今日の災害について語るのを聞いて、私は強いうっぷんを漏らした――6年前ちゃんとした対策がたてられていれば、今度の災害の大部分が避けられたはずなのに。

　クロムウェル氏はきょうの午後ご自分の車を私たちに提供してくれた。ボーグラム氏がお帰りになると入れ替わるようにミス・スレード（クロムウェル氏の秘書で、マサチューセッツ州ボストンの出身）がやってきて、ヴェルサイユ[*98]へ案内してくれた。トレアノンへ着いたときはまだ雨が降っていたが、私たちが目にしたものからだけでも春の美しさを容易に推測できた――水に映える緑の岡辺や周囲の花盛りの庭園や芸術的な森の眺めから。

　このお出かけの喜びは痛みとない交ぜであった。愛する人びとがこの世を去ってゆくと、私たちは古い記憶に頼って生きる、しかもそれらの記憶は新しい経験とともによみがえってくる。私の思いはトレアノンから1931年9月、先生と3人でフォンテンブローへ出かけた日へ馳せ帰っていった。先生は壮麗な広間を歩きながら豪華な垂れ幕や数々の鏡でまばゆいばかりのマリー・アントワネットの部屋やロシア皇帝が眠ったことのある黄金のベッドなどを見て私と同じほど興奮しておられた。窓越しには愛のコートが見えた。先生は外国旅行は自分には格別訴えるものではないといつも強調しておられた。にもかかわらずいったん出発すると、先生は活気づいて、歴史や文学について鑑識力にあふれた突発の発言や素早い警句や教えに満ちたひらめきで私たちの心を燃え上がらせた。ほかの人たちの愛情が私を包んでくれてはいるが、私のさまよいからは一つの栄光が飛び去ってしまったのだ。

　オランダの高い地位にあるメントン氏がパリへやってきたときはランカスターを司令部になさるそ

うで、今夕到着されると、ムッシュ・ウルフが私たちを彼に紹介した。彼は私たちをマキシムのディナーへ招いた――マキシムはある時期享楽的でみだらなカフェだったが、経営の方針を改めて、今日では善良なパリの社交界から支持されている。メントン氏はえり抜きのディナーを注文したが、会話こそごちそうでないとなると、身についた脂身の身にちょっとした震えがおこった。メントン氏はオランダについて語った。私はオランダが自由思想の砦として、また他の人びとの信仰を尊重するのに果たした役割は単純な寛容の態度より賞賛すべきだと強調した。

「今もその役割を演じています」と彼は答えた――「オランダ人はその地理的な位置や経験から学ぼうとする意志で恵まれています。かつては戦争の悪や帝国主義に傾きながらも盲目ではありませんでした。平和へ向けられる影響力が有効なのがその理由です」。彼はハーグ[*99]における彼自身の平和活動について語った。

「まだ成果は多くあがってはいませんね」と私は残念さをこめていった。

「おっしゃる通りです」と彼は同意した――「しかしほかのことで、ある成果を上げました――幸せな結婚です。妻の実家がハーグのすぐ近くなので、そちらへ出かけたときはいつもハーグに敬意を表しています」。

いつか奥様にお会いしたいと希望すると――「おいでになるときは、オランダは温かくお迎えしますよ」と彼は確信を込めて保証した。「そうすればあなたは我が国の国民性や地域の色合いをよく知ることができますよ」。

私はウィルヘルミナ女王[*100]について述べ、女王と私が同じ8歳のとき以来、女王について私の手が触れる記事はすべて読んできたといった。メントン氏はもう一つのスリルを彼の招きにつけ加えた――「もしあなたがオランダへいらっしゃることになれば、あなたを女王陛下に紹介しましょう。陛下はあなたを丁重にお迎えなさるでしょう。陛下は長いあいだあなたについて関心を抱いておられました」。私は彼の親密な態度にできるかぎりの感謝を述べ、1938年に再度英仏両国を訪問する計画を立てるときは必ず日程を組むことを約束した。先のことは知るよしもないが、機会というものは、障害のある人びとに奉仕し、友情を結ぼうとする私をほかの海原へ運んでゆく潮の流れだと内心考えた。

ヨーロッパの情勢について語りあった。ドイツとフランスの直接の戦争は回避されるとメントン氏のような権威筋の話を聞き、救われる思いだった。彼はほかの世界的な紛争も避けられるよう望んでおり、避けられると信じているといわれる。主な危険の源はドイツだが、より健全な政策の採用のため平和的手段が採用されるべきだと彼は考えておられる。ヒットラーは軍備を増強しつつある諸国と機敏な決定的行動は準備してはおらず、深みへ陥ることになると彼はいう。

オーケストラの音楽が私たちの談話の調子をとり続けていた。触覚で感じるさまざまな振動から、ハープの低音や高くて微妙なバイオリンの音や機械的にリズムを刻むピアノを感じることができた。またリズムをとらえ、音楽の生き生きしたムードに身内の踊りへの本能が反応するのだった。

11時に私たちはタクシーでランカスターへ帰った。ムッシュ・ウルフはタクシーのドライバーが老年でパリではよく知られていて、人びとから愛されているという。彼はホーンを鳴らさず口笛を吹くのだという。かくして、どこへ導かれるか分からない「光とヴェルヴェット（贅沢でけっこうな境遇）

の町並みのような」一日が幕となった。

訳注

＊1　ウォルター・ドゥランティ（1884〜1956）米国のジャーナリスト・エッセイスト。

＊2　蔣介石（1877〜1975）中国の軍人・政治家。中華民国総統。張作霖（1898〜?）。

＊3　孫文（1866〜1925）中国の政治家・革命家。国民党の指導者、医師。

＊4　ノラ・ワルン（1895〜1964）米国の作家。

＊5　ジェームス・ヴィンセント・シーアン（1899〜1975）米国のジャーナリスト・小説家。自伝『個人的な歴史』（1935）。

＊6　スコットランドの女王、メアリー・スチュアート（1542〜87）。在位1542〜67。エリザベス女王により処刑された。

＊7　ウィル・ロジャーズ（1879〜1935）米国の俳優。舞台や無声映画にも出演。飛行機事故で死亡。

＊8　アンドリュー・W・メロン（1855〜1937）米国の実業家。財務長官（1921〜32）。

＊9　ジョン・カルヴィン・クーリッジ（1872〜1933）米国第30代大統領（1923〜29）。創立間もないアメリカ盲人援護協会の要請に答えて名誉会長への就任を承諾した。

＊10　ロバート・M・ランシング（1864〜1928）米国の弁護士・政治家。1910年代には米国国務長官。

＊11　ジョサイア・ウエッジウッド（1730〜95）英国の陶芸家が始めた焼き物。

＊12　イングランド東部、ノーフォーク州海岸のリゾート市。

＊13　スコットランドの山（1155m）。近くにはナガー湖もある。

＊14　ウェンデル・フィリップス（1811〜84）米国の弁護士・社会改革者。奴隷制廃止論者で運動家。

＊15　ドイツのナチス政権のヘレン・ケラーの著書に対する弾圧は、1933年5月10日ドイツ各地からベルリンに集められた数十万冊の禁書の山が焼き捨てられた。そのなかに彼女の著書もあった。また1939年にはドイツ警察が『ヘレン・ケラーの日記』中のボリシェヴィズムに対する好意的な記述の削除を求めたがヘレンの拒否により、禁書に指定された。ナチスに対するヘレンの批判は新聞や書簡を通じても続けられた。

＊16　バルドゥール・フォン・シュラッハ（1907〜74）ドイツの政治家、ナチス政権幹部の一人。

＊17　トーマス・ペイン（1737〜1809）米国の政治家。『常識』（1776）、『理性の時代』（第1部1794、第2部1795）。

＊18　これらのフランス語、ドイツ語には「信仰、信条」の意味がある。ヘレン・ケラーには『我ら信仰をもたん』と題した著作がある。

＊19　ジョアンナ・ベイリー（1762〜1851）スコットランドの劇作家・詩人。
エドマンド・キーン（1789〜1833）英国の悲劇俳優。シェイクスピアの『オセロ』役で有名。

＊20　ジョン・ケンブル（1757〜1823）英国の俳優・劇場支配人。シドン夫人（1755〜1831）英国の女優。サー・ウォルター・スコット（1771〜1832）スコットランドの小説家。

＊21　サー・デヴィッド・ウィルキー（1785～1841）スコットランドの風俗画家。トーマス・リード（1710～96）スコットランドの哲学者。ジョン・ウィルソン・ロックハート（1794～1854）スコットランドの文芸批評家・小説家・伝記作家。

＊22　ジョン・ワトソン（1850～1907）の筆名。スコットランドの聖職者・作家。『懐かしいイバラの藪のそばで』（1894）。3度目のアメリカへの講演旅行の際アイオワ州で亡くなった。

＊23　マトソン博士の10歳の息子が誘拐されたのは1937年1月12日に報道された。

＊24　チャールズ・リンドバーグ（1902～74）米国の飛行家。1927年5月20～21日ニューヨーク・パリ間を単独無着陸飛行に成功。彼の息子の誘拐殺害事件は1932年3月6日に起こった。当時、アメリカ社会で最も有名な人物だっただけにそのニュースは大きな衝撃を与えた。

＊25　スコットランド北方の諸島。シェトランド諸島はスコットランド北東の諸島。ペントランド・ファースはスコットランドとオークニー諸島間の海峡、荒海で有名。ペントランド・スケリーズのスケリーはスコットランドやスカンディナヴィアの海の岩の多い小島、岩礁。

＊26　ブラエは川堤、丘陵地帯の意。

＊27　デヴィッド・リヴィングストン（1813～73）スコットランド生まれの宣教師・アフリカ探検家。

＊28　スコットランド中南部を北西に流れ、グラスゴーを経て、スコットランド南西部のクライド湾に注ぐ。

＊29　フランシス・チャールズ・メアーズ（1880～1953）スコットランドの建築家。ピルキントン・ジャクソン（1887～1973）スコットランドの彫刻家。

＊30　カール・マルクス（1818〜83）ドイツの経済学者・政治哲学者・社会主義者。『資本論』（1867）。

＊31　エマニュエル・スウェーデンボルグ（1688〜1772）スウェーデンの宗教的神秘哲学者。ヘレン・ケラーがスウェーデンボリアンになったのは1896年16歳のころからで、後援者の一人、ジョン・ヒッツが紹介したとされている。ヘレンは終生この宗派の教義を信奉し、これに基づいて、自己の人間形成や世界への働きかけの根拠を得ており、この宗派の教義に沿って書かれた著書もある。この宗派は「新教会」の名で我が国でも活動している。

＊32　ジョン・ガンサー（1901〜70）米国の社会評論家。『ヨーロッパの内幕』（1936）。ほかに『アジアの内幕』など、内幕物で知られる。

＊33　アドルフ・ヒットラー（1889〜1945）ナチス・ドイツの総統。ゲッペルス（1897〜1945）ナチス・ドイツの宣伝相。ゲーリング（1893〜1946）ナチス・ドイツの空軍総司令官。

＊34　トーマス・マン（1875〜1955）ドイツの作家。

＊35　レオ・トルストイ（1828〜1910）ロシアの文豪。

＊36　ゲルハルト・ハウプトマン（1862〜1946）ドイツの作家。

＊37　フレージャー・ハント（1885〜1967）。米国のジャーナリスト。第一次世界大戦の自らの体験やマッカーサーなどの著名人にかんする著作がある。

＊38　ヨハン・ウォルフガング・フォン・ゲーテ（1749〜1832）ドイツの詩人・劇作家・小説家・哲学者。

＊39 総選挙の結果、ヒットラーは1933年1月ドイツ首相に就任、ナチスが政権を獲得。3月ヒットラーは独裁権獲得、10月には国際連盟を脱退した。

＊40 グレアム・ベルが1876年に発明した電話は急速に各国に普及した。フランス政府から寄せられた奨励金を基にベルは聾者にかかわる課題の社会的啓蒙を目標にワシントンに創設したのがヴォルタ・ビューロー（アレクサンダー・グレアム・ベル聾者協会）で、本誌はその機関誌。ヘレン・ケラーやアン・サリヴァンにかんする話題も早くからとりあげられた。

＊41 アンドリュー・カーネギー（1835〜1919）スコットランド出身のアメリカの実業家。19世紀後半鉄鋼業で大成功、アメリカ屈指の大富豪となった。生前彼が組織した財団は多くの人びとに年金や資金を提供した。ヘレン・ケラーも1913年以来、終生、年金を受けた。夫没後、未亡人も英米を往復して多くの社会事業を行った。

＊42 エドワード7世（1841〜1910）ヴィクトリア女王に続いた英国王。

＊43 ロード・メルチェット（1868〜1930）英国の実業家・政治家。

＊44 フランクリン・ディラーノ・ルーズヴェルト（1882〜1945）米国第32代大統領。アメリカ及び世界の大恐慌と第二次世界大戦で指導的な役割を果たす。1933年3月4日は彼の第1回目の大統領就任式。ルーズヴェルトはポリオで下半身の運動障害を負ったことから、身体障害者に対する理解が深かった。

＊45 ウッドロウ・ウィルソン（1856〜1924）米国第28代大統領（1913〜21）。ヴァージニア州出身。第一次世界大戦では米国をリードし連合国の勝利と戦後の国際連盟の創設に貢献した。

＊46 エイブラム・リンカーン（1809～65）米国第16代大統領。

＊47 1918年ヘレン38歳の夏から年末にかけて、ヘレン・ケラーとアン・サリヴァンが出演した無声映画『救い』の撮影でハリウッドに滞在。チャールズ・チャップリンはじめ、多くの知名人から歓待された。

＊48 スコットランド高地人のバグパイプ用の勇ましい曲。

＊49 1936年2月26日の陸軍若手将校らによる軍事クーデター直後に組織されたのが広田弘毅を総理とする内閣。トーチャイ軍事省はヘレンの聞きちがいで、陸軍大臣寺内寿一をさすと思われる。軍部特に陸軍の政治に対する横暴な要求に譲歩を続ける模様が記事になったもの。

＊50 ボニト・ムッソリーニ（1883～1945）イタリアの独裁政治家。ファシスト党党首。

＊51 トーマス・カーライル（1795～1881）英国の評論家・歴史家。

＊52 ウラディーミル・イリッチ・レーニン（1870～1924）ロシアの革命運動の指導者。ソ連最初の人民委員会議長（1917～24）。

＊53 トーマス・スターンズ・エリオット（1888～1965）米国生まれの英国の詩人・批評家。

＊54 ジェームズ・トムソン（1834～82）スコットランドの詩人。「恐るべき夜の街」（1874）。

＊55 クリフォード・バックス（1886～1962）英国の劇作家。『とげのないバラ』（1932）。多数の戯曲のほか、詩集・小説・評論・翻訳などがある。アーノルド・バックス（1883～1953）クリフォードの兄で、英国の作曲家。アイルランド民謡の作曲などで知られる。

＊56 ＡＥ（1867～1935）本名はジョージ・ウィリアム・ラッセル。アイルランドの詩人・批評家。

＊57 ジョン・メーシー（1877～1932）米国ミシガン州デトロイト出身。ハーバード大学で英語と哲学を専攻し、1900年マスター・オブ・アーツの学位を得て卒業。同大およびラドクリフ・カレッジの講師となった。1901年ヘレン・ケラーが『私の生活の物語』の雑誌への連載で、原稿のまとめに苦慮しているのを見た友人がジョン・メーシーを紹介し、3人が親しくなった。やがてジョンは9歳年上のアン・サリヴァンにプロポーズ、1905年5月に結婚。ヘレンとアンがボストン近郊のレンサムに買った家で3人が暮らすようになった。ジョン・メーシーはヘレンの執筆を助けるほか、ヘレンとともに労働運動、女性や黒人の公民権獲得運動から社会主義運動や政治への関心も深めていった。他方、アン・サリヴァンはジョンやヘレンの活動には冷淡で保守的な態度をとった。このような物の見方のちがいや生活での食いちがいから、夫婦間に亀裂が生じ、1914年にはジョンはボストン市内のアパートで暮らすようになり、1920年代に入ると、別の女性と同棲し、一女をもうけるようになった。ジョンの家族はアンに離婚の承諾を求めたが、アンは同意せず、1932年ジョンが急死したときにはアンが葬儀費用を負担し、アンは終生アン・サリヴァン・メーシーで通した。ジョン・メーシーにはアメリカ文学やアメリカ社会にかんする著書や論文がある。

＊58 アニー・ローリー（1682～1764）サー・ロバート・ローリーの娘。彼女に失恋したW・ダグラスは「アニー・ローリー」の歌詞を作った。スコットランドの女性歌曲作者レディー・ジョン・スコット（1810～1900）が1835年に「アニー・ローリー」を作曲した。レディー・ジョン・スコットは今日も愛唱される多くの歌曲を作詞・作曲している。

＊59 イングランド南東部、エセックス州の町。

*60 紀元1世紀のブリテン島の一部族の女王。ローマの侵入に抵抗し、敗れて服毒自殺した。

*61 ジェームズ・アゲイト（1877〜1947）英国の劇評家・劇作家。

*62 フランス北東部のナンシーの南西にある村。ジャンヌ・ダルク（1412〜31）の出生地。ヘレンは1918年に映画『救い』の撮影で、ジャンヌ・ダルクの姿に扮して、弱き者を救う全軍を率いて、馬を駆って進む姿を撮影した。ヘレンはまた多くの歴史家や作家の書いたジャンヌ・ダルクの伝記や創作を読んでいる。

*63 ルーズヴェルト政権で、当時は緊急救済局長。後に商務長官、大統領顧問も務めた。

*64 1924年、レーニンが死去すると後継者となったスターリンはソヴィエト・ロシアは西欧諸国と同様工業を産業の中心に据え、農業に重点を置く反スターリン派（トロツキー派）と対立。路線の対立は年を追って深まり、スターリンは反対派の弾圧を進め、事態は深刻化する。西ヨーロッパではソヴィエト・ロシアの事情は明確には伝わらなかった。ジノヴィエフ（1883〜1936）ロシアのユダヤ系革命家。カメネフ（1883〜1936）モスクワ生まれの革命家。また、カール・ラデク（1885〜1939?）ソ連の革命家、政治家、ジャーナリスト。1937年スターリンによって投獄され獄死。グレゴリー・ソコルニコフ（1888〜1939）ソヴィエト・ロシアの革命家、外交官。ヘレン・ケラーはソヴィエト・ロシアの政治に彼女の理想を見ており、第二次世界大戦以後、ソヴィエト・ロシアに対する態度が不明確となり、理想の政体、理想の国のイメージは明確さを失っていく。

*65 フランスのセーヌ川河口近くの港湾・工業都市。

*66 フランス船。17世紀フランスの地理学者・探検家で数回にわたってアメリカ各地を旅行したサミュエ

ル・ド・シャンプランにちなむ。

＊67 アイザック・ニュートン（１６４２〜１７２７）英国の物理学者・数学者。

＊68 ロバート・エインズワース（１６６０〜１７４３）英国の聖職者。英語・ラテン語の辞書を編纂。

＊69 T・E・ローレンス（１８８０〜１９３５）のこと。英国の考古学者・軍人・作家・詩人。『知恵の七本の柱』（１９２６）。

＊70 英国王が貴族らの要求に応じて１２１５年に制定された法律で、王権の乱用を抑えるもの。何度か改定され、１２２５年のものが最初の定型的な法律とされる。

＊71 クレメント・リチャード・アトリー（１８８３〜１９６７）英国の政治家。労働党党首。英国首相（１９４５〜51）。

＊72 キリストがはりつけにされたエルサレムの丘。「ゴルゴタ」ともいわれる。

＊73 フランス北部、ドーヴァー海峡に望む港町。アベヴィルはフランス北部の町。アミアンはフランス北部の町、ゴシック聖堂が有名。

＊74 ガッツォン・ボーグラム（１８６７〜１９４１）デンマーク移民の子としてアメリカで生まれた彫刻家。彼の最も有名な業績は１９２７年４００人の作業員を指揮して着工され、１９４１年３月彼の死去のときには最終段階にあり、同年10月彼の息子によって完成されたラティマー山の岸壁に彫られた４人の米国大統領の巨像の制作である。トーマス・ペイン像は１９３７年４月にも除幕されず、やがてドイツ軍のパリ占領のあいだ、幸いにもドイツ軍の目から隠された状態におかれ、戦後１９４８年パリのアメリカ大使館２階の公園に建てられた。ボーグラムは反ボリシェヴィキ、反ユダヤで、ルー

ズヴェルトのニューディールにも批判的だった。

*75 ジュール・ロマン（1885〜1972）フランスの詩人・劇作家・小説家。

*76 マルセル・クレーマー・バック（1897〜1990）フランスの女性弁護士。

*77 プラクセタイレス（紀元前370〜330）古代ギリシアのアテネ生まれの彫刻家。

*78 ジョー・ダヴィドソン（1883〜1952）ロシア系ユダヤ人の米国の彫刻家。ヘレン・ケラーと同じく「親ソヴィエト」として活動し、ヘレンと正式に会ったのは1942年で、第二次世界大戦中から戦後にかけて友好関係が続いた。ヘレンをモデルにした作品もある。

*79 ジュール・ルードウィック（1881〜1948）ドイツの伝記作家。鋭い心理分析により人物描写に優れる。『ナポレオン』（1924）。ゲーテ、リンカーン、ルーズヴェルト、ベートーヴェン、スターリンなどの伝記もある。

*80 ジョン・キーツ（1795〜1821）英国の詩人。

*81 「シャン」は「園、畑」、「エリゼ」はギリシア神話の「極楽浄土」を意味する。パリの繁華街。

*82 フランス北西部、イギリス海峡に臨む港町。

*83 スキアパレッリ（1890〜1973）イタリアのローマ出身の服飾デザイナー。パリへ進出して大成功。

*84 オーギュスト・ロダン（1840〜1917）フランスの世界的な大彫刻家。

*85 パリのロダン美術館（1919年開館）。

*86 ヴィクトル・ユゴー（1802〜85）フランスの小説家・劇作家・詩人。

＊87　1880年完成、座像。ロダンはダンテの『神曲』の「地獄編」の一部として、作品を構想するダンテの姿を考えたが、のちに単独の作品として完成した。この像に触れたヘレンは「考える苦しみ」と題をつけたいと提案した。
＊88　1897年完成、立像。オノレ・ド・バルザック（1799〜1850）フランスの小説家。
＊89　1895年完成。カレー市の注文による作品。6人の男性の立像。1347年、イギリス軍に包囲され、壊滅に瀕したカレーの町の上層部6人の男性の命と引き換えに市民が解放された。自己犠牲を決意した人たちのさまざまな姿を彫りあげた。
＊90　クレマンソー（1841〜1929）フランスの政治家・首相。「ザ・タイガー（虎）」の異名をとった。
＊91　ミケランジェロ（1475〜1564）イタリアの彫刻家・画家・建築家。ロダンは修業時代にイタリア各地にミケランジェロの作品を訪ね、多くを学んだ。
＊92　ジャン・ポール（筆名）、本名はヨハン・ポール・フリードリヒ・リヒター（1766〜1825）ドイツの小説家。エーメ・ジュール・ダリュ（1838〜1902）フランスの彫刻家。
＊93　1893年に開館したパリの高級レストラン・ナイトクラブ。
＊94　ラリック（1860〜1945）フランスのガラス工芸・装身具デザイナー。ヌーボー様式の作品で知られる。
＊95　1764年から1840年にかけて建てられたパリの教会。
＊96　パリ西端の森林公園。
＊97　デンマークの大半とドイツの一部からなる半島。

＊98　パリ南西部にあり同地域の県庁所在地。ルイ14世の命によって宮殿が建設され、フランス革命まで王宮として用いられた。トレアノン――ルイ14世の命によってヴェルサイユ宮の離宮として建てられた。フォンテンブロー――パリ南東の町で、フランソワ1世の建てた王宮がある。マリー・アントワネット（1755～1793）オーストリアの王妃マリア・テレジアの第9子にあたり、ルイ16世の王妃となり、フランス革命で王とともに断頭台の露と消えた。

＊99　オランダの行政の中心地で王宮や官庁の大部分がここにあるが、公式の首都はアムステルダム。

＊100　ウィルヘルミナ女王（1880～1962）オランダの女王（在位1890～1948）。

第4章 1937年2月

〈2月1日〉

今朝はじゃまがはいらぬうちに急いでやらねばならない仕事があり、朝食はコーヒーを1杯いただいただけ。私が盲人のためにする仕事を人びとに知らせる大切な贈り物だ――きょうの午後、モンヴィディオ・ビルでフランスの盲人のためにスピーチを録音する約束をクロムウェル氏としていた。さて何をいいたいのかまだ考えてはいなかったのだ。貴重な瞬間瞬間を電話が奪う――ポリーが伝言を聞いて答えを伝えるあいだ、タイプのキーのパチパチを止めることになるわけだ。実はほんのわずかな文しか用意しておらず、場ちがいの語句が全体を汚さぬよう発言には特に苦労した。半ば進んだところでまたもや無慈悲な電話が鳴り、さらにはルーマニアの記者の面会で階下へ呼ばれてしまった。

新聞記者は英語がまったくだめ、ポリーがすっかり手間どってつづってよこすあいだにムッシュ・ウルフが両者の通訳を買って出て、またもや危機を救ってくれた。私がルーマニアについて尋ねると記者が山々の美しさや自然の富を語り通訳されるのを待つことになった。記者は私に自国の人びとへのメッセージを求めた。私が受けとったルーマニアの話は歪曲され、考えののろい伝達が効果的な意思疎通を困難にした。私はルーマニアの人びとが自らの政治的、経済的発展のために直面する厄介な障害のあることを理解しており、人びとがそうした課題の解決に努力することによって失明者に対する態度が和らぎ、視力のある者がどうやって失明者たちと友人になるか示している労働者たちと協力するようになるとの期待を述べた。

私はカーメン・シルヴァと彼女が30年前によこした点字の手紙のことを語った――その手紙はある女性から他の女性に宛てたもので、盲人のための彼女の仕事について、王者としての重荷を下ろし、絵を描き、書き物をし、見ることを失った人びとと心を通わせて、森の孤独のうちに暮らしたいと書かれていた。

ようやくのこと、この1節をタイプでまとめた。本当にしっかり練習がしたかった。話がもたつく習慣から、私が気楽に感ずるところまでくり返し何度でも練習しないとわずかな人しか理解していただけない。マイクが私をとまどわせることを思い出して、録音ではできる限り滑らかに声が出せるか心配だが、時間の猶予がない。面会の約束があるが、それを断るのはもう遅すぎる。羽根ペンが使われた昔、ある老ピューリタン信者がいった――「神を信じ、指を乾かしつづけよう」と、同じく私も「神にすがって、汝の声を穏やかに保とう」と自らをいさめた。

マクドナルド夫人が11時にマダム・スキアパレッリと会う約束をとりつけていた。またもや電話が出発を妨げ、15分遅れて、ようやく到着すると、マダムに来訪が伝えられるとドレス・ミラクルの仕事を脇へ置いて、最も親しい微笑みをたたえて私を迎えた。

「お迎えできて本当にうれしい、マドモワゼル」と私の手を取って彼女は言った――「私たちはみんなあなたのことやそのお仕事があなたの身内に生きている素晴らしい先生のことを存じております」。

「ともに働く人たちから敬愛される芸術家にお会いできるのは本当に光栄です」と私は告げた。

「たがいに共感しあって働けるのが最も高い芸術の秘訣です」と彼女は答えた――「私はあなたがロシアに友好的なのがとてもうれしい。あちらへ行って、誤り多く伝えられている進歩のために奮闘する光を知りました」。私たちはあすアメリカへ発つが、次のパリ訪問のおりはぜひお会いしたいと告げた。彼女を私の友人の一人に加えることはまったくの誇りだ。「ぜひおいでください、マドモワゼル。またお会いしましょう」。ポリーと私がドレスをあれこれ眺めていると、マクドナルド夫人が天国の優雅な息吹と思える香水の瓶をもってきた――マダム・スキアパレッツリからの贈り物！

一日でお洋服はできあがらないのは残念だが、次々と見せられるロウブに私の手が愛らしさであふれた。モデル嬢が日没時用の裳裾を引いたイブニング・ガウンをつけて私に触れさせた。絹やレースが「なんて甘く流れるようにしたたっていることか！」詩人は歌った――「美服をまとった我が恋人はその知力を表す」、そしてマダム・スキアパレッツリの知力は彼女の工房から諸国へ送られる衣装のうちにきらめく。

クロムウェル氏が昼食の招きで迎えの車をよこした。そして私たちをプリンセスのようにもてなした。私に手を貸して食卓へ導きながら、素晴らしい壁掛けに触れさせた。私が喜んだのを知ると、彼は「もっと長くここにおられたら、ポリーがあなたの目となって絵を見ていただくんだが。私自身ももっとしっかり見なければ」と彼はいった。ラヴェラ[*1]夫妻がおられた。いつものことだが、ラヴェラ氏に会えて本当にうれしい。彼は本当に心から盲人に関心を寄せ、盲人の生活をとりまく障害を減らし、とりのぞく事業に専念し、常に技術的な能力の向上に努めておられる。

昼食会は神の饗宴、黄金のもてなしだった！　グラスは文字どおり細い茎の上にきちんと乗った水晶のユリの花。2時半、クロムウェル氏は一同をモンヴィディオへ案内した――そこではトーキング・ブックが製作されている。かわいい子どもが二人戸口で私たちを迎え、スミレとバラの大きな花束を渡してくれた。トーキング・ブックや私たちの挨拶のレコードのフィルムが製作される。まずクロムウェル氏とムッシュ・ラヴェラが録音機に向かい、点字を学ぶのに必要な感覚を障害された盲人にこれらの図書は金では買えないほどの恩恵であることを述べ、つづいて私が今朝まとめたお祝いの言葉を述べ、ポリーが段落ごとくり返した。終わって私たちはその録音を聞いたが、終わりのほうで不調和なゆらぎが私の注意を引くまで、それは滑らかに進んだ。うかがうと、それは私の声であることが分かったが、特に驚くことはないという――録音中私の指はまったく愉快ではなかった。スタジオの一隅で、再生用の音盤を調べ、失望を忘れることにした。音盤は空気ほどに軽く、柔軟性があるが驚くほど耐久力があることに私はまったく考えおよばなかった。

5時をまわって、ポリーと私はマダム・クレーマー・バックとお茶をいただいた。その精神と人間性で高名なフランスの女性を訪ねる特権を感じ、フランスの家庭の何ともいえない魅力を味わうことができてうれしかった。私はマダムの仕事について話してくれるよう求めた。法廷での活動を通じて、彼女が貧しい女性や若者たちを援助する努力をうかがうことは非常に興味深いところがあった。フランスではすべての専門職やキャリアが女性に開かれているという彼女の発言が理解できた。私はマダム・キュリー[*2]につねづね崇敬の念を抱いており、彼女がアメリカに滞在したおり、お会いできなかったことを残念に思ったと語った。「マダムの娘さんと知りあいになれれば幸せなんだが」と私はいった。あのとき私が聞いたところでは、政府が彼女を厚生大臣に任命したが、彼女は政治に興味があったからではなく、女性たちとの連帯を示したいのでそれを受諾したのだという。盲人の法律家としてよく知られたムッシュ・マルセル・ブロックが訪ねてきた。私には彼はまったく盲人のようには思えなかった。彼は自然で敏感だった。障害者のための仕事や彼らをめぐる問題の最善の解決法について彼と意見を交わすことは楽しかった。障害者は可能な限り正常な生活の喜びを与えられるべきだと私たちは合意した。

「視覚の喪失は我々の困難ではない、困難は我々の社会的自立のための奮闘への理解と協力がないことだ」と彼は明言した。盲人に対する公衆の誤った態度で盲人は最も強く傷つき、そのような態度が深い理解の上で共感と助力とに置きかえられれば、盲人の障害は克服しがたいものではなくなるとする私の言葉を彼が新たな力をこめて述べたとき、私は強く感動した。

ポリーと私はこんなに親しい友人たちに本当にしぶしぶいとまを告げた。最善の努力にかかわらず私たちは遅刻するばかりで、さらに別の人たちに会うべくジョージ5世ホテルへ駆けつけたのは午後7時だった。それらの人のなかには、彫刻家故バートレットの未亡人やメアリー・ガーデンの妹がいた。ボーグラム氏もおられた。夕食までいるよう勧められたが、私たちがせわしい一日を過ごしたことを皆さんは分かってくれて、親切なことに、ホテルの自室へ戻れたのは救いであり、あすの早い出発に荷造りを始める前に、しばらくくつろいだ。

〈2月2日、「シャンプラン」号船上〉

刻一刻、ル・アーヴルから遠ざかる――まだ別れを悲しむ。1938年にはまた戻ってくることがたしかに心にあるが、さすがにパリ駅でムッシュ・ウルフやミス・スレードにさよならがいえなかった。ミス・スレードの話では、クロムウェル氏はいつもどおり、朝5時に起きると、机に向かって手紙を1通書き、ウェディング・ケーキほどの大きさのナット・キャンディーの詰めあわせの箱にそえた。本当に心からの手紙だ。ほんの短期間のお別れだが、なぜこんなに気が滅入るのだろうか。この感情は初恋の至上の夢が消えたときの後悔や赤ん坊が歩きはじめたときや最初の言葉を話すのを聞いたときのうれしさを思いおこす母親のもの思わしげな気持ちに似たものであろうか。のちに痛みを覚えない喜びなどはほとんどあるまい、でもあとに残るものは甘い後味だ。

◇　◇　◇

列車の客室は乗客でいっぱいだったが、みんな静かに話しており、私たちにはまったく気にならなかった。ポリーはフランス語の単語や語句を聞きとり、誇らしげにそれらをつづってよこす。赤い屋根屋根が風景に彩りをそえる数々の村を通り過ぎた。車室のドアが開くたびに春の緑の装いに飾られた牧場や牧草地の人を招く香りを私はとらえた。

フランス汽船会社のていちょうな扱い――ル・アーヴルに着く前に、ポーターがやってきて、私たちの荷物をすぐに船へ積みこんでくれるという。波止場でも私たちのために万事が手際よく運ばれた。せわしげな騒がしさのただなかでもポリーはあちこちを眺めることができた。歴史書のなかでたびたび読んだル・アーヴルのあちこちをまわってみる時間があればいいが。旅行かばん一つごとに税関の係員が金を調べる熱心さに興味を引かれた。誰かかばんに金を入れている者がいるのだろうか。

汽船会社が私たちに用意してくれた二つの船室は願ってもないものだった。今私はタイプライター、原稿、図書などを並べた机の前に置かれた心地よいアームチェアに座っている。ベッドの羽根布団も整頓されていて、設備の整った部屋で気楽に過ごせそうなのは贅沢でもある。

出港前フランス人記者がインタビューにやってきた。昼食後、すっかり寝こんでしまい、イギリス海峡をほとんど眠りのうちに渡ってしまった。軽い夕食をベッドでとったが、「シャンプラン」号は午後11時にサザンプトンに停泊した。もし私の第2の母国で私の愛するすべてのものに思いをおよぼすとすると、襲ってくる郷愁の念は私が襲われるどんな船酔いよりも切ないものになる。

船客名簿には何名か音楽家のお名前があり、オーストラリア人のテノール歌手ブラウンリー氏[*3]の名があった。メトロポリタン歌劇場で歌うことになっている。またヒライア・ベロック[*4]のお名前もあったが、アメリカへ公演に向かうようだ。

〔2月3日〕

しけのため陰鬱な一日になりそうだ、積み荷を満載しているが横ゆれ、縦ゆれがつづく。ポリーと私は慎重にベッドに留まり、チキン・サンドイッチとセロリーをいただいただけだった。物書きは誠に困難、卓上のタイプライターは手の下で右往左往、私自身椅子にしっかり身を置くこともかなわない。しかし、縦ゆれが弱まったときに書かないと、このたっぷりある時間を活気づける物ごとがまったくのぼけになってしまう。

ちょうどバックス氏の魅力的な小編『レオナルド・ダ・ヴィンチ』を読み終えたところだ。この啓示に満ちた本はそれなりにかなりのものだ。もちろん、これまでにもダ・ヴィンチ[*5]の名はしばしば聞いたが、彼の神秘的で山のごとき個性についていくらかでも考えを与えるような著作は私が通った道では訪れなかった。彼の驚くべき業績の広がりが多数の分野――絵画、彫刻、音楽、建築、植物学、天文学、工学――におよんでいたことを私は夢想だにしていなかった。彼は彼の時代の首位を占めた芸術家で、深遠な科学者という二重の能力を備えたタイタン（巨人）のごとき人だったにちがいない。人生と自然の創造する法則を忌み嫌いながら、その「輝かしい美が悲しみに沈む心を楽しませる」人物を私は思い描くことができない。なんとまあ想像を絶した個性の混ぜあわせだろう――その活動においても、フローレンスの敵チェザレ・ボルジア[*6]を助けようと戦いながら、戦争は「獣的な狂気」と嫌悪し、頑迷かつ狂気のごとく死体解剖に打ちこみ、さらには菜食主義者だったとは……。

この本のもう一つの驚きは芸術や詩についても活発に活動する劇作家バックス氏によって書かれた1節である。今日における芸術的な衝動と計算ずくの科学的成功との葛藤について著者はいう――「芸術は人間社会のより早い段階、今日では古くなりつつある精神のレベルに属している。継続的な数字の計算は映像化する能力を押しつぶすのに十分である。この能力は文明化されていないのが明らかなようだ。カント[*7]流、ダーウィン流あるいは他の高等数学者たちの抽象的な思考に比べると絵や隠喩で考えるのは素朴である。したがってこのような人たちは芸術への興味を失うかあるいはもともと興味をもつことがない。女子学生なら誰でも知っているが、ダーウィンは幻想のうちに身を置くことができなかったため、架空の物語を読まなくなってしまった。さらに、男子学生が知っているように、メルボーン卿[*8]のギリシアやローマの彫像のコレクションのことを聞いて、「これらの人形たちに示したお偉い貴族様の興味」が理解できなかった18世紀の哲学者がいた。

この事態は私を拒む——未来の文明は強ばり、ただ実用的で単調だ。私は彫刻の表面の優美な線の流れや詩歌や自らに課せられたすさんだ限界の隅々で幸せな絵空事を楽しむ野生人でいられたことは本当に幸運だった。またミューズやグレース[*9]の女神たちを知らない時代がやってきて、魂に朝露の潤いを与える心の哲学や想像力を今日の若者たちに養うことこそ差し迫ったことと思われる。

〔2月4日〕

今朝も海神ネプチューン[*10]は暴れまわっていた。船がもちあげられ、放り投げられるのにつれて、海神の強大な両の手を感じる思いだ——

巨大で凶暴な大波を両の手でつり上げ、
その巨大な頭をねじってつるし、
滑らかなかたびらのごとく、耳をつんざくごう音を上げて。

私たちは起きようとしなかった。縦ゆれは1歩ごとに危ないからだ。

仰向けに転がって、別の本、サー・ジョン・スクァイア[*11]の『劇作家としてのシェークスピア』を読んだ。この題材でこんなに楽しい本にめぐりあうのは何年ぶりのことか。著者によると、サミュエル・ジョンソンやチャールス・ラム[*12]を除いて、劇作家としての偉大な技量や着想の力強さについてはほとんど書かれたことがないというが、誠に不思議なことだ！

この本には大げさなほめ言葉、「おそらく」とか「たしかに」などのついた憶測、ラドクリフ・カレッジでシェークスピアを学んだとき、いつも腹を立てさせられた数限りない批評家や解説者の解釈がないことだ。サー・ジョン・スクァイアは古代ギリシアや英国のエリザベス朝の舞台を楽しく語る――観客は乏しい背景や照明やその他今日の精巧な舞台装置のない状況のもとで、自らの知識に任されて、素晴らしい上演を観賞した。「我々の時代はシェークスピアを好いていない」とわびしい事実が強調される――というのはおおよそ彼の芸術の仕組みが我々のいじけてしまった想像力に向かって訴えかけるからである。私もしばしば思ってはいたし、またこの発言が私の憂慮を確証しているのだが、今日の世代は内的なものから人生を楽しむ能力を失いつつある。かれらは機械による生産物のためる。すべての子どもがもって生まれた手作りの喜びを犠牲にしつつある。彼らは自ら楽しまずに楽しまされることを望んでいる。歌ったり演じたりしゃべったり読み上げたりしてくれる機械を求めている。完全な形の建物や風景のあるお芝居を必要とする。そうしないと、入り組んだ物語をはっきり見たり、疑問を解いたりする自らの力を用いることができない。有益な変革がこの過程を阻止しないとなると、彼らの若さを輝かせ、彼らの時代を生きる価値のあるものにするために内的な能力を最も必要とするとき、精神の腐食が襲ってくるだろう。

ようやく嵐が収まりはじめたが、心安くものを書くには十分とはいえない。時計がなかったら私は大変に迷ってしまうにちがいないと気づいてちょっと身震いした――カット・グラスの文字盤、疲れを知らない金の針が時を知らせる、離れがたい小さな友。私の愛情に答える感情をもった生き物のようだ。年老いて最も優しき心遣いが必要だが、昼が言葉を語るまで、夜が知恵を示すまで、誠の心で昼夜を告げる。時を経るとともに私がフレゲファーテル（ヘレンの最も親しい友人の一人、故ジョン・ヒッツで、かつてはワシントンDCのヴォルタ・ビューローの所長だった。「フレゲファーテル」はドイツ語で「養父」または「〈男性の〉里親」の意）に近づきつつあることを静かにうけあってくれる――フレゲファーテルこそ私の14歳の誕生日にそれを贈ってくれたのだ。それが刻む時間は、先生が私たち二人の永遠の住まいに私を出迎えるまでにはそんなに長くはないと、私と一緒に祈っているとも思ったりする。

〔2月5日〕

今朝、海はすべて太陽、歩きながら思いっきり歌えたらなあ。船上のお決まりの日課を縫って金色の詩編の糸が通っている。ポリーと二人で周囲を見まわすと、この船の優れた造りが知られる――ていねいに磨かれた壁面、大きな鏡、彫り物の施された木製の造作、太い真鍮の手すりなど。うれしいのはゴム製の敷物を張った長いデッキで、転んだり、滑ったりする危険が減り、しかも日差しは入るが乱暴な風は締めだされる。行く先の海の嵐の知らせは無線で受信され、横ゆれが予想されるときにはデッキにロープが張られ、つかめるようになる。船客に対する世話や心遣いが示されるのは見ていてうれしくなる。船の周りには白いカモメが舞い——若い鳥たちは風や大波に力試しを始める。お昼——ドライチキンのサンドイッチ、お茶と果物——船室の外でいただくのは特に味わいがいい。私たちより一足先にニューヨークへ向かった「ユーローパ」号の船上からボーグラム氏から私あてに無線による挨拶が届いたのは楽しい驚きだ。

午後はずっとあざ笑うように速度を上げて迫ってくる読まず、書かずの書類や手紙の行列に追いつこうと試みる。2日間ベッドに居続けたおかげで、長い上り坂に必要な休息が与えられていた。

ル・アーヴルを発ったとき、私は胸に手を置いて、ポリーに向かって厳かに宣言したのは食事制限をするというのだったが、今夜のディナー——マッシュルームのスープ、口に入れるととろける魚、夢にもお目にかかったことのないとろ火で焼いた肉、そしてクレープ・シュゼット[*13]——が九柱戯のピンのように私のよき決意を打ち転がしてしまった！

船内の雰囲気も上々——頼もしげな人たち、魅力的に装った女性たち、つつましい落ち着き、結構な絵や音楽。夕刻、アイルランド独立運動「シン・フェイン蜂起[*14]」に題材をとった映画『鋤と星』を見た。この運動の事情についてはアイルランドの盲人雑誌「盲市民」に載った記事を読んでいただけにその力強い情感を味わうことができた。「アイルランドが自由を得るまで、男たちは常に戦い、女たちは常に泣く」という言葉で映画が終わったとき、先生が間近におられる思いがした。

〔2月6日〕

目覚めたとき、強い雨降りだったが、大きなゆれはなかった。快適な朝の散歩のあと、ニュースを聞く前に、手紙を読み、返事を数通書いた。

まず、国際海員組合の要求のすべてが承認された。私はそうあるべきことを心から望んでいる。海員たちが組合を組織するまで、彼らにしむけられた不愉快な残酷さを記した1章は労働の歴史にはない。98日間も続けられたストライキの規模に私は深く印象づけられた。それは合衆国の東西両岸でのストライキ以上のものがある。人類にとってこの地球がただ一つの安全な住まいであるすべての地域の労働者のうちに成長しつつある連帯の兆しなのである。

午後、麗しく、心打たれる『椿姫』[*15]が上映され、みんな感動した。マルグリット役のグレタ・ガルボはまこと素晴らしい適役であることを知った。先生が亡くなられてまだ3か月、この映画を見て誠に愚かにふるまってしまった。ともあれ、映画は私を激しくゆさぶってしまった、あれ以来いまだに心の均衡を回復してはいなかった。マルグリットは先生と同じく征服されない精神のもち主だった。優しくてしかも強固な意志で、彼女は病の床から起きあがり、彼女を諦めることを拒んだ恋人を迎えるため、最も華やかに装うのだ。あのときのことを思い浮かべるにつれて涙が落ちた――最後の病のあいだ、私たちが滞在したロング・アイランド[*16]の海辺のコテージで、先生は小さな集まりを計画された。先生は衰弱が進んでおられたが、人びとの幸せな顔が見たかった。私たちが止めようとすれば、先生は興奮なさるにちがいなかった。お客が到着する前にポリーの手伝いで靴を履こうとなさったが、激しい痛みに襲われてベッドに崩おれてしまわれた。ただちに医師が呼ばれ、翌日の入院が命じられた。反対を押し切って、着替えのため座り直された――無言のまま私の手をとられたが、それが最後だった。「ねえ、救急車を」とつづられたとき、先生のご最後が近づいたのを感じた。階下へ下りる先生をポリーが支えた。本当にこの映画は見るべきでなかった、それほどに私の心は刺し抜かれた。

〔2月7日〕

昨夜、私は長い時間祈った、天にましますが私に癒しの「平和」を注いで下さった。私は地球のカーテンを突きとおして私の苦悩を先生のところまでは行かせなかった。私は初めてワーズワース[*17]の詩編『ラオダモア』のなかで、夫の死の激しい悲しみに打ちひしがれた女性を神々が優しくお叱りになったのが分かった。荒れすさびまた苦々しい不満を通じては夫へ向かう道は見い出せず、むしろ自らの信仰のうちに、神のような平静さと亡き夫の喜びである心の豊かさを通じて道が見い出されると神々は告げられた。

今朝は霧笛の音で目覚めたが、きょうはほんの数度鳴っただけだった。

「シャンプラン」号の船長ムッシュ・シルヴェストルがポリーと私を船長室へお茶に招いた。障害のある人びとのための私の仕事に身にあまるお世辞をちょうだいして顔が熱くなったが、船長が好きになった。世界で私だけが教育を受けたただ一人の盲聾者だと考えておられたようだ。こうした人に対して、視覚と聴覚を失った多くの人が、教師の手を借りることによって、有意義でしかもかなり幸福な生活をしていることを語る機会が得られることはうれしい次第である。

きょうは日曜だというのに、船長主催のディナーが催された。ニューファウンドランド[18]の恐るべき無法海域をまもなく通過することになるからだ思う。整えられた準備が気に入った——楽しそうな食堂、食卓の花、婦人たちの美しいイヴニングの装い、そして呼子やラッパやダンス・キャップなどが飛び出すボンボンクラッカーがないこと……。ディナーのあとのコンサートも美しかった。ポリーはブラウンリーのビロードのようなバリトンや人の魂をゆさぶる輝くようなある女優に魅了された。のちにこの女優がロシア人であると分かったが、その個性と芸術とが一体となっていることはそうしたことによるのだろうか。歌は大部分フランス語で歌われた。素晴らしい歌声に触れてとらえられるほど歌い手たちのそば近くにおれなかったのは残念だった。チェロ、バイオリン、ピアノの響きが漂ってきて、その音楽が私をジョージア州アトランタのホテルの一室にいる気持ちにさせた。カルーソー[19]の歌うサムソンの素晴らしい嘆きの声が波また波となって私の手に注がれた。そして再び彼の唇に触れた私の手に魅了するようなイタリア語で——「ヘレン・ケラーさん、私はあなたのために人生で最もうまく歌いましたよ」。場面が変わってロサンゼルスの大きなホールで私はシャリアピン[20]のそばに立っている。場内は聴衆で混みあい、色とりどりのショールをかけたロシアの女性たちが多かった。まるで私の兄弟ででもあるかのように、シャリアピンは私の左手を顔にあてさせ、彼の歌に合わせて私は右手でリズムをとった——限りなくわびしい「ヴォルガの舟歌」や若い恋人の喜びで空気を満たし、叫ぶようにロシアの農民の大きな笑い声を思わせるユーモラスな民謡を歌った。ロシアでは私のことがよく知られていると彼がいったのには驚いた。新しいソヴィエト共和国は飢饉や外国の軍隊の侵入のような過酷な試練を乗りこえることができると思うか尋ねると、最終的な勝利に確信をもっていると彼はいった。今彼はどのように考えているであろうか。おお、時は過ぎゆく……。

〔2月8日〕

ポリーと私は朝の散歩に最上甲板へ上がった。吹きすさぶ北東風が私たちを吹き飛ばすかのようで、日差しの暖かい側に止まっていた。突き刺す風のなかにさえ生命は存在する。そして下る前に、顔を上げて打ちつける風に顔を打たせた。

昼食を挟んでさらに書き続けた。夕方のディナーには友人が集まったが、これはまさに料理長が整えた誠の芸術である。一口ごとの食物や一口ごとのワインをこれほどまでデリケートな喜びにできるのはフランス人だけだ。

〔2月9日〕

船旅最後の日のお決まり。荷造り、帰郷と友人たちへのお別れの挨拶をどんな順序にやるか心が高ぶる。

ムッシュ・デ・ラ・ヌックスの妹のリリー・デ・ラ・ヌックスが友情を育てる場所のような私たちの控室へお話に立ち寄った。彼女はお話しあいでいつも私を爽やかにしてくれる女性の一人だ——自らを教え、お互いに教えあう女性たちだ。彼女の心のこもった内省と郷里へ向かう私の寂しい思いに示される細やかな共感とは彼女を知ってから長い期間が過ぎたように感じられる。私たちはプロヴァンス[*21]を歩いた——彼女の生まれ故郷で、いつの日にか彼女を訪ねたい。私たちはヴィクトル・ユゴーやバルザックやトロバドゥール[*22]を語りあった。広く読書して、若い頃から私を引きつけていた本に熱心な人と互いの覚え書きを比べるのは楽しいことだ。

時の進むにつれて、11月、ニューヨークを発つとき感じていた悲しみが私を圧倒しようと迫ってきた。セイ博士とリチャーズ判事から温かい出迎えの無線が届いたが、先生からのお声は一言もなく、地上での私たちの別れは耐えられないほど、決定的だ。3か月を通じて、私の心中には一抹の希望があった――わずかでも、どこかから、先生からの何か兆しの来ることを求めていた――しかし刻々とニューヨークに近づくにつれてもそこにはまったく何もないのだ。

でも信ずることはまやかしだと示していたのか？　そんなことはない、でも本当に死にあまりに近づき過ぎて、もう灰となって安らごうとする今は亡き御方のあらゆる思いに結びつく感情の異常な高ぶりからあまたの方法で逃れようと思い描いていた。私の魂は未だその円満な状態に達していなかった。私は神のごとく「霧の上に浮かんで生きる」人間ではなかった。これら数々の悲しみや孤独の雲が私の内的な眼のまわりに漂いつづけているからだ。でも神が、永遠の深み、神格の経験を与えてくださったおかげで、精神的な成人に達したことになるだろう。そこでたしかに霧は静まり、抜け出せるようになり、神の日差しのなかで先生とともに住まうことになるだろう。

〈2月10日、フォレスト・ヒルズ[*23]〉

今の状態で、日曜の夕方、新聞記者のインタビューを受けるのが怖かった――外国旅行から戻るといつもそういうことになったからだ。だが、「シャンプラン」号がドックにはいる前に乗船してきた記者たちがありがたい配慮を示してくれた。彼らは一つの話題から次の話題へ手際よく私を導き、うまく乗せてくれた。新たに関心を寄せる仕事は何かと聞かれたのに、日本への訪問を計画していることを語り、この旅行で二重の幸福がえられることを強調した——芸術の国に建てられた魅力あふれる寺院や家屋を見、桜の花のなかをさまよう長いあいだの夢が成就され、最終的には東洋全域にわたり障害者の社会適応を促す偉大な事業の一部をなす長いあいだの夢を実現することだ。

「今日の世界で最も偉大な人物は誰か?」が次の質問。

「あなたが偉大だとたたえる分野によります」と私——「科学の分野でといえば、もちろん世界における最も偉大な天才はアインシュタイン教授です。また政治家について考えるならば? もしルーズヴェルト大統領が高いレベルの業績を持続し、自らもつ強大な力に釣りあう精神的均衡を維持しているとすれば、彼こそは真に創造力ある政治家として高く認められるでしょう」。

私はスターリンについて言及しなかった——彼は自らはレーニンの目標を実行に移す手段に過ぎないと語っているからである。レーニンの最も顕著な性格で創造性や判断の広さや包容力のある人間性をスターリンはもっていると私は思わない。

私を面白がらせたもう一つの質問は「アメリカは誰か偉大な女性の芸術家を生み出したと思いますか?」

「絵を見たり、ある旋律を他の旋律と聞き分けることができないとしたら、このような議論に判断が下せますか?」

私は彫刻は触れてみることができるが、マルヴィナ・ホフマン[*24]の偉大な作品を見る機会が得られなかったのは残念だと語った。私は今日のアメリカで「偉大な」といえる女性の小説家や詩人を思い浮かべることができなかったが、科学者としてフローレンス・セイビン博士[*25]に誇らかに敬意を表した。

エリス島[*26]で行われる人びとに対する誤った扱いについていつも厳しい態度をとってきた——そこでは不必要な妨害や不公正が行われていた。記者たちはこれについて、今は伝染病が発生している港から来た移民でない限り、船客をそこに下ろすことは行われていないとうれしい知らせを伝えてくれた。

埠頭では、友人たちが息が詰まるほど愛情をこめて「お帰りなさい」と抱きしめてくれる。税関の係員もいつものように親切で、荷物検査をてきぱき進めてくれる。

我が家の犬たちも長いあいだ一人ぼっちで置かれていた（私たちが出かけてからは、家の面倒を見てくれているのはハーバート[*27]以外なかったわけで、彼は家事については本当の仲間であり、援助者なのだ）。私たちを出迎え、先生に対してでも心からつくしてくれた温かくて力強い握力は本当の慰めであった！　友人が数人私たちと一緒にフォレスト・ヒルズの家までお供してくれた、私たちの寂しさを和らげてやろうと気遣って。

到着すると、愛情の突風のごとく犬たちが私に迫ってきた。彼らがおさまるまでにはたっぷり半時間はかかった——そのあとも長いあいだ、ベロや前脚やしっぽで私が戻ってきた幸せをいいにやってきた。どの犬が一番ほめられるか決めかねるばかり——ゴールデン・デーンのヘルガはかわいそうにもけがをした脚を上げて愛撫を求める、シェトランド・コリーで茶色と白の混じったかわいいディレアスは注意を引こうと足の甲をくすぐってくる、彼の相棒で細身ながら活発なウィンディーは彼を押しのける、さらにはレークランド・テリアのマイダは気さくで太って……。

家族ならみんなそうだが、友人たちが帰ってしまうと私たちはハーバートと夕方遅くまで語りあった。出発したときのように家の隅々で希望が阻まれ、部屋部屋に悲しみが刻印され、この家に耐えられるか心配だった。ハーバートの心づくしと誠実な仕事ぶりが、先生の心と調和して、この家に優しさが呼吸するのを私は感じた。どの部屋をのぞいても何か楽しい驚きを見出した。先生の机は元の場所に置かれ、椅子もまだ本を読んでくださるほど見えておられたときのままに置かれていた（先生のベッドが姿を消していたのは救いだ――最後の日々、苦痛を耐えて休まれ、体力も弱まったのをおして仕事へ起き上がろうとされたベッドだ）。先生が愛蔵し、いつかは再読しようと望んでいた図書はそのままに置かれていた。それらに触れて私は参ってしまった。半世紀にわたって、私を援助し、私の幸福を豊かにしようと彼女が使ってくださった両眼に暗闇がおり下ってくるのを私は目のあたりにした。痛ましい記憶と心をつきさす孤独感を締め出すのに私は最も激しい仕事に頼らざるをえなかった。

〔2月11日〕

仕事机と大テーブルに点字の郵便が文字どおりうずたかく積みあげられた。数分間食事で中断した以外、手紙や雑誌やパンフレットを開き続け、へとへとに疲れて、早いとこベッドにはいった。

きょう、私は、東への旅から戻るまではちょっとのぞく時間もない雑誌類を片づけるまで気が休まらなかった。アメリカ盲人印刷所が毎月分厚い3分冊で発行する「リーダーズ・ダイジェスト」[*28]は特にじらされたが、日本へ出発するまでに片づける仕事は驚くほどだ。机の上に積みあげられた手紙のほかに、この先6週間に無数のじゃまが私たちを待ちかまえていることは預言者を頼むまでもない。最も困るのは、たびたび割りこむじゃまにいら立つ気持ちのコントロールに成功することがなかったことだ。いら立ちは電流のような思考の流れを遮断する。周囲の者が、荒れた行く手を通りぬける私の足の運びを和らげようと努めているというのに、なおこのような些末事にわずらわされているとは？　ハーバートの整理で前よりは広くなった書斎がある。おりおりの曲がり角での機嫌のいいポリーの助力、かたわらの犬たち、室内へ差しこむ日光など、私のこれまでの経験では新しくない状態にあるというべきだ。

〔2月12日〕

きょう、私はエイブラム・リンカーン[*29]に思いをめぐらし、合衆国は改めて自由と平等に捧げられるべきことに彼が骨折ったことを思った。彼は戦争を通じて連邦を維持せざるをえないことを知っていたことは事実だが、可能な限り独立宣言の諸原則の趣旨の適用を強調した。大地の息子として、単純率直な言葉づかいで、政治家の誤報や敗北主義をきり捨てた。彼は言葉のうえの情熱の力に頼らずに、それへの人びとの信頼を喚起することで民主主義に新たな活力をもたらした、それによってより大きな主体性と自治とが新たにもたらされるからである。政府が国民の利益を保護することを止めたときは政府を変え、転覆する権利のあることを再確認した。労働と資本の双方の産物を創造する労働者にはさらに大幅な代表権があるべきだと指摘した。

〔2月13日〕

何をおいてもせねばならない机の上のお勤めを朝6時から夕刻6時にかけて駆けぬけたといっても誇張ではない。ミゲル氏の秘書のトーマス・ボンド夫人アメリア[*30]が書斎にはいって来ると、私は我知らず「古めかしく真面目くさった態度」をとるのを感じはじめた。彼女をディナーにお招きしていた。彼女の快活な挨拶などから私は私たちの周囲に起きている大きな変化に気づかされた。アメリアは窓の外に最近できたばかりの二つの人工の湖を眺めた。これは以前広い沼地で、春の繊細な美しさ、丈高く伸びた明るい夏草、その上を渡りで飛びこえる秋の野鳥たちを先生と私が楽しんだところで、今は美しいパークウェーに変身していた。まるで私たちの玄関先で開かれる1939年の万国博覧会の大規模な準備の一部だった。たしかにこの小さな家は20年ものあいだ、私の仕事を可能にしてくれた、ペンシルヴェニア駅からただの14分の静かな場所でなくなりそうなのだ！

〔2月14日〕

今朝、ガッツォン・ボーグラム氏が非常に楽しいヴァレンタインの挨拶で私を驚かせた。彼がニューヨークに滞在中彼にお会いする機会がなくて残念だ。

午後、ミゲル氏が訪ねて来られた。彼が私たちに会うやり方がいい。太陽からやってくる光のようだ――伸びゆくものに生気をもたらす、物陰で忘れられたものを優しく照らす光だ。私たちは日本への旅行をどのように意義あるものにするかいろいろと語りあった。ミゲル氏は魅力的に、盲人の友人を増やすために至るところで関心と活力を喚起しようと努めておられる。私が彼をプロスペロー[*31]と呼ぶ理由はそれだ——彼は障害を負った人びとのためにより親切で麗しい構想を描き、アメリカ盲人援護協会を彼の島として、「暗黒」の岩で難破した数々の命を救うのだ。

〈2月15日〉

寒波はゆるんだものの大地はいまだ霜で固く、犬たちも長い時間外にはいたがらない。

ハーバートがウェンディときのう生まれた5匹の子犬を病院から連れ帰った。母犬は私が1、2匹抱きあげるのを許してくれた——法外に柔らかな絹のような手触りのかわいいチビたち！　そのうち2匹はディリアスに似ているとポリーはいう。先生の幸せそうな喜びの声、小さな生き物たちを愛撫する先生の優しさ、それに愛犬の血統についての誇り——なんて細かいところまで鮮やかに想像できることか！

この2日ほど、ポリーと私は、彼女の家事の手のあいた時間、事務的書類、盲人のための仕事の報告、日本への旅行にかかわる通信に時間をあて、夜には日記を1行も書けないほどくたくたになってしまった。

〈2月16日〉

きょう、ミゲル氏の事務所でレイモンド氏（ロバート・レイモンド氏はボストンの法律家で、ヘレンは彼の家族とも親しかった）に再会してうれしかった。話が進むにつれて、1906年当時、ボストンでマサチューセッツ州盲人委員会[*32]で一緒に仕事をしていたときの気分になった。でも思い出にふけるのはほんのわずかな時間だった。レイモンド氏は、私が先に亡くなったとき、私が先生のために作成した遺言の条項をポリーに書きかえる手続きにやってこられたのだ。レイモンド氏が先生と私の誠実な補佐人だった歳月を数えながらこの変更の手続きが私を寂しくした。彼は私がボストンに残してきたわずかな結びつきの一つとして思い出の中に特別な場所を占めている。

午後、気持ちの集中が必要な仕事に気を入れているところへアソシエーテッド・プレス（A・P通信）と「ニューヨーク・タイムズ」紙から記者が来訪し、階下へ呼ばれた。記者たちは私の盲人のための事業に貴重なPRの機会を与えてくれ大きく頼っていることを表すのはうれしい。だが、万事同じことで、ある課題に熱中しているときに入るじゃまは私の心をゆるがし、断ち切られた思考の糸口を再びつまみ上げるのは本当に大変なのだ。

〔2月17日〕

ポリーと私は最近ニューヨークからフォレスト・ヒルズへ伸びてきた新地下鉄で町へ出かけた。ローカル線だが、そのうち急行も走るようになるだろう。ポリーは新しい停留所の町の名をつづってくれる——第67アヴェニュー、第63ドライヴ、ルーズヴェルト・アヴェニュー（ジャクソン・ハイツ）、クウィーンズ・プラザなど。私たちはニューヨーク第53ストリートで降りる。階段を10本も上るなどは知らなかった。しかし、地下鉄に乗るのはうれしいし、帰宅するときもなるべく乗ることにしよう。私は地下鉄、高架線、バスなど、人びとに近づけるどんな方式の交通手段も好きだ。ポリーは人びとの顔立ちやお話をつづってくれる。化粧品、香水、タバコ、靴墨など香りの印象が私に多くを伝えてくれる。石鹸や清潔な衣類や絹織物や手袋の香りから清潔さや趣味のよさも知ることができる。木材や金属やペンキや事務所の香りの発散する人いきれで彼らが従事する仕事が知れることもある。車では私の同胞たちがどんな暮らしをしているかを示す身近な啓示をとらえる機会がないことになる。

〔2月18日〕

今朝、サンフランシスコ橋の安全網が破れ、10名の人が280フィート下の水面へ落ちたと聞きすっかり落ちこんでしまった。ポリーと私は4月1日サンフランシスコから出発することになっていて、橋を通過するときは工事のため命を失われた人びとのため忘れずに頭を下げたい。

午後、アンドレアがピーター・ルボック氏[*33]と日本の記者二人と一緒に訪ねてきた。ルボック氏が高名な博物学者の息子さんだと聞いて親しい驚きを味わった。子どものころ、彼のお父さんの『自然の美』が愛読書の1冊だったと語ると彼は喜びを表した。私がいろいろな場所を訪れてその土地のちがいを知ることができるか尋ねられた。この質問に私は大都市や小さな町の香りから分かったことについてちょっとまとまった論述を披露することになった。ロンドンの香りの特徴を述べようとした——春の新鮮な草やサンザシの花の香り、広い場所がそのあいだを縫う大通りで分けられる。冬には煤煙が重く混じった霧など……。またカリフォルニア、オレゴン、ワシントンの初秋の町がそこで育てられる果物に従ってそれぞれちがった香りのあることを語った。

日本人記者は塙[*34]の話をして、この偉大な盲人の学者と私のことが自国の障害者ばかりでなく、普通の人びとの励ましとなっていると語った。私は日本の女性たちが学校教師や博愛事業家や社会福祉活動家として熱心に活動していると賞賛すると彼らは大いに喜んだ。そうした女性のうちで、日本のマーガレット・サンガーともいえる石本男爵夫人[*35]は東京で産児調整の病院長を務めていることに触れた。記者たちは、私が盲人や聾者の教育と同様に平和について語るかと尋ねてきた。私が平和について語ると軍部関係者が私の日本入国を許したことを後悔するだろうと気遣っていると述べた。「でも、あなたが親善友好のメッセージで世界の平和を祈願されればそれは高いレベルの影響があるでしょう」と彼らは確証した。

きょうの郵便のなかには英国の友人たちからの懐かしい手紙が数通あった、英国を離れてから皆さんには一言も書き送っていなかった。この仕事の停滞が続くとすると、この日記もまた別の「革命の日記」になってしまうだろう。

〔2月19日〕

盲人のための歌う本が出た！　きょうの「ニューヨーク・タイムズ」の社説の一つに『アメリカの野鳥』と題した歌う本にかんする論説があった。コーネル大学のアルバート・ブランドが鳥の鳴き声を研究し、音響再生装置を鳥たちの巣の近くに設置して小スズメからショウジョウ・コウカンチョウにおよぶ鳥たちの歌声をできる限りとらえたという。この本は盲人たちに大変な楽しみとなろう！鳴き声から鳥たちの名前を確認したり、彼らの生態や渡りについて改めて盲人たちの興味を高めることになる。

きょうは町でアメリアに2度も会った。彼女とポリーはランチを挟んで銀行口座の仕事をした。私はアメリアのビジネス・センスの素晴らしさを褒めているが、ポリーが優れた簿記係だとアメリアがいうのにはまったくうれしくなった。

ジュリアン氏（M・J・ジュリアン氏はベタービジョン機構〈視力保護機構〉の会長）と一緒にウォルドーフ・アストリアで昼食。人の目の保護運動に熱心で、知識豊かな彼は仕事の上で私を喜ばせ、信頼をおく友人である。ラジオを通じて聴取者にどのように視力を改善するかを示し、失明の防止について手紙を書くなど、私を感動させる仕事は彼ならではのものだ。彼は目下準備中の新しいラジオ用の寸劇のシリーズについて語った。その構想によると、ジョージ・ワシントンやベンジャミン・フランクリンのような知名人たちの一生涯で優れた挿話を紹介し、失明の広がりがもっと縮小できるとする主張で攻撃されている、科学者や医師の皆さんをとりあげるという。

食事中、ある婦人が近づいて、自己紹介をした。私は彼女の名前をうかがって感動した、ワーデン・ロウズの奥さんだった。私は「リーダーズ・ダイジェスト」誌上に掲載されたロウズ氏の記事をいくつかあげ、囚人たちに対する彼の人間愛を深く敬愛していると告げた。シン・シン刑務所[*36]には盲人が二人いると彼女はいった。「それこそ本当の暗闇ではありませんか」と叫んだとき、彼女は私の手に優しく力をこめた。

〔2月20日〕

きょうはポリーの誕生日だ。でも私と一緒にお祝いする先生がここにおられないのはわびしい。喜ばしいこととすべきはずなのに、そうするのにとるべき手立てが思いつかない。ポリーと私双方が感じることができないとき、彼女の幸せを望むといったとき、二人の目には涙がわいた。でも、私がおめでとうを述べたとき、彼女が23年ものあいだ、先生と私に身を粉にしてつくしてくれたその優しさを言葉にこめた。

中国が共産主義者と和解した[*37]ことを読んだ。この和解が国を震撼させてきたいくつかの巨大な問題の解決に強固な共同戦線の結成を意味することを望みたい。

マドリードでは最悪の包囲が進んでいることに興奮した。このような兄弟同士の殺しあいは何よりも私を不愉快にする――アメリカの南北戦争では南部が修羅の巷と化したことを私の父[*38]が語るのを聞かされていたせいもある。

午後、二人の婦人が訪ねて来た――1人はクラーク聾学校の教師でもう1人は自国で聾唖者の教育に当たろうと勉強中の日本人学生である。彼女はなかなかチャーミングな英語を話し、私が日本に行ったとき訪ねてほしい場所を興味深く紹介してくれた。

私たちの旅行計画はまもなくできあがる。困難も予想されるが、それは興味深い仕事である。私は盲人たちと同じく聾唖者たちのためにも語ってほしいと望まれている。1度の旅行で二重の任務は果たせまいと最初は考えていた。私たちは訪問する個々の場所で、一般聴衆、子どもたちの集い、女性の集会、社会福祉事業家の集まり、教育の専門家たち、障害者のための学校と6回皆さんの前に出ることが予定されている。一日あたり1度か2度話すことになるかまだ確認してはいない。

アメリアがポリーと私を彼女のアパートで催すバースデイ・ディナーに招いた。そして私たちを元気づける心温かな世界を演出する腕前を見せた。そのあと私たちはノエル・カワード[*39]の三つの短編劇の上演を見に劇場へ行った。私が好きになった2編は『静かな暮らし』と『家族のアルバム』だったが、ところどころ眠りにとりつかれいやになってしまった。飽きてしまったのではなく、じゃまの入るのを予想して朝5時から仕事を始めていて、思った以上に疲れていたのだ。

〔2月21日〕

私は心の飢餓を感じて寂しくなった。スコットランドのオールド・マンスやセント・ブライド教会の美しい礼拝が恋しくなった。毎週ポリーと私は出席していた。やがて私はかなり以前日曜ごとに自分で小さな礼拝——聖書の1章、詩編の1篇、短い祈りなど——を行う習慣をつけていたことを思い出し心の平静をとりもどした。神に対する者は誰か——あらゆる寺院と教義の上にあるのは先生だろう？　私は宗派を超えた盲人のための月刊の宗教雑誌「ジョン・ミルトン・マガジン」の記事で、ニューヨークの三つのホテルが人びとが1人でお祈りや瞑想ができるチャペルを提供していることを思い出した。個人の福音と社会の福音とを平等に調和させる宗教だけが存続に耐え、教会を生気あるものにできる。

また雑誌には私を考えさせる別の記事があった。ある無神論者協会の提案で、600室あるホテルの客室備えつけのギディオン・バイブル[*40]が撤去された。ところが次の夜、撤去された聖書を求める要望が200もあったという。あらゆる反対の発言にもかかわらず、アメリカではどうも宗教的情操が静かに成長していることを示しているように思われる。

それほど以前のことではないが、ある男性が無神論について議論しようといい出した。まわりの人たちは誰一人関心を示さなかったが、私はかなりいら立ったことを覚えている。「神は暴君で、我々の慰めはまやかしだと仰らなくてもこの世界はうろたえています。不確実の大海原の信仰の島をあなたがただ嘲ることができるとしたら、あなたは残忍な方です」といってやりたい気持ちになっていた。

夕方、ラジオである人がお祈りを唱えていた。その言葉はまるで「マザー・グースの歌」のようにガラガラなっているとポリーが知らせた。彼女のお兄さんの誠実で注意深く唱えられた祈りの言葉とはまったくちがったものだ。アメリカの信者が詠唱や祈りのリズムや美しさに無感覚だとたびたび聞かされ残念に思うところだ。

〔2月22日〕

今朝、しまった場所をまちがえたある書類のつづりを探していると、サー・アーサー・ピアソン[*41]が27年前送ってくれた自らの浮き出しの肖像を見つけた。いつこれに触れたかは定かでないが、触れた瞬間、彼が私のかたわらにいるような思いがした。私の心は穏やかに彼の生きざまをふり返った——中年になって失明し、主な仕事を手放し、新聞や定期刊行物の出版を手がけたが、失明の残酷な側面を直視することを拒んだ。一つまた一つと事業に身を投じ、盲人のための国立盲院の活動を進め、世界大戦の初めはプリンス・オヴ・ウェールズ救済基金の募金活動を進め、失明傷痍軍人のためのセント・ダンスタンス・ホステル（養護施設）を設立した。彼が私に語ったところでは、病院を出た盲人たちが「小さな世界にやってきて、自分ができなくなったことは忘れて、自分ができることに関心を向ける」施設を造ったという。私が読みたいものは何でも無料で点訳してくれるという彼の申し出を思うと感動が湧いてくる。彼が私のために点訳してくれた本のなかにはツルゲーネフ[*42]の『春と水』『煙』、コンラッドの『青年』『闇の奥』『西欧の目の下』、スウィンバーンの『アタランタ』『日の出前の歌』がある。私が触れる肖像画の親切な顔は数々の幸福な思い出を呼びだしてくれる宝庫である。

〔2月23日〕

きょうはいつも私たちを待っている大きな手紙の束を長い時間わずらわされずに読んでもらうめったにない一日となった。さらに返事を書いたり本や写真に署名するのに長々座りこみ、ポリーが包んだり宛名書きをした。17時間ののち、私たちの緊張がゆるみはじめた。

ちょうど今いら立ちの突風が私の身内を吹き通っている——ある人たちが私の生活の面倒をみてやろうという動きが起きている。まったく意外な話で、17歳以来、私は自分の生活は自分で整えてきた。22歳以後34年間私は金銭収入を得るため、懸命に働きつづけてきた。私はアメリカや他の諸国で果たすべき公の責任を果たしてきた。先生の健康状態が悪化してからはポリーの手が情報を伝えてくれ、彼女の声に私のどもりがちな言葉を補強してもらいながらほぼ独力で真剣に働いてきた。しかもなお彼ら自身の考えに従って、私の人生行路を変えることが自分たちの義務だと考えている！　私が若く、何か価値のあることを求めていたときにはそうされる口実はあった。しかし母と先生は誰よりも私をよく知っており、私の行動すべき道を指し示すようなことはなかった。盲人のための事業を進める力のある友人たちがいつも存在して、人間として自由でありたい私の希望を尊重してくれた。彼らの協力がどんなにか私の幸福を強め、私が成しとげようとしたものを可能にしてくれたか思いめぐらすことは本当に麗しい。しかしながら、たとえ善意から出た干渉でも、私自身求めないものに対しては自分の守りを維持しないならば、他人の意図に弱々しく意思を曲げるような人以上に私を援助することはできない。

〔2月24日〕

今朝、ポリーと私にはそれぞれ早い時間の予約があった――彼女は8時半から耳の治療をヒンズデール先生のところで、私のほうは婦人服店に9時半。私は1時間半待つことになった。日本への旅行では洋服がたくさん必要なのは分かるし、女としてきれいな服装が好きだとしても、差し迫った仕事のさなかでも衣装のそろえが問題である。

初めて文芸エージェントのキャロル・ヒル夫人を訪ねる。著述家としての私の新たな仕事では彼女の助言が非常な助けになるからである。

ランチに帰宅。バーニー（バーニーはヘレン・ケラーの家庭医ウィリアム・F・セイボルトの夫人）が3時のお茶にやってきて長々と雑談――私たちのスコットランドやパリへの訪問のことを彼女に話す機会がなかった。ネラ・ブラディー（ネラ・ブラディー。キース・ヘニー女史はネラ・ブラディーと呼ばれ、『アン・サリヴァン・メーシー――ヘレン・ケラー背後の物語』の著者[*43]）が夕食にやってくる。彼女は近況を知らせてくれ、私たちの話を聞いてくれた。（この冬彼女へはたった一度手紙をあげただけだった）。私たちは先生のことを、まるできのうまでここにおられたかのように、私は心のなかで先生と一緒にすべての計画を立て、朝夕先生の姿を見ているかを語りあった。ネラは私が『流れの半ばに』のレーニンにかんする言及の削除を拒んだことに対してシュラム氏がダブルデイ・ドーラン社宛の手紙を見せた。シュラム氏はダブルデイ社が私に対する権威の存在を試し、ドイツの出版社に対する私の義務の履行を取り計らうようほのめかしていた。ネラによると、ダブルデイ社はそろって私の表現の自由の権利行使を認め、その趣旨にそってシュラム氏に書き送ることになるという。

きょうは1行も書かなかった。机に向かって仕事に精を出したいと切実に望んでいるときに様々な事情がそれを妨げるのはまったくもって笑いたくもあるし当惑するばかりである。

〔2月25日〕

軍備にかんするきょうのニュースは頼もしいものではなかった。米・英両国では昨年数百万の人びとが失業手当の支給を受け、多くの国々が深刻な労働者の住宅不足に直面していた。それにもかかわらず、各国は合わせて110億ドルを気ちがいじみた戦争準備に使い続けている。目下、英国政府は「名前は明かさぬものの、潜在する敵国に対処すべく」、陸・海・空軍強化のために75億ドルを支出する計画を進めつつある。

二人または3人が主の名のもとに力を合わせると、主の力が彼らに乗り移るというイエスの言葉が確証されるような記事――ナチス政権が教会をコントロールして、大学と同じように、政府の宣伝工作の手段に利用されるのを防ごうとミュンヘンのミカエル・カーディナル・フェルハーベル大司教とドイツ福音派教会の国会会議の牧師が敬虔な信奉者たちを率いて大胆な運動に乗り出した。ヒットラーが自由教会国民投票や完全な民族自決の布告へ進むかどうかが見られるところに留まっている。

サツマイモが食料としてと同じように多くの産業でデンプンとして利用できると知りスリルを感じた。ジョージ・ワシントン・カーヴァー博士[*44]の天才によってまたもや成しとげられた科学上の奇跡である。私は博士を優れた科学者として、また1人の聖者として尊敬し、博士にお会いできればうれしい経験になると思う。愛と教育とが与えうる利益のすべてを享受した私は身を低くして、博士の人となりを考えてみる――誕生の記録もなく、両親の消息も分からず、子ども時代を奴隷の生活で過ごし、止まることのない単調な労役によって教育を受け、ブッカー・T・ワシントン[*45]の招きでタスキーギーで教えるようになり、同じ境遇の人びとに奉仕したい願望が達せられた。実験の成果を人類の利益のために提供し、10万ドルの給与を断ったキリストのように世俗を離れた姿勢に誰が非情になれるだろうか? ピーナッツから300種、サツマイモから100種抽出した産物は数えきれないほどの富ではないか! 彼が求めるのは南部全体の白人と黒人の福利のためにその成果を同じように捧げることだ。我々の時代の歴史的な発言で、後世の人びとが必ず最も頻繁に口にするのはカーヴァー博士が学生に向かっていった言葉だ――「人生でありふれたことがらを風変わりなやり方で行うとき、君たちは世界の注目を勝ち得るだろう」。

旧知の友アレクサンダー・ウルコットがポリーと私を彼のアパートへ招いており、きょうの午後うかがった。静かだが楽しい訪問だった。先生のことや先生が逝かれてから私たちの家で起こった変化について語ると彼は心優しく分かってくださった。彼は3月2日の夕刻、先生への賛辞[*46]を放送することになっていて、先生が初めて私のところへこられた日のことでどんな記憶があるか尋ねられた。玄関の扉のところに立っていると母が駅から戻ってきた足音を感じ、続いてそれが誰か分からなかったが、優しい腕が私を抱きしめた。必死で逃れようと試みた、最悪の獄吏――孤独と怒り――から私を解き放つ鍵をもったお方であると知らずに！　叫び声を上げる私を先生がお勉強で2階へ連れて行ったときと私が求めていたものは何でも手に入れる手段としての言葉を発見し、「知ること」の喜びが私の暗闇を照らしたときのことを思い出し、そのコントラストに驚いた。次の話題は日本への旅行だった。ウルコット氏は日本を旅行したときのことから、出発前に床に座る練習をするといいと笑いを交えて教えてくれた。私たちは日本の礼儀作法について論じあい、違反をたくさん犯すのではないかとちょっと震えあがった。彼は日本の晩餐会に招かれたときのようすを語って、かわいい芸者さんがお酒をついでまわった。彼女が彼のところへまわってくるときにはウルコット氏は盃についでもらおうとうなずき微笑んだ。ところが驚いたことに盃はいつも空のままだった。あとになって分かったことだが、その芸者さんは彼がお酒を断っていると思ったらしく、ついでもらうなら盃を前に差し出すべきだった。

話をしているあいだに、柔らかい綿毛のようなかわいい黒猫が膝へ上がってきた。またこれもまっ黒のウルコット氏のきれいなアルサティアンのダックスが膝へ頭をもたげたままだった。まるでこの雌犬は「シーイング・アイ」（盲導犬）のように、早いとこ私と仲間になることを心得ていた。そこで私はその場でウルコット氏に、尾っぽの先が白くてあとはまっ黒なシェトランドの子犬を贈ろうと決心した――色どりという点から彼らはちょうどうまくいくと考えた。それに、ウルコット氏は本当の動物好きで、先生も自分につくしてくれた心からの親切に報いるのにふさわしいペットを差し上げたいと思うにちがいない。

〔2月26日〕

今朝も早い時間からドレス・メーカーの店に長い時間居つづける。ポリーと私はさらにドレスの生地を買いに出かける。アンドレアが一緒だった。彼女と一緒に買い物をするのはほんとに喜ばしく、完璧な趣味のもち主で、何か困ったことがあると快く助けてくれるよき妖精だ。

３人そろって、アンドレアがよく知っている68番街の静かで魅力的なフレンチ・レストラン「マスコット」で昼食。特に私好みのマッシュルーム・ソースのかかった魚とドゥボネットのグラスをとった。ポリーと私はパリでの冒険を語り、アンドレアは「ヒンデンブルグ」号飛行船[*47]の第２回目の飛行に乗ったことを語った。私たちは最初の大西洋横断旅客機で大西洋を渡る話を語りあった。アンドレアは優しくてまるでハートのクイーンのように活気にあふれ、グレースの３女神の特徴を一つ身に備えていた。アンドレアの美しさと生き生きした目ざとさはどこでも男性が惹きつけられるにちがいない。

しばらくは大気が雪にあふれていた。家へ戻ると、軽くて柔らかい新雪にニューイングランドに住む喜びを味わった――イボタノキの垣根の上の雪の山や戸口のブドウのつるの上の白い花綱など。雪ひらは大きく、あしたか日曜までには解けてしまうが、特に冬の大都市の固い道路やレンガ造りの建物にうんざりしているものにはこのように麗しい雪嵐は忘れがたいものがある。

〔2月27日〕

終日仕事。でも、仕事を軽くしてくれるうれしい思いがいくつかあった。オレゴン州では長年の努力の末、盲人委員会が発足し、この春にはもう一つワシントン州でもできるといういい知らせを受けとった。1906年、マサチューセッツ州で私も務めた米国初の盲人委員会以来30州に設立されてきたし、一般市民の障害者への関心を高めようとほとんど生涯をかけて闘ってきたことにこの知らせはまさにうれしい報いと感じる。1926年、ワシントンD・Cで、アメリカ盲人援護協会についての私の話を聞いてくださったらしいダフ夫人が10万ドルを寄付してくださったことを知り、素晴らしい驚きを味わった！　私は盲人のための事業へのこのような高額の寄付は過去のものになったと考えていた。経済恐慌[*48]が始まって以来、アメリカの博愛事業の多くはまひするか止めの一撃を受けるかのどちらかであった。私は援護協会がこの国のすべての地域の視覚を失った人びとに対する効果的なサービスを提供する全国的な機関として、よって立つ足をたしかなものにするために、2つ目の100万ドル[*49]を拠金することを望んでいる。ミゲル氏は来る10月から必ずや成功まちがいない拠金運動を計画しつつある。これまで行ってきた会合を開かず、影響力のあるさまざまな寄付者のグループに電話をかけ、寄付をお願いしようというのである。援護協会は今や最も気まぐれな寄付金の提供者でさえ好意的に見てくれるようになったほど社会でその位置を確立したと思われる。

この期待にあふれた前途が私に微笑みかける一方、最初の100万ドルには本当にありがたい気持ちでいっぱいである。これはこの2年のあいだに143の都市における一般市民の集まりで1ドルまた1ドルと寄せられたものだ。

〔2月28日、北フィラデルフィア近くのアーティスで〕

ポリーと私が午後2時、フィラデルフィアに向けて出発したときは曇りだったが、いつもアーティスで幸せを味わったワルツ夫人のことを思うとそれは私たちには日差しであった。南へ向かう列車のなかでポリーは「ニューヨーク・タイムズ」紙から、最高裁判所の人事刷新を求める大統領の計画を支持するラ・フォレット知事の政治家らしいスピーチを読んでくれる。1億3000万の国民に恩恵をもたらす立法をじゃまする数名の判事の存在は誠に嘆かわしいとこれまで以上に痛感した。もしアメリカの民主主義が進歩的な性格を維持しようとするならば、既得の権利や偏見を擁護せねばならないと主張することはアメリカ憲法を歪曲し、その意味をとりちがえる危険を犯すことだ。

大阪の勇敢な芸者たちに称賛を感じて私の心は躍りあがった。給与だけでなく、教育、健康な生活、個人的な自由など人権の確立を求めてストライキに立ちあがった。このような女性たちは日本人の心の最も高潔なものを語っている。

私は英国が戦いを望まないことを知っている。この国の帝国への野望はこれまでに満たされてきたし、英国の恐るべき軍備計画が、何か神秘的な方法で、帝国主義的な諸国の野望を食い止めることを望みたい。しかし、こうした事態に立ち至ったとしても、諸帝国の歴史においても英国は例外だったことを示すだろう。勝利は「力」のそれではなく、「精神」の勝利であろう。

私を奮い立たせる先生の呼び声のような人を奮い立たせる詩があった――

急な山へ向かう強靭な心よ！
大地は君の後ろで溶ける。
強固な信念の頑丈な意志よ！
君を盲目にする霧はあるはずがない。

奮い立て岩壁、勇敢な努力、
急な山に立ち向かう強固な魂よ、
永遠に星空へ向かって！

ワルツ夫人が法外な喜びようで私たちを駅で出迎え、車で「アーティス」館のある郊外へ向かった——そこには陽気な明るさが彼女の大きな愛にあふれる。数分後、私たち3人はサン・パーラーに腰をおろし、お茶をいただきながら雑談に興じていた。偶然にもワルツ夫人は、エドワード・ボック夫人が今日の午後、すぐ近くの「市民クラブ」でお話をすることになっていると語った。私はぜひそこへ行きたいと望んだ。ボック夫人に会って以来数年が経つが、彼女の友情は私の物語の織物の縦糸・横糸として織りこまれている。彼女の夫が「レディーズ・ホーム・ジャーナル」誌[*50]に私の伝記を書くように薦めてくれたその寛大な情熱を私は決して忘れることはない。当時、ほかの編集者たちがこの話題をタブーとしていた事情を顧みずに、失明の原因とその防止にかんする私の原稿に雑誌の紙面を解放してくれた彼の洞察力に感謝する。1924年11月、アメリカの盲人のために華々しくスタートした運動への雄弁と5000ドルの支援がどれほど私を助けたか思い出すだけで武者震いを感じる。彼が先生を偉大な女性と讃えたその温かさもう一つの消しがたい思い出だ。彼が世を去ってからも、ボック夫人が私への関心をもちつづけ、さまざまな障害が克服しがたくみえたときも、彼女の共感が私の勇気を甦らせてくれた。

私たちは市民クラブへ出かけた。ボック夫人は話を始めるところで、じゃまをしたくなかったが、私の名を聞くと温かな挨拶で私を迎えた。ステージへ上がる途中彼女は私の頬に軽く触れて――「私の言葉に翼を与えて――お話に生気がないとあなたが思うのが気がかりです」という。絶対そんなことはない！「生活共同体」――それは特に私に訴える話題だ。

ボック夫人は彼女の夫が創設した共同体協会の会長で、協会の仕事を知らない若者たちに説明する――多くの建設的な活動が実施される――協会が必要な学校、運動場、商店を設置する、市民の健康を擁護する、可能な場所へ樹木や草花を植える、隣人愛を育てる――そこに真の文明が宿る。もし同じような協会が至るところに組織されれば、アメリカには用心深くて健康な男女の秩序ある町や絵のような農民の生活という富が生まれることになる。

訳注

＊1　フランスの盲人福祉の活動家。第1次世界大戦に従軍したのち、パリで活動を始めたクロムウェルの事業に参加。1931年ニューヨークで開かれた第1回世界盲人会議でヘレン・ケラーに会った。第

2次世界大戦後設立されたアメリカ海外盲人援護協会のヨーロッパ本部長となり、戦後ヨーロッパの盲人の生活再建に活躍。1969年81歳で死去。

＊2 マダム・キュリー（1867～1934）ポーランドからパリへ出て、ピエール・キュリーと結婚。フランスの物理学者・科学者。エレーヌ・キュリー（1897～1956）マダム・キュリーの長女。フランスの科学者。ある時期フランスの内閣にも参加した。

＊3 ジョン・ブラウンリー（1900～1969）オーストラリア出身の歌手。

＊4 ヒライア・ベロック（1870～1953）フランス生まれの英国の作家・詩人・エッセイスト。

＊5 レオナルド・ダ・ヴィンチ（1452～1519）イタリアの画家・建築家・科学者。

＊6 チェザレ・ボルジア（1475～1507）イタリアの貴族で政治家。時代を動かした政略家。

＊7 イマヌエル・カント（1724～1804）ドイツの哲学者。チャールス・ダーウィン（1809～82）英国の博物学者で進化論の創唱者。

＊8 ロード・ウィリアム・ラム・メルボーン（1779～1848）英国の政治家。

＊9 いずれもギリシア神話の女神で、ミューズは詩・音楽その他の学芸を司る9神。グレースは美と喜びと優雅を表す3姉妹の神。

＊10 ローマ神話で海神を表す。ギリシア神話ではポセイドン。

＊11 サー・ジョン・コリングス・スクァイア（1884～1958）英国の詩人・ジャーナリスト・批評家。

＊12 サミュエル・ジョンソン（1709～84）英国の文学者・辞書編纂者。チャールズ・ラム（1775～1834）英国の随筆家・批評家。

＊13　リキュールの入った熱いオレンジ・バター・ソースをかけた四つ折りのロール状のクレープ（薄い菓子パン）。九柱戯は9本の木柱を立て、球を投げて倒す古くから行われていたボーリング。

＊14　アイルランド語で「我らと我ら自身」の意。「シン・フェイン運動」、「シン・フェイン党」はアイルランドの独立を目指し、アイルランド文芸復興を唱えた。

＊15　フランスの小説家デュマ・フィスの小説の映画化。主人公はパリで華やかに暮らす高級娼婦のマルグリット・ゴーチェ。病に侵されながら若い人生最後の純愛に倒れる。グレタ・ガルボ（1905～90）スウェーデン生まれの米国の映画女優。

＊16　ニューヨーク州南東部の島で、ニューヨーク市のベッドタウン、野菜供給地、保養地。

＊17　ウィリアム・ワーズワース（1770～1850）英国の詩人。

＊18　カナダ東海岸にある島。近海には難所が多く、霧の発生も多い。

＊19　エンリコ・カルーソー（1873～1921）イタリアのテノール歌手。闘技士サムソンは大力無双のヘブライの闘技士。

＊20　ヒョードル・イヴァノヴィチ・シャリアピン（1873～1934）ロシアのバス歌手。

＊21　フランス南東部の地方で古代の州。中世時代の吟遊詩人の一派トロバドゥールと騎士道で有名。

＊22　11～13世紀に南フランスや北イタリアなどに住んでいた一派の叙情詩人。恋愛と騎士道をうたった。

＊23　ニューヨーク市近郊のロングアイランドの住宅地。ヘレンらがレンサムの家を売り、ここに移ったのは1917年10月で、ドイツ人移民が建てたレンガ造りの家を買い、改装して住むようになった。1930年代に入るとアン・サリヴァンの病が年を追って悪化し、この家で息を引きとった。ヘレン

とポリーは深い悲しみの記憶に耐えかね、その上周囲の都市化が進み、閑静な生活を好むヘレンが強く転居を望んだことから、周囲の人たちの尽力で１９３８年10月、コネティカット州ウエスト・ポートに転居する。この家は「アーカン・リッジ」荘と名づけられ、ポリーとヘレンの人生の最後の住まいとなった。

＊24 マルヴィナ・ホフマン（１８８７〜１９６６）ドイツからアメリカへ亡命した彫刻家。

＊25 フローレンス・セイビン（１８７１〜１９５３）米国の解剖学者。

＊26 アッパー・ニューヨーク湾の小島、もと移民の入国管理施設があった（１８９２〜１９５４）。

＊27 ドイツ系のアメリカ人で、ヘレン・ケラーのフォレスト・ヒルズの住まいの近所に住んでいた。１９３０年代半ば頃からヘレンら女性３人の世帯に接近するようになり、車の運転や物品の運搬や修理に手を貸し、アン・サリヴァンの病が悪化するにつれて、３人への接近が深まった。温和で親切なところから、彼の素性について深く尋ねることはなく、やがてはヘレンやポリーと同居するようになった。点字や指話も覚えて、ヘレンと直接の会話も可能だった。アン・サリヴァンは自分の亡きあとも二人の世話を頼んでいた。今回の旅行の最中、彼は留守宅の管理や犬の世話も引き受け、家の内外の整理も行っていた。

＊28 米国のポケットサイズの月刊誌。ほかの出版物に載った記事を簡潔に書き直して編集（１９２２年創刊）。世界十数か国語で発行。

＊29 2月12日は「リンカーン誕生日」として米国の法定休日で、多くの州はこの日を規定し、他の州は2月の第1月曜日を規定している。

＊30 トーマス・ボンド夫人（アメリア）、アメリカ盲人援護協会のミゲル氏の秘書で、ヘレン・ケラーとの連絡も担当。

＊31 シェークスピアの戯曲『テンペスト（嵐）』の主人公。弟の策略で追放され、無人島に漂着し、魔法を体得したミラノの公爵。のち、孤島の近くで難破した弟たちを救助し、両者は和解し、プロスペローは地位を回復する。

＊32 米国の各州の州議会の決議によって設置された委員会で、盲人の教育や福祉にかんする事項を協議し、州議会に提案し、予算化を促し、州民への施策の周知をはかる。ヘレン・ケラーも委員に選ばれたが、委員間の意思疎通に困難があり、短期間で退いた。

＊33 父はサー・ジョン・ウイリアム・ルボック（1834〜1913）英国の銀行家・政治家・自然史研究家。

＊34 塙保己一（1746〜1821）江戸時代の盲哲学者。

＊35 石本男爵夫人、加藤シヅエ（1897〜2001）。広田静枝は17歳で石本男爵家へ嫁ぎ、三池炭鉱の鉱夫たちの貧困と子だくさんの実情を知り、産児制限運動を始め、医師の協力を得て、相談事業を展開する。1944年石本と離婚。のち、加藤勘十と再婚し、戦後国会議員として家族制度の改革や女性の人権擁護で活躍。マーガレット・サンガー（1883〜1966）米国の産児制限運動の指導者。サンガー女史は石本静枝と親交があり、彼女の招きで来日した。

＊36 米国ニューヨーク州南東部ハドソン河畔の町オシニングにある州立刑務所。シンシンはオシニングの旧称。

＊37 中華民国（蒋介石）と中国共産党（毛沢東）が国難に対処するために対立から提携へ向かった。

1937年8月には抗日民族統一戦線が結成される。

*38 ヘレンの父アーサー・ケラーは南北戦争では南軍の指揮官として従軍した。

*39 ノエル・カワード（1899〜1973）英国の劇作家。

*40 国際ギディオン協会寄贈の聖書。1899年米国の大法院がホテルの客が読む聖書を寄贈する協会を設立。ギディオンはイスラエル民族を隷属と偶像崇拝から救ったイスラエルの英雄。

*41 サー・アーサー・ピアソン（1866〜1921）セント・ダンスタンス・ホステルの創立者（1914年創立）。

*42 イヴァン・セルゲヴィッチ・ツルゲーネフ（1818〜83）ロシアの小説家。アルジャノン・チャールス・スウィンバーン（1837〜1909）英国の詩人・評論家。

*43 ネラ・ブラディー・ヘニー、ヘレン・ケラーの著作の出版を続けるためダブルデイ社の編集スタッフとして1924年ヘレンと接触。27年にはヘレンとアンの正式な文書担当者となった。29年ヘレンの『流れの半ばに』の編集や33年の『アン・サリヴァン伝』の執筆やこの『日記』の監修にもあたった。ヘレン・ケラーの伝記の執筆に意欲を燃やしたが果たせなかった。ヘレン・ケラー名文集『開かれた扉』をまとめた。1973年死去。

*44 ジョージ・ワシントン・カーヴァー（1864?〜1941）米国の植物学者。

*45 ブッカー・T・ワシントン（1856〜1915）奴隷から身を起こした米国の黒人の職業教育の先駆者。アラバマ州東部、モンゴメリー近くの町タスキーギーに1881年にタスキーギー実業師範学校を創立し、黒人・白人の共学を勧めた。のち大学となった。

＊46　アン・サリヴァンが家庭教師としてアラバマ州タスカンビアのヘレン・ケラーのもとへやってきた1887年3月3日を記念する放送。なお1938年にはルーズヴェルト大統領は毎年3月3日を「ヘレン・ケラー・デイ」とすることを制定する。

＊47　第1次世界大戦後、ドイツの軍人ツエッペリン（1838～1917）が開発した飛行船の建造が盛んとなった。「ヒンデンブルグ」号はドイツの軍人・政治家で第1次世界大戦後ドイツの大統領となったヒンデンブルグ（1847～1934）にちなむ最も豪華な飛行船で大西洋横断航路に就航したが、1937年炎上し、その後まもなく飛行船ブームは終わりとなった。

＊48　1929年10月24日、ニューヨークでの株式大暴落で始まった大恐慌は、経済不況から大失業、社会不安に陥った。世界に広がった大不況の中、ルーズヴェルト大統領によるニューディール政策を中心に経済や市民生活の再生をはかっており、1937年もまだ苦境の最中にあった。

＊49　1924年11月、設立間もないアメリカ盲人援護協会の求めに応じて、協会のスタッフとなったヘレン・ケラー、アン・サリヴァン、ポリー・トムソンは国内各地で集会を開き、協会の基本金への募金を呼びかけた。拠金目標200万ドルのうち、最初の100万ドルは1934年に達成され、二つ目の100万ドルは1948年に達成された。

＊50　1882年創刊。米国における中産階級の成長と家庭生活の近代化、女性の社会的地位の向上と意識改革に伴って米国の代表的な婦人雑誌に成長。ヘレン・ケラーも「私の生活の物語」はじめ何度かこの雑誌に寄稿している。エドワード・ボック（1863～1930）オランダ出身の米国のジャーナリスト。長年「レディーズ・ホーム・ジャーナル」の編集長を務めた。

第5章 1937年3月

〔3月1日〕

朝食後私たちはワルツ夫人や彼女の息子のエドワードとサン・パーラーで暖かな春の日差しを浴びた。私たちはエドワードが航空について深い興味を抱いているところから空の旅について語りあった。彼によると、統計からみて、自動車事故が多く、空の交通より危険だという。それは私も気づいており、誰かが我が家から車で出かけるときはいつも気を病むのである。厳しい注意にもかかわらず、衝突事故で多くの友人たちが重い障害を負っている。私は個人的には地下鉄や高架鉄道が好きだ。「でも、どれくらいの人が飛行機酔いに耐えられるかしら」と、エドワードにいうと、1万フィートの高さの空中は静かで、その高さでは、飛行機酔いにかかるものはいるとしてもわずかだと聞いてうれしくなった。近いうちにもっと高い空をもっと速く飛行する飛行船が建造されるとエドワードは予測した。朝ニューヨークを発ち夕食時にロンドンに到着する――まったくわくわくさせる構想ではある！

絵画や花や若者たちを愛し、単純なものに美を見出し、行く先々で他人にも、自らのためにも、喜びを創造するワルツ夫人のような友だちと語りあうのは誠に気もちが清々する。

午後4時半にワシントンに着く。レノアとフィル（フィリップ・スミス夫妻はヘレン・ケラーのカレッジ時代以来の友人。スミス博士は合衆国地質調査局のアラスカ担当の主任地質学者である）[*1]のところで一晩過ごすことになる。お二人の美しい娘のコンスタンスがプラットホームで出迎えてくれ本当にうれしかった。彼女がこの12月に小児麻痺にかかったとの知らせを聞いて心が痛んでいたのだった——私が知っている少女では最も聡明で活発な17歳のコンスタンス——松葉杖なしで歩けるようになるとは予想もしていなかった——痛めつけられたところはまったくないかのように彼女は近寄って来た！　恐るべき病の最初の兆候が現れたとき、即座の治療でどんな成果が上げられるか、彼女の例が明らかにしている。

レノアは足首のけがで3週間も寝床に就いたままなのが分かった。彼女は11月2日私たちに会って以後の話を熱心に聞きたがった。情けない話だが、最も親しい親戚や友人とすっかりご無沙汰してしまっていることを知らされる羽目になってしまった。彼女のかたわらに腰を下ろすと、さまざまな情景が心に浮かびあがってきた——先生危篤の知らせに彼女はすぐさま我が家へ駆けつけてくれた、苦悶の渦中にあるポリーと私への優しい助力、変わることなくつづいた手助け——電話の応対、来客の接待、葬儀準備にかんする助言など。ワシントンの国立大聖堂のアリマテアのセント・ジョセフ礼拝所に先生の遺骨が納められた午後に行われた心に沁みる礼拝式を聞きながら座っているとき、力強く握りしめてくれたレノアとフィルの心を癒す握手を私はまたも記憶のなかで味わった。こうして先生の死がお二人と私たちがカレッジ時代に結ばれた友情をさらに親密なものにしたのだ。

レノアの愉快なお話が私を現在へ連れもどし、やがて日本への旅行に話が深まっていった。私たちは高名な眼科医デーヴィス博士のことを思い出した――以前こちらへうかがったとき、博士は中国へ行って、東洋での恐ろしい眼病の流行を抑えるよう訴えてほしいと熱心に仰っておられた。私は上海の盲学校長フライアー氏[*2]から、中国へ来訪して、多数の盲人たちの失明の原因について訴えるよう電報を受けとっていた。デーヴィス博士へ電話が通じ、夕刻訪ねて来られた。博士は今も私の中国行きについて熱心で、さらにおうかがいすることで今後の私の足どりを示してくれると思われる。

コンスタンスと妹のキャザリンが私を再び若返った気持ちにする。フィルも加わって、ケンブリッジやレンサムで、先生と私が彼やレノアやジョンと過ごした楽しかった日々を語りあって楽しむ。

〔3月2日〕

今朝、私たちはフィルとレノアに別れを告げ、午後1時離陸の飛行機にまにあうよう出発した。3時半に我が家へ訪ねてくる日本の記者に会うにはこれしか方法がなかった。地上では風が強かったが、上昇するにつれて穏やかになった。私たちは何度かパイロットに会ったが、彼の話では、私たちが前回ワシントンから飛んだときよりももっと速く飛んでいると聞かされ驚いてしまった。到着までたった1時間20分かかっただけだった！　日は美しく、飛行はパーフェクトだった。風のなかを機体は上昇し、日差しや雲をぬって突進するのを気楽に感じた。機が目的地に着くと寂しくなった――家や路上で私をとりかこむ身体的な束縛からの微妙な解放感を楽しんでいたのだった。

機内に腰を下ろして、私はさまざまな感覚を認識した。オーケストラの連続するドラムのようなエンジンの振動をとらえる。生きているもののような機体の震えを感じる。上昇では強風が立木を引きあげるような緊張して引っ張り上げられる動きを感じ、着陸では下方へ滑り下るのを知ることができる。

ハーバートが空港まで出迎えてくれたが、非常に具合がよくないとポリーはいう。苦痛がひどいらしく、私たちを家まで連れてくるのがやっとであった。セイボルト先生がすぐ呼ばれた――ハーバートの胆嚢がひどく傷んでおり、明日の入院が命じられた。ポリーと私はさまざまなじゃまをぬって記者にできる限り語ってやった。記者は日本の女性に宛てたメッセージを求めたので、タイプで書いて渡した。

午後7時30分、アレクサンダー・ウルコットは先生に向けた感動的な賛辞を放送した――「我々の時代、いやあらゆる時代において、記憶に値する偉大な女性」――優しさにあふれる彼の言葉はポリーがつづってくれるにつれて私の指を愛撫した。感情のうずきに満ちた声で彼は麗しく語っているとポリーはいった。語りつぐ言葉につれて私の目に涙がわき上がった――50年前のあした、アン・サリヴァンは「人間の精神を励ましてやまない勝利だと世界が認める仕事を開始したのです」――「新たな創造物としてヘレンは生み出されたのです」と語ったときほど誇りを感じたことはかつてない。「ハウ博士からローラ・ブリッジマンへ、ローラからアン・サリヴァンへ、アンからヘレン・ケラーへ、ヘレンから……と灯は受け渡される」と語る彼の言葉につれて責任感が私の五体をゆさぶった。

「さて、まもなく極東へ旅発つヘレン・ケラーとポリー・トムソンに私たちの――そしてアン・サリヴァンの――祈りとして、あなた方が日本に行かれて、無事帰国されることを今もそしてこの先も祈っています」と語ったとき、私たちはしっかり手を握りあった。

放送が終わって、暖炉のかたわらで犬たちに囲まれて、私の側に先生がおられた数々の幸せだった3月3日に思いを留めて静かに座っていた。これから私が生きてゆく3月3日には、日差しのなかでは幸せに、陰りのなかではたくましく生きる私の意思に対する先生の信頼を証明することを決意した。

〔3月3日〕

ハーバートはまだひどく苦しんでいる。この忙しい最中私たちを置いて行くのを彼は望まなかったが、行かなければならないし、ポリーが病院へつきそって行った。

胸を痛め、気落ちして、階下へ降り、ウェンディーと可愛い子犬たちを見に行った。可愛らしい体をなでたり、育ち具合を見るのは本当に気持ちがいい。落ち着かない動きから子犬たちの目がまだ明いていないのが分かった。

ポリーが戻るのを待ちかねて、彼女の帰化申請の書類を受けとりに急いで出かけた。手続きを早めるようにリチャーズ判事が前もってできることはすべてやってくれてはいたが、1時間半も待たされた。ポリーは数知れない質問を受けた。つづいて私が証人として呼ばれた。一緒に来てくれたバーニーが私をデスクへ連れていった。手を挙げて、合衆国政府を支持する市民であると宣誓することが求められた。つづいて判事は私の指を彼の口元にもっていき、私の名前と住所を尋ねた。答えた後、判事はバーニーに自分の質問をくり返し私に触れさせるように命じた——「あなたはトムソン女史を合衆国の市民として認めますか？」セイボルト先生も証人を務めてくださった。

結局、ポリーは許可証を受けとれなかった。移住管理局が満足しがたい細かい部分があって、秋に再度出頭せねばならないことになった。[*3] 在留外国人にかかわる法律はまったく腹立たしくなるほどややっこしいものだ。

私たち5人がポモノック・カントリー・クラブで昼食をとったのは3時近くだった。今日はリチャーズ判事の誕生日で、ポリーと私はそれをお祝いして昼食会を開いた。彼は本当に寛大で温かい心のもち主で、心をこめてお祝いしたかった。彼は私たちに親切にしてくれる機会を見逃すことは決してなかった。

短時間ハーバートを見舞いに病院に立ち寄る。夕食まで、そして夕食後も書き物をする。きょうはこれまでに過ごした3月3日のうちで最も奇妙でわびしい3月3日で、先生は今夜はそんなに遠くにはおられないような気もちがした。

〔3月4日〕

夜中に寒気が強まった、暖炉の火も消えてしまった。ポリーは今朝子犬の1匹の具合が悪いのを見つけた。ウイスキーを少しやり、別の部屋へ連れていった。ウェンディーと他の子犬たちを暖かい私の書斎へ入れた。

ドレス・メーカーで仮合わせ。家からの電話が子犬が危篤だと知らせてくる。ともかく助けられるか急いで帰宅。空しいかな。小さくて可愛い生き物が明るい光のなかで生きる喜びを知らずに亡くなることほど哀れなことは他にはない。

ウルコット氏に完璧な賛辞に感謝し、その写しをお願いする手紙を書く。ポリーに点訳してもらって、アメリカ盲人援護協会のヘレン・ケラー・メモリアル・ルームの所蔵品に加えたい。

ハーバートの容体はよくない。明日X線撮影を受けるという。ポリーは夜明けから仕事にかかる――犬たちを連れだし、朝食を整える。少女のレナが屋内の掃除を手伝うが、まだ若くてハーバートがやれたほど調理やそのほかさまざまなことは上手くできそうにない。私たちは家事の取り組みでは多くのハードルを飛び越えてきたが、これほどのことはなかった！　でも私は書き物に加えて他の仕事にも使える両の手をもっていることに感謝する。

〔3月5日〕

書き物を継続。このひと月積もった仕事の山に追いついて「目下自分が位置するところ」を十分に知ることができるまで一日か二日誰にも会わないつもりだ。

ウェンディーはミルク熱で具合が悪い。ポリーは「獣医さん」へ連れていったが、戻ってきて、数時間おきにミルクをやっている。

〔3月6日〕

なおも厳しい寒さ。ポリーは夜中や朝6時に起きてウェンディーの世話。ポリーに向かって、たった一人で、友だち、秘書、主婦、国際的な労働者、看護師をやろうとして命を縮めるのではといってやる。やっと彼女はウェンディーや子犬たちをきれいにして暖かくして「獣医さん」へお世話になりに連れていった。

岩橋氏から私たちの旅行日程やプログラムを知らせる長い手紙が届く。一つの都市で6回もスピーチをするように記されている。これはどうあっても肉体的に不可能なことだ。ミゲル氏と相談して、いい方途を見つけなければならない。こうしたきついスケジュールでは私たちは招待を受けるわけにいかないし、かの地を拝見したり、お客としておろそかにできない礼儀作法を知る妨げにもなる。岩橋氏の希望では、私たちが到着する前に届くように日本国民への挨拶を書くことになっている。

午後、ポリーと私はアメリアと一緒に『リチャード二世』[*4]を見に出かけた。私は少女時代以来この作品を読んでおらず、もう1度読み返していなかったことを残念に思った。リチャード二世に扮したモーリス・エヴァンスの悲劇的な迫力、特に王冠をあきらめる場面やボーリングブローク役のイーアン・キースの洗練された威厳や庭で泣く女王やジョン・オヴ・ガウントのスピーチに深く感動した。また私はオーガスティン・ダンカンと彼の奥さんで、ラドクリフ・カレッジではクラスメートで、それ以来知りあっていたマーゲリタ・サージェントに興味を抱いた。ジョン・オヴ・ガウントを演じたダンカン氏は彼自身も盲であることから特に訴えるところがあった。多くの人びとがニューヨークでは長年来最も素晴らしい上演だと認めるこの公演で自らも暗黒の道をたどるものがこの印象的な役柄を演じることに私は喜ばしい誇りでいっぱいになった。

私たちはレスリー（レスリー・ヒューレンワイダーはフェーマス・フィーチャーズ・シンジケートの指導者）、ジャン・ワシリュースキーと彼の奥さんをちょっと遅いディナーへお誘いした。テーブルではレナがお給仕を上手くやってくれ、一同幸福だった。大冒険——日本行き——は少なからず皆さんをエクサイトさせた。

さて、お客が帰ってしまうと、マイダが寝床へ来いとせがむ。立ちあがってスモークブルウの頭を私の膝に乗せ、前足を曲げ、体を下げて中国の偶像を思わせる仕草をする。レークランド・テリアが地面に穴を掘るときこんな仕草をするのではと思ったりする。

〔3月7日〕

午後、ミゲル夫妻とライト氏（ジョン・ライト氏はヘレン・ケラーが少女時代に学んだニューヨークのライト聾学校の創立者で校長であった）[*5]が来家。日本から来た計画を検討し、計画がきつ過ぎることにみんなの意見が一致した。ミゲル氏は訪問期間を延長するか、日程を半分に緩めるよう航空便でいってやるという。10月から再開される基本財産募金の完成を目指す運動に特に私がここにいてほしいのだ。

ライト氏に会うのはうれしかった。彼は私が14歳のとき以来、先生と私にかかわるいろいろなことに関心を示されるようになったもう一人の親愛なる友人である。私が盲人と同様聾者のためにも声を出すつもりだと聞いて喜ばれた。「日本の聾者たちは盲人たちよりも友人が必用なのです」と彼はいった。

夕方、ハーバートを見舞ったポリーによると、彼はいくらか明るくは見えたが、今週手術を受ける可能性もあるという。

〔3月8日〕

今朝の「ニューヨーク・タイムズ」紙によるとペンシルヴェニア盲人協会のピッツバーグ支部に所属する盲人労働者たちが彼らの「座りこみ」ストライキの2週目へ入ったという。当然のことだが、私は全面的に彼らの立場を支持する。

きょう、ネラは私たちが日本で行う講話に必要な素材について終日ポリーと私を手伝ってくれた。

昨夜、ハーバートはまたひどかった。X線写真はとりのぞかねばならない数個の胆石を示していいる。ここでのただ一つの慰めは地上でわきあがった雲が私たちの日々を暗く覆ってはいるが、天国にいます先生の至福に障ることがないことだ。私としては、とにかく働く、働くさらに働くことだ。厄介事は一向に私を見放さないが、世の多くの経験以上に重きをなすことはなく、私の生活では仕事が厄介事を正常な位置に置いてくれている。

〔3月9日〕

組織労働者の最も苦々しい敵対者だった鉄鋼産業の経営者たちが30年を経てようやくCIO（産業別労働組合会議）に譲歩することになった。合衆国の歴史に画期的な1章が書き加えられることになろう。

〔3月10日〕

朝9時にベレンス先生[*6]のところ。この数週間まぶたが腫れていて、その治療をお願いする。それからドレス・メーカーへ。シュラフツで急ぎのランチ。歯医者さんで1時間、午後の残りはベンデルのお店でショッピング。お店でレスリーに会い、一緒に夕食へ。彼の魅力的な南部流のやり方や愉快な話は目下私たちには本当に必要なものだ。ハーバートの大変な手術の知らせは私の心配を和らげてはくれない。

〔3月11日〕

朝、書き物をつづけていると、どうしたことかタイプのキーから指が滑って、うつ伏せになってしまった。鋭い寒気から突然6月のような日差しに変わったせいか眠りこんでしまった。飛びあがって、眠気を払いおとすために西洋だんすを整理して、さっぱりした気持ちで仕事机に戻った。

午後、コロンビア放送会社の非常に優しいキャスリン・クレイヴンズのインタビューを受けた。ラジオ・スピーカーの仕事を面白く話してくれた。私たち二人が美しい物や旅行、そして犬が好きだと分かり、お互い一層理解しあえることが分かった。彼女の足元に集まった5頭のまっ白なスピッツは魅力的な絵になるだろう！　二人はともに人生は素晴らしいゲームだと考えていて、とことんプレイする決心である。勇気こそすべての悲しみの解消剤だと考えている。ミス・クレイヴンズは優しいいい方で、実体としての先生がおられないこの世界をどのように生きるか尋ねてきた。私が朝目覚めてから夜寝に就くまで、心の内で止むことのない痛みがあると私にいわせるだけの沈黙の愛を彼女は懸命に読みとってくれた。

今夜、ポリーと私は5分ほどハーバートを見舞った。私はすっかり打ちひしがれてしまい、ポリーも彼が先生の介護の日々のようになってしまったのに気づいて涙ぐんでしまった。私は彼が衰弱してしまうのを恐れた。大手術や耐えがたい苦痛についてはたびたび聞かされてはいたが、目の前の現実は私を驚愕させた。彼は血管を通してしか栄養をとることができない。1滴また1滴と彼に栄養を与える器具を注意深く触れてみた。彼の体格では液状の食物を吸収するのに7時間かかるという。回復へのただ一つの可能性は常々彼に備わっていた健全強固な肉体と正しい生活習慣だ。先生が彼を愛しておられたことを知っている私は、ポリーや私のためばかりでなく先生のためにも回復へ頑張らねばならないといった。

〔3月12日〕

歯医者さんで1時間、午前の残りはお買い物。ランチは家で……。

でももう一つ、日本訪問ドラマの一幕を演じることになる。ハワイの盲人のために立法府で話をしてくれるようホノルルからの希望だ。船はかの地で1日停泊するので、当然私は同意する。

シュラム氏が私の手紙に対して長文の手紙をよこした――時間ができたらもう一試合を求める主旨だ。

午後2時にポリーはストリート氏の事務所に出かける前に一言漏らした――「おお大変、所得税!申告書を15日月曜までに用意せねばならず、あなたやほかの人たちにあげる大事な時間が盗られてしまうのよ」。私も同じ状態――日本でするスピーチ以外ほかへまわす考えなどない。

夜、裏の戸口へ哀れな子猫がやってきた。泣きつづけるので、ポリーが入れてやり、ミルクを少しやろうとしたが、犬たちが狂ったように吠えたて、猫も怯えたため、寒さのなかへ出してやった。

〔3月13日〕

今朝は雪降り、ディレアスやマイダには大変な楽しみだ。冬の翼から降り積もった白い綿毛のなかを転がるのが彼らは好きだ。噂がどんどん広がり、日本へ旅行する私への関心が高まる一方だ。ある友だちは私たちがトルコへ行くと聞いたと書いてよこした！　私たち自身が知っている以上の話。

ドクターとバーニーが週末を彼らのペンシルヴェニアの農場で過ごすように勧めてきており、私たちもそれができたらと思う――講演旅行が始まる前にこのような遊び心は歓迎すべきだ。でも行けなかった。今のところ私たちの頭には重過ぎるほど荷物が詰まっている。

ハーバートはまだ生と死のあいだをさまよっている、サンフランシスコへ出発するまでにたった12日しかないというのに。

〔3月14日〕

ポリーと朝の食卓についていると、ずっとつづいている寂しさが耐えがたいほど募ってきて――「先生がおられないこの家にはどうしても気持ちが落ち着かないわ」といわずにはいられなかった。

「私も先生がおられないこの家は24時間いつでも私たちのものだと思えないの」

「それにここは先生の人生の一部でさえもありません」。私は続ける――「そのことが私の心と体が別れ別れなのを強く感じさせます。誠の先生ご自身は私たちと生きておられます。でも、この家ではありません。先生の人間存在の住まいはレンサムで、私にはどう扱っていいか分らぬ何者かがあの住まいの先生へ思いを向かわせます。ひどく苦しんだ先生のお体がここにしばらくいただけです。いいえ、どんなに寂しいときでも私は先生がここへ戻ってこられることを望みません。いつも変わらずにこの奇妙な思いが私をうろたえさせます」

午後、ハーバートの見舞いに出かける前に、ブラッドレーの店で買ったスーツを着た――ハーバートが喜ぶだろうと思った。親切にバーニーが自分の車で送ってくれて、一緒に寄った。彼の容体がめっきりよくなったのが分かって感謝の気持ちが湧いた。栄養補給のチューブは外され、手話もうまくつづってきた。木曜の夕刻とちがって彼の手はやつれていなかった。「近いうちに帰れますよ」と彼はいった。いずれにせよこの先2か月は用心せねばならないようだ。

戻りには、博覧会の会場の一部になる二つの湖水に差しかかった。ポリーの手が興奮して跳ねた――「ヘレン、もうカモメたちが集まってるわ！　コーンウォールのルーエ[*7]のようよ――鳥たちが先生を眠くさせたことを覚えてる」。

夕食までに、日本旅行用の8つか9つのスピーチの大半をまとめ上げた。この先の立てこんだ2週間には大きな助けになる。

外は雪、犬たちが暖炉のまわりに集まった居間で、日曜お決まりのサンドイッチをいただくのは誠に和やかだ。

ウェンディーもほぼ元気になったし、子犬たちも日一日大きくなってきた。

〔3月15日〕

9時45分に歯医者さん。雨と雪が半々にまじり、風も強まった。出かける前に閉めた窓ガラスにたたきつけるあられを感じた。大きな鳥がくちばしでガラスを打ちつけるような凍てつく風のゆらぎに触れた。足元もなかなか厄介だ。ちょっと重過ぎるが、毛皮のコートはありがたい。実は着るのをできるだけ拒んではいたが。長い冬のあいだ、どんな天候でも、盲人のために開かれる集会への行き来のドライブにこのコートは役立ってくれた。しかしそれも過去のことになってしまった。先日はグラスゴー・コートを着た。温かいうえに着やすくていいが、だらしなく見えるとポリーがいったので、ちょっと機嫌をそこねた。町へ出かけるときは着られなくなった（グラスゴー・コートというのは数年前グラスゴーで買ったからで、襟に毛皮のカラーが格好よくついていて、とても楽しい気分になったものだ）。後になって、私の機嫌をかき乱すこんな些細な事柄に「コロンビアの幸せな国万歳」[*8]を歌ってやった（コロンビアはアメリカ合衆国）。

サパーの後、地下鉄でニューヨークへ。エリザベス・ベインのお友だちメジャー（少佐）・ハンターに会いに。「カレドニア」号に乗っていて、6時半に到着することになっていた。船も私たちもちょうどいい時刻に着いた。メジャーは誰か話し相手に会うのがうれしいらしい――自分は寂しがり屋だという。彼があまり元気でないのを知り寂しくなった。私たちはペンシルヴェニア・ホテルへ行き、少しは彼を気楽にしようと努めた。ディナーにはレスリーも加わり、私が聞きたいベイン夫妻の消息を彼から聞いた。戦争また戦争が彼の健康を害し、兵士を痛めつける不眠症にもかかっていると語った。またの世界的な葛藤を避ける道はないと彼はみており、明らかに強い失望に陥っていた。きょうは終日一瞬たりとも雨は止まず、空から滝のごとく降るなかを11時半に帰宅した。

〔3月16日〕

9時からお昼まで写真撮影で「ニューヨーク・タイムズ」紙のスタジオに。日本旅行ではたくさんの写真が必要だ。マリオン（マリオン・モーガン）は「楽しく微笑んで」、ビル（ウィリアム・フリーズ）[*9]は「愉快に笑って」、日本での私の仕事を詳しく知りたい記者は私をていちょうにカメラに向かわせる。

写真撮影やインタビューで先生と私はこの「タイムズ」の建物へ何度行っただろうか！　仕事上での先生と私との調和や先生の魂から私の魂へ差しこむ知恵の放射をここにおられる方々がどんなにか麗しく理解してくれたことか！　このスタジオで先生の考えは刺激的な談話や素早い笑いとして開放された。

スタジオにいるあいだにフィンレー博士[*10]が入ってこられ、盲人たちが愛する大きくて優しい手で挨拶された。「フィンレー博士とヘレン・ケラーが一緒に写真を撮るのは素晴らしい」とマリオンはいった。博士と一緒に写していただくのは実際大変な誇りだ。若い時代に博士に会って以来このかた、彼の友情は私の失明者のための努力に貴重な支えとなっていた。私は、彼の関心の広さが驚くほどで、暗闇のなかへ言葉の光を送りこんでくれる用意のあることを望んでおり、社会の認識を得る戦いでは建設的な事業の柱として常に彼が求められている。彼のつきることのない心の宝庫からあふれ出る大型の情愛と共感とはハイウェーに投げ出される富のようだ。それらの情愛や共感は博愛事業への貢献以上で、私たちの信念を豊かにする。彼は人や物のなかに潜むよきものを見分け、明らかにする——これらよきものはたぐいまれな精神のみが認めることができ、わずかな人びとが観察力の乏しい大衆の目に興味深く指し示す能力をもっている。フィンレー博士が講演や「ニューヨーク・タイムズ」紙を通じて国際平和と親善のために振るわれる影響力が彼の時代を画する印となり、ニューヨークにおける人道的な活動に特別な艶を与える理由なのである。

「タイムズ」紙が雄弁な社説や我々の会合やアピールを巧みな言葉でまとめ、一般読者にそれらのテーマが差し迫ったものとなり、盲人のための運動への支援の旗を掲げてくれたことは数えきれないほどである。

ポリーと私はマリオンと一緒にサーディのお店へランチに行き、静かでくつろいだひとときを過ごした。この冬彼女とはずっと会わずじまいだったので、外国旅行のことなど話が山ほどあった。先生のことについて彼女はいう——「ヘレン、私はあなたと同じように先生はまだあなたから去ってはいないと思っています。先生は先に立って新たな目標に向かうあなたに道を照らすために離れておられて、あなたには見えないだけなのです」。サーディ氏ご夫妻がイタリア風のていねいさをこめて私たちを迎えてくれた。

歯医者さんで30分。後、イヴニング・ドレスや帽子や靴などあれこれ試着する3時間の試練をベンデルの店で体験。でも女店員たちの親切なお世話や私が欲しかったあっさりして涼しい柔らかな夏服を見つける素晴らしい幸運に恵まれ試練は和らいだ。カリビアン・ブルーの雲のようなボワルをかけた私をみんなが褒めた。

まるで追跡のあとの犬のごとくくたくたになって帰宅したが、ハーバートが待っているのを思い出して、夕食のあと病院へ向かった。彼は月曜ほどには元気でなかった。まだはっきり回復していないのに起きあがったり横になったり試みているのでないかと恐れた。

〔3月17日〕

「爆発」の到来――電話、郵便、まだ書いてなかった手紙、署名が終わっていない本、果たしていない本や写真の約束など。先生の本（ネラ・ブラディー著『アン・サリヴァン・メーシー――ヘレン・ケラー背後の物語』）や私の写真を受けとったマダム・クレーマー・バックからのけっこうな礼状も届いた。盲成人向けの「ジョン・ミルトン」紙や盲児童向けの「ディスカヴァリー」紙を発行するジョン・ミルトン財団の会長ルイス・B・チェンバレン博士からの手紙もあった。博士は若者たちの精神の喜びの明るくて示唆に富んだメッセンジャーとしての「ディスカヴァリー」紙のために募金への協力を求めている。だが、私の時間と精力のすべてをアメリカ盲人援護協会の募金に取られていて残念だがお断りせざるを得ない。

午後には日本からの快活な前野女史が訪ねてこられた。東京の盲聾学校の校長である。日本の失明者のため、アメリカのいくつかの盲学校を訪ねてどのように障害者を教育しているか学ぼうと旅行中である。東京の学校を主宰しておられた彼女の夫が昨年世を去り、勇をふるって自ら夫の仕事をひき継いだのだった。彼女は英語が話せなかったが、一緒に来られた二人の日本人が通訳を務め、彼女の語ることは優しい知性にあふれ、私を魅了した。私が日本の花嫁姿が見たいのではと彼女は自ら婚礼衣装を着けてくれた。花びらのように柔らかな絹が幾重も重なり、触れてみて豪華で、さまざまな彩りが映えているという。幅の広い帯を結び、日本の仕来たりとして短刀を身に着けた。短刀は婚礼の儀式で夫に手渡されるというが、それは家庭の守りと貞淑を象徴するものと私は信じる。前野女史は贈り物数点を下さった。その一つは、日本の天皇がときどきお乗りになる豪華に飾られた白馬の模型で女史がお作りになったものだ。もう一点は、ポリーの説明では前野女史が有名な日本の絵「桜祭り」をご自身で絹地の上に模写された物であった。バラ色の花びらの散りかかる桜の木の下で、芝生の上で美しく着飾った若い女性たち――一人は琴を演奏し、他の一人は歌い、ほかの数名が踊っているさまを表しているという。その上女史はこの絵のなかに天皇の語られた二つのお言葉を書き込んでおられた。

「荷は重い、だが国のため、それを担おう」

「他の人びとと競争して走ることはできないが、正義の道を進もう」

彼女のお国には聾者や盲人はどれほどおられるかうかがうと――私の記憶は正しいと思うが――「聾者は10万人、盲人は16万人、そのうち教育を受けているのは4000名に過ぎない」とのことであった。

夕方、私たちはハーバートと30分ほど過ごした。ポリーの話では、彼はずっと明るくなったというし、彼の手がしっかりしたものになったのが分かった。私は彼が家へ帰りたいと非常に焦っていて、私たちがサンフランシスコへ発つ前に、そうしていい時期より前に帰宅しようとするのが心配だった。

〔3月18日〕

5月のような日差し。今まで書斎の暖房をずっと切ったままにしていた。マイダとディレアスは思う存分草の上を転げまわった。地面は雪解けのため、小さな泥の塊になって戻ってきた。ポリーとレナは全力で「泥服」を脱がせにかかったが、毛深い肌に根っこのように固まって突きだし、2頭の区別がつかなくなった。

午後、エゼル・フリーマンと彼女の甥のフレデリック、彼の綺麗な奥さんと可愛い娘ガブリエルがお茶にやってきた。彼らを迎えるのはとても幸せだった。子ども時代に先生と私はボストン近くのエゼルの家族をよく訪ねたものだ。あの頃にはエドワード・エヴァレット・ヘイル博士[*11]がまだ生きておられて、みんなでゲームをしたり、お話を語りあっていると博士がやってこられたのを思い出すのは懐かしい。大きくなるにつれてエゼルとはだんだんまれにしか会わなくなったが、私たちの友情はずっと親密なままだった。きょうは若かった頃をふり返って楽しんだ。ラドクリフ・カレッジ時代には春に1度はみんなでスミス・カレッジへ愉快な訪問をしたり、1914年にはノーサンプトン[*12]へ講演に出かけたおり、ブリュー氏[*13]と私がどうして分かりあえたか不思議に思っている——彼は英語がまったく話せず、私としてはフランス語をへどもどするだけだった。私が彼をセックスと衛生にかんする社会のお上品ぶった沈黙を破った真の英雄として称えていることを彼は分かってくれた。彼とバーナード・ショーが無知や臆病な口実を設ける多くの巨人たちを打ち倒したことや若い女性として私が新生児の失明とその予防策について公に論じたことを語ったとき、温かな同意が彼から与えられて私が喜んだことを思いおこした。

エゼルは「旅路の果て」といって、毎年の夏貧しい人びとに野や森で過ごす休暇を与える組織に参加しつづけていて本当に幸せだと語った。また彼女は絵を描いたり文章を物したりしていて、近頃は模型作りにも手を出していると聞いても私は驚かなかった――彼女はいつも新しい分野へ興味を広げている。彼女がちょうど制作した素晴らしい子どもの頭に触れて大変喜んだ。彼女はヘルガを可愛がっていて、このゴールデン・デーン種の犬もなでてもらおうと前足を上げた――特別の愛撫だ。

「日本から帰られたら『旅路の果て』へポリーと一緒にいらっしゃいませんか？　そうすればあなたは私の別な面をお知りになりますよ。ヘルガのモデルを作りますよ」とエゼルはいった。生き生きした楽しみにあふれた訪問を楽しみに待ち望みたい。

ガーデン・シティーでネラと一緒に夕食。話題は一つまた一つと移っていった――知人たちの近況、去る11月、ネラにあげたマイダの子犬たちの1頭「懐かないレームス」、テレビのこと。キースにエーテルの神秘にどこまで踏みこんだか尋ねると、多くの科学者が「エーテル」などというものの存在を信じてはいないと聞いて驚いてしまった！　彼らは光がどんな媒体を通じて進むか知らないという。また暇になって科学にかんする本が読めるようになったら、どれほどたくさんの宇宙の理論が「風とともに去った」かを知りたいものだ。

後に、ダブルデイ・ドーラン社のモール氏と奥さんがやってこられてけっこうな話を楽しんだ。ダブルデイ社が私に関心をもちつづけているモール氏の親切なお言葉をうかがってうれしかった。『流れの半ばに』の新しい出版計画を語ってから、彼はシュラム氏から双方が受けとった分厚い手紙について論じた。ようやく私が解答を送ったとしても、シュラム氏は何年でも手紙で論争するにちがいないと彼はいった。私への提案として彼はビジネスの詳細はアメリカの出版社に任せてあると簡潔に書き、論議を打ちきるというのである。モール氏はロシアや他のいくつかの問題にかんする私の見解のすべてには賛成はしないが私の立場に立つと本当に寛大に語った。シュラム氏は自分のいったことを守り、『流れの半ばに』は出版しないと思うと彼はいい、しかし確信はもてないという。「ドイツ人は条約を反故にすると同じく契約を打ちきる――我々は何か不愉快な驚きのあれやこれやにめぐりあう用意が必要だ」。

ネラがポリーを楽にしてやろうと話のすべてをつづってくれた。彼女は『風と共に去りぬ』[*14]への私の興味を掻き立てた。私は旅行の道々読むことにしている。彼女と私は誰かある作家と知りあいになったか尋ねあったが、残念ながら二人とも「ノー」であった。そこで約束を交わした――ネラはクヌート・ハムスン[*15]を読む――もし私がシグリッド・アンドゥセットを読むなら。いつかお互いの覚え書を比べる日が来ることを意味する。

〔3月19日〕

ベレンス先生は私の目がずんずんよくなってきたのを喜ばれた。先生の診察室から歯医者さんへ、そしてセント・レギス・ホテルでエディス・クーパーとランチ。彼女は最近メキシコへ旅行した面白い話を聞かせてくれた――信じがたいほど無知な債務労働者たちが毎年ローマへ1億6000万ペソを送っており、アズテク[*16]の神々と同じにキリスト教の聖者たちを崇める。メキシコの赤ん坊たちは可愛い……。

ベンデルの店で1時間、それからボニー・マックレアリ[*17]のスタジオへ。彼女は私を慰めようと先生の手を石膏でかたどったという。それは本当の芸術家によって創りだされた感動的な先生への賛辞だ。私は冷静な気持ちで優美な手型に触れ、ラヴ（愛）を表すLの形を示す親指と人差し指に触れた。手のひらの筋をなでさすってはっきりと表されているのに驚く――無慈悲な死の波から切りとった似姿。我にもあらず、過ぎ去った胸の痛みに屈服し、涙が落ち、一言も声が出せなかった。私を慰めようと愛すべき思いで誠実に努力してくれた芸術家にふさわしい感謝を述べることができないほど私はとまどってしまった。

今夜、ハーバートがずっとよくなってうれしかった――彼らしくなったとポリーもいった。

〔3月20日〕

終日、日本でのスピーチで仕事。当然練習も含まれるが、どこにおられようと先生がなさった苦労が失われてしまったなどと感じることはない。まるで杖を失ったまひ患者のように、発音や声の質の問題については先生の手際のいい考えを執拗に求めている。でもポリーがそのいい耳を最大限用いて私の発語を維持してくれている。

またしても大きな手紙の山（ポリーが点訳してくれた）に涙にくれてしまった。去る11月、アメリカ盲人援護協会のために行った私のアピールに対する寄付の手紙だ。もしそうすることができるようになれば、彼らはもっと多額を喜んで献金しようという多くの人びとからの誠実な訴えがある。妻や夫や友人を失った人たちの優しい言葉がある。ある女性は書く――「親愛なるヘレン・ケラー、同じように、あなたの心も愛する人のため涙に暮れているでしょう、でも私たちのただ一つの慰めはこの世でできるよき行いをすることです」。また別の女性は自分は他の世界と通話ができると信じており、その恵みを才能として役立てたいという。ある寄付者は聾者、他の人は不眠症を患い、第3の人は関節炎に悩まされていて、自らもあれやこれやの暗闇をのぞいたことから暗闇に苦しむ失明者たちと同胞の愛をもつことができたという。世界的には人類をみくびったいい方をする人もあろうがいわせておこう、でも私の目の前でくり広げられる人の心に存する善意の麗しい物語が限りなくつづいていることは否定できない――人類が到達した高潔さを曇らぬままに維持するとき、物語は愛や冒険や時代の予言できらめき、私はたびたびわくわくする思いを味わうのである。

夕方、病院にハーバートを見舞って戻ってくると、5時頃だろう、ポリーが我が家の戸口でちょっと立ちどまった――「ヘレン、ねえヘレン、鳥が1羽いい声で鳴いてるわ」。それはときわ木のなかで鳴きつづけていて、もしかして先生が家のなかにおられるかのように興奮した。

〔3月21日〕

日曜の朝はいつもならゆっくりするのだが、スピーチのことが時間のすべてを占領している。午後は出かけることも分かってはいるが。

神の声がイザヤ書40章を通じて私の心に話しかける言葉は感動的だ――「安らげ、安らげ、我が民よ」――今朝もこれを読んだ。重き不安を抱え、労多き昼夜を過ごし、内なる安らぎもない多数の人びとのために叫ぶのだが、アメリカの若者たちの多くが犯罪に身を落とし、労働者たちが生きるための戦いで信仰を失いつつある事情を読み、一層その思いを強くした。スタンリー・ジョーンズ博士が組織としての教会と労働とを近づけようとする運動を組織したのはうれしい。労働者がどんな利益を享受するかにかかわらず、彼らが自らの魂を強固にし、国家の理想を曇らせまいとするには、さらに彼らが全面的に魂の宝庫に身を入れることが絶対に必要なのだ。物質的な貧困は根絶できるし根絶されねばならないが、日常生活を穏やかにする平和、狭い環境を豊かにする憧れ、この人生と永遠のあいだの暗闇を照らすのろし――が必要な魂の貧困者も常に多く存在する。

午後、ミゲル氏がおいでになる。私たちの旅行について語って、彼は大統領が日本に対するアメリカからの友好のメッセージを伝える書簡を私に託す期待があるといわれた。それはまったく麗しい行いだと考えて興奮したが、まずは国務省の許可が得られなければならないし、結果はなお不確実なことが分かった。

また彼は来る10月から始まるアメリカ盲人援護協会が全国の盲人の援助活動推進のため一本立ちする基本金の拠金を完成するのにはじめる運動についての計画を論じられた。私の覚悟は十分にできており、二つ目の100万ドルが集まるまで私の心は休まることはないと告げた。ぜひ成しとげたいと彼は語った――神の恵みが彼の上に！

午後の4時から5時まで、グラマシー・パークのルイス夫妻のアパートでのお茶に行く（トーマス・ペイン記念協会がパリのペイン像の除幕で私に挨拶を求めたのは彼を通じてだった）。お客さまのなかでリリー・ラ・ヌックスに再会できたのはうれしかった。１９３８年に南フランスでお会いするまでその喜びは期待していなかった。１９２８年か１９３０年にアインシュタイン教授が演説された平和会議でお会いしてお話をうかがったロシカ・シュワイマー[*18]もおられた。私は豊かで人の心に感動を与える声のもち主のノルウェー人シャルロッテ・ルンドに紹介された。彼女は「別れに」を歌い、その歌の悲しみのあふれるリフレイン「私はあなたにバラを贈ろう、でも、ああ、あなたは私の心をとらえた！」を歌ったとき、私のこの世の生活から最も親密で最も霊感を与える部分が去ってしまった日々の気持ちに穏やかに交じりあった。驚いたことに、長年お噂も聞いたこともなかったお友だちを見出した――ウィスコンシン大学で心理学を教えておられたジョセフ・ジャストロウ教授[*19]である。カレッジ時代レンサムのウォロモナ・ポアグ湖の畔のコテージで先生と過ごした夏、彼が訪ねて来られたことをお名前をうかがっただけで思い出させていただき本当にうれしい。私の精神機能の過程や種々の感覚や夢について彼が果てしなく尋ねられたのを思うと微笑みが浮かんだ。彼はそれらの質問を魅力的にまたさまざまな角度から尋ねられた。もっと自由に私と話したいと手話アルファベットを学ばれたほどであった。ユーモアを交えながらどんどん進んだ興味深い話しあいは後に私が『私の住む世界』[*20]を書くに当たって負うところが多かった。

私たちは高名な芸術家リー氏に会った。彼は長いあいだアリゾナ砂漠に住んでおられた。彼のお話では、そこは画家や詩人や作家には素晴らしい所だという。１９２５年のことになるが、タクソン[*21]から数時間の旅で、この砂漠で拾い集めた大型の石で建てたハロルド・ベル・ライトの家を数人の友人たちと訪ねたことを私が話した。ライト氏は不在だったが、奇妙な石造りの暖炉や革張りの机に向かって書き物をする肘掛け椅子やさまざまなインディアンの骨董品を見せてもらった。リー氏がナヴァホ・インディアン[*22]のあいだで数年間暮らしたことを知り、この部族の歴史のあらましを話してくれるよう頼んだ。人びとが次々に私に話しかけようとやって来たため、筋の通った話が困難になったが、ナヴァホ族、ホピ族その他「インディアン」部族と呼ばれる人たちの話は魅力的だった。2000年あるいは3000年前[*23]に彼らはアジアの古い文化をもった国からベーリング海峡をカヌーで渡って知られざる大陸へやって来た。奇妙なことだが、アメリカは太平洋を横切って嵐に吹きまくられた東洋人に住まわれることになったという古い学説を私は学生時代には信じなかった。ずっと昔に造られた小型で不完全な船で驚くほどの遠距離をどうして旅することができただろうか？ リー氏はまたグリーンランドから南アメリカをホーン岬まで広がったマヤ帝国のことを語った。このように広大な領土と今日合衆国に残った数千人に激減したインディアンを考えて私は驚いてしまった。しかし、リー氏は、南アメリカあるいはメキシコではインディアンは消滅しないと考えており、特に彼らは今日洗練された政治理念を獲得したからだという。「誰にも分らない、彼らが『小さな残り物』で、西半球の平和と真の進歩へ白人を導くのは誰かを聖書は語っている」。

ロシカ・シュワイマーと私は各地で起きている軍国主義の明らかな勝利について語りあう。私はルーズヴェルト大統領の両アメリカ大陸のさらに密接な統一の計画がより普遍的な平和確立の事業を容易にすることを期待した。彼女は世界の国家の連合へ向かう道筋を明らかにする強力な弁舌のもち主としてもう一人のトーマス・ペインが必要で、他の諸国の同意なしに軍事力を出動させることを不可能にするという。悲しいかな、私たちはいつこのような望ましい見解をもった人たちの集まりをもつことができるのだろうか？　だがこのような救済の日の到来は、目下のところ、この先はるかに遠いものに思われる。

夕刻6時をまわってからポリーと私はベス・ヘイに会った。彼女は今夜フォレスト・ヒルズへやって来た。彼女と親しく語りあえるのはけっこうなことで、彼女はいつも先生に優しく接していた。私は、この世での先生の最後の日々について初めて身を震わせずに話すことができた。でも注意が厄介な仕事に集中していないときに覆いかぶさってくる悪夢から私の心を開放してくれると思うのだが、日記のなかにその痛ましい事情を詳しく書き留める勇気はない。ベスは彼女の家族の近況を話してくれた——私たちがよく訪ねたディングウォール[*24]の塀の皆さんのことやロスシャーの思い出をさまようにつれて郷愁の波がわきあがってきた。先生がその最期のあるおりに、私の手につづられたとき、それは特に寂しかった——「サウス・アーカンの古い農家へ帰りましょう、あなたがあの黄金色の小道を行き来するあいだにあなたを満たす平和を私はきっと見つけます」。

〔3月22日〕

5時起床、今日は終日お出かけ。8時には私たちのためにバーニーが車でやってきた。最初ヒンズデール（アイラ・ヒンズデール）先生の所へ。ところが、ポリーが別の約束を思い出し、お断りするのが遅過ぎて、私を歯医者さんへ連れて行けなくなった。電話でアンドレアを呼び出して、私を連れていってもらう。親切そのもので、先生の指示を伝えてくれる。それは私の運命の星に愛を捧げる数知れない機会の一つだ――他人の唇の動きが読めるからで、実は手話アルファベットのほうが好きなのだが。

アンドレアと私がポリーと合流してちょっとお買い物。あるお店で、私がカウンターに手を置くと、指が軽く造花に触れ、生花のような細やかさに驚いてしまった――キミカゲ草、アネモネ、水仙、黄水仙。ピープスが彼の日記のなかで、壺に入れられた植物の絵があまりにリアルに見えたので、それに指で触れてようやくそれが描かれたものと分かったと書いていた。一方私の方は、その造花には香りがないことから思いちがいを免れてにこにこした。

ニーナ・ローズ[*25]と一緒にランチ。彼女とはあの痛ましいとき以来会っていなかった。彼女は先生が意識のないままに休んでおられる病室へはいってきて、その目が見返すことのない顔を優しく愛撫して、言葉もなく、私を両腕で抱きしめてくれた。きょう、ニーナの挨拶を受けて、若々しい気持ちで明るいとは思えなかった。彼女をアパートに訪ねるのはいつも喜ばしく、楽しく慈しんできた70年のほとんどすべての題目の点字図書があふれていた。私たちはニュージャージーの海岸の彼女の夏の住まいで、囲いのある広場を腕を組んで歩きながら、長いときを過ごした昔を思い互いに笑いあった。寛容な優しさで私の話に耳を貸してくれた彼女が好きだ。

私はまだアダムズ一族[*26]の議論好きをもちあわせているが、だんだんそれが好きでなくなってきている。それはまるでときを選ばず鞘から刀を抜いているような気持になり、ユーモラスないい感じで受けとめてくれるニーナのような人ばかりでないことも分かってきた。巌のごとく固い保守主義にもかかわらず、彼女は急進主義を議論するに当たっても、私の主張を軽蔑して退けることはない。きょう、彼女は来年の冬にはレーニンの生涯にかんする本を送ってくれるという。著者は人を当惑させるほど多面的な個性のもち主のあらゆる側面を誠実にとらえようと試みたという。1時間あと私たちはまたも洋装店で会い、車で一緒に我が家へ来た。でもお茶もあがってはいられないというのは残念だった。

夕食までと夕食後に恐れや震えを感じながらスピーチの仕事をした（全部で10から12本ほどもある）。どれほどうまくいえているか考えると心臓がドラムのように鼓動する。一つのスピーチをある水準に維持しようとするには、当然1日1時間半の練習はすべきだが、さまざまな仕事がじゃまをして非常にむずかしく、夜には疲れがやろうという意思を打ち負かしてしまう。

〔3月23日〕

朝5時に再び起きる。一緒に寝ていたマイダが、短い奇妙な前足を私の膝へ寄せてくる——「なんで今まで聞いたこともない時間に仕事をするの？　暗くて鼻以外では見えないよ」といわんばかり。バーニーが早い時間に私たちを車で町へ運んでくれる——なろうことなら今日で雑用は全部片づけたい。

旅券のことでバタリー・パークへ急ぎ、税関へまわってポリーと係官がいつもどおりの質問や返事をくり返す。さらに乗車券の確認へまわり、ようやく「ル・ヴォワザン」のお店にまにあった——私たちはアンドレア、ルイス夫人と娘さんのクレア、そしてリリーをランチに招いていた。お店は混んでいて、会話を交わすのは容易ではなかった、でもアンドレアが寛ぎと愉快とを広めて、私たちは昼食会を楽しんだ。レギー・アレンがやってきて、先生が好きだった軽いほほえみをたたえて挨拶した。先生が彼の話や笑いをどれほど楽しんだことか、またフィラデルフィア管弦楽団のマネージャーとしての彼の素晴らしい経歴に先生がどれほど興味を抱いておられたか！　もう一つ歓迎すべき驚きは別のテーブルにアレクサンダー・ウルコットがおられたことだ。できればあすの午後訪ねて来ると仰る。

家に戻ったハーバートを見つけ、喜んだとともに彼が無理をしているのではと恐れもした。ドクターは「彼を帰宅させ、私たちから出発にあたって最後の指図を受けるのもよかろう」というのだったが、まさかのときは、彼を救急車で戻さねばならないと強くいわれたという。私たちは看護師のラフラン夫人をお願いした。10月先生につきそってくださったお方だ。

別のスピーチに熱中しているところへ、ポリーと私に厳格な予約の書き込みがあると警告された。5時半にセイボルト先生の診察を受けることになっていたのだ。先生は私たちの良好な健康を喜ばれ、心のこもった厳しさで長時間の仕事や過度な興奮のないよう警告された。

今夜は旅行に必要な書類やノートをそろえる仕事を深夜までする。「断固やらねばならぬ！」

〔3月24日〕

またもやドクターの指示を破る――朝5時から午後10時まで働く。さらに5本のスピーチを仕上げ、後は記憶と練習を待つばかり。私たちは、ひっきりなしのじゃまや電話の合間を、待たせておけない手紙の処理をぬってとぼとぼと我が道をたどる。大量の書類や予期しない社交や講演のプログラムに必要ないろいろな衣類のために3個の船室用トランクや1ダースのケースの荷造りはまったくとまどうばかりの仕事である。

ハーバートはまだ弱々しいが、どんな薬よりも家に戻る方が効き目があると力強くつづってくる。今朝、彼はベッドの背にもたれながら、荷札を書いているのが分かった――ハーバートはこういう人なのだ。病人に過酷にならないよう穏やかにたしなめたが、彼は笑っていた。

ディレアスは私が階下へ降りてゆくたびに私を追いかけ、ぴったりくっついてくるので、一足ごとに踏みつけそうになる。これまでそんなことをしたことはなかった。あす私たちが出かけることを知っているに相違ない。臆病な犬で、またヘルガも痛めた足を引きずり、私の行く道々私の注意を引こうとする。この世で最も可愛い犬たちと150日も離れている日数を数えると喉にこみあげるものがあった。可哀そうなウィンディは子犬が2匹も亡くなり、ほかの子犬たちも生きつづけられるかも分からないし、自分もいつ「獣医さん」から戻れるか分からない。さよならのハグもしてやれずに出かけるのはつらい話だ。

できれば、サンフランシスコへ着くまで、杉本夫人[*27]の『侍の娘』を読みながら行きたい。でもこの旅には『風と共に去りぬ』を選んでいて、私にちがった光を与え、私の好きな真面目な読書にもなる。

〈3月26日、ニューヨークを経てシカゴへ〉

ふり返って昨日のことを思うと息が弾んでくる。夜明けに荷造りを2個した。ポリーはこの6か月の不在のあいだのまだ片づけていなかった仕事を猛烈な勢いではじめた。朝食は私の机でとった。誰かにわずらわされないため昼食までは書斎を出なかった。

　バーニーが手伝うことがあるかとやって来た。彼女はラフラン夫人やレナと一緒にトランクやスーツ・ケースを詰めた。みなさんに指図する一刻の余裕もなかったおかげで、私たちの所持品をどこに詰めたか分からなくなってしまい、20世紀社のこみあった待合室で、荷物全部を通して再確認する羽目になってしまった。しかし私たちを手伝おうとするあの熱意のありがたい温かみが私たちの心に染みいった。

　午後4時、ポリーと私はまだ働いていたが、3人の夫人たちが私たちの着替えで仕事を止めさせた。バーニーと私の手がタイプライターに鍵をかけ、ブレール・ライターをケースに収め、テーブルの整理にせわしなく動いた。ごたごたの最中に私が何かをなくしたとしても驚くことはない。

　ハーバートは私たちの「さよなら」に泣いてしまったが、それは彼の気質ではなく、弱った体のせいだ。階下へ降りてお別れのパットをあげようと犬たちを呼び集めた。ヘルガとマイダが応えたが、可愛い小さなディレアスはやって来ない。バーニーが抱きあげてくれたのを私が愛撫したが、なんて寂しいかっこうだろう！　荷物が運びだされ、二人のご主人さまが長ーいお留守らしいのを見て、この犬急に賢くなったのだろうか。

　キスやハグの数々と一緒に女性たちが私たちを家から押しだした。どしゃ降りの雨で、みんなは私たちが列車に遅れないかと心配した。バーニーの車に荷物がうず高く積みこまれ、私たちが座りこむ場所もないほどになった。一時一時と私たちのいらいらが高じるなかバーニーは車をぬって運転した。気持ちが押しつぶされないようにあえて時計など見ようともしない。

駅では人びとが私たちをとりまき、数本の小さな震える手が私のコートに可愛らしいガーデニアの花束を結びつけるのを感じた。ポリーに尋ねると、見送りに来てくれた日本人の代表の夫人だと教えてくれる。

時間の許す限り多くの人たちと握手を交わすあいだ、これらの人たちは静かにたたずんでおられた。プラットホームを進むと多くの人びとが私たちをとり囲んだ――ミゲル氏、アメリア、レスリー、リリー、マリオン、ルイス夫人。積みあげられるほどの贈り物、別れの挨拶としっかり守ってとあれこれの忠告。列車のステップでポリーと私が新聞のカメラにポーズ、それと気づく前にこの風変わりな旅は始まっていた。

夕食後、車室に積まれた贈り物を開く。友人たちの真心の愛のこもった「ボン・ヴォヤージュ」の願いをこめたあらゆる種類の優しさ――手紙、電報、バラ、スズラン、果物、キャンディ、優雅な匂い袋、香水、等々。このような親切の山が私の手に注ぎこまれ、私は本当にどうしたらいいのだろう？

不思議なことに、予想したホームシックは感じなかったし、むしろ慣れ親しんではいても悲しみに包まれた我が家でいつも私に迫ってくる満たされない渇望から離れることで救われる思いがあった。これまでの経験と異なる伝統や慣習や哲学をもった土地で、しばらくの間にせよ、住む――これまでまったく経験したことのない冒険に身を投じることを知ることは身の支えともなる。日本人の代表者たちがグランド・セントラル駅で私たちを迎えてくれたことだけからも、子ども時代から夢見ていた極東への訪問が実現するのを実感する。それで大いに興奮した私は眠れそうにないことが分かった。

私は下段より上段が好きだ。そのほうがより多く自由が与えてもらえ、バネのような動きが催眠効果をもっていた。ところが機関車に列車が重すぎたせいか夢のなかの私をゼリーのようにゆさぶり、停車のたびごとにけいれんするようにゆさぶった。

今朝、私たちはまっ白な大地のなかを突き進んでいた。昨夜感じた車内を吹きとおったいてつくような風は、新聞が伝えるバッファロー・ハーバーを襲った暴風の尻尾だったと思う。でも今は太陽が心地よく暖かで、春が近づいて来たようだ。

ちょうど今ノスタルジアの上へ私をつりあげ、日本への旅行に魔力をかける翼のようなものへの自覚が心にひらめいたと思った。人びとの話では、空中に釣りあいを保って静止した鳥は落ち着きと信頼の絵のようで、目には見えない手が鳥を釣りあげているようだという。まるで新たな機会と新たな視点の朝へ向かう新たな翼を得たように私を支える経験を通過しつつある、真に麗しい。

54歳の若さで急逝したジョン・ドリンクウォーター[*28]の記事を驚きと失望とともに読んだ。創作力の絶頂にあって亡くなったわけで、生きていれば成し得た仕事は計り知れないものがあったはずだ。しかし彼の劇作『エイブラム・リンカーン』が我々に残された、まさにそれは勇気と理想主義の永遠ののろしだ。彼は私には偉大な詩人だとは思えないが、内的な知恵で、1800年代アメリカの生活を描き、その素朴さや広範な課題やまさに息絶えようとしながらも、新たな力を集めつつある民主主義を力強く描いた。彼は詩的な印象主義の手法で多くの細かな部分――一つの身振り、一つの語句、1通の手紙、一つの姿――を融合して、この作品を読む人は、孤独なリンカーンの姿――同胞に奉仕するアメリカ人、争いや憎しみを善意の流れに変えようとする政治家の姿――を記憶することになろう。

〈シカゴを経てカンザス・シティーへ〉

今朝、シカゴで列車を降りるとまたもや新聞のカメラ群にぶつかった。私を捕まえたある記者は「あなたはルーズヴェルト大統領に賛成ですか、反対ですか？　大統領の最高裁判所の改革案を支持しますか？」と聞く。

合衆国の独立宣言に書かれているように、国民の自由を確実に擁護する最高裁判所にかかわる大統領の改革は情け深さを示すものであってほしいと望んでいる、などと答えた。

私たちのお友だちでニューヨークに住むワルター・スコット大佐をご存知のトルドー夫人が駅で待っておられて私たちの列車の乗りかえを手伝ってくれた。ミゲル氏が手紙で私たちのことを知らせてくれていて、あらゆる親切をつくされ、本当に楽な気持ちでいられた。ミゲル氏の息子さんのリチャード[*29]も昨夜シカゴへ飛んできており、そこに来ておられて、私たちの旅行が成功するよう望むといっておられた。これらの人たちが私たちの乗りかえを本当に楽にしてくれた！　シカゴでは一つの駅から別の駅へこんなに素早く移れたことはこれまでにはなかった。まるでミゲル氏が私たちの旅に援助の手を差し伸べているようなものだ。カンザス・シティーへの一日がかりの旅に落ち着くとまたもや花や甘いものが私たちに向けて降り注いだ。

私がちょっと望んだのは、シカゴにもう少し留まって、1922年に講演で訪れて以来、町がどんなに変わったか探ってみたかった。40マイルにおよぶ公園やその高い公共心や自由時間があれば二人で散歩した彩り豊かなミシガン湖[*30]などでシカゴはいつも私が興味をひかれていた所だ。またその吟味された食事や心地よく、魅力的な寝室で喜ばしいブラックストーン・ホテルがあった。中西部の講演旅行のあいだみすぼらしいホテルやお粗末な食事に耐えた後、私たち、ことに先生には恵まれた文明へのお帰りになった。

それはそうと、ポリーは以前と変わらず鉄道線路や大きな工場の建物の群れや貨物列車が走り出てゆく操車場が見えるだけだと言う。今我々は一つのくすんだ町から別のくすんだ町を通り過ぎていて、以前この地域を旅して以来、そこにはまったく改善がないのに私は失望し悲しかった。

「ブレール・ウィークリー」紙で、マドリッド周辺の恐るべき戦闘の間に、反ファシストの兵士たちが自分たちの同国人を攻撃するのを読んだ。異国の土地で戦争をする者は手にした1本の刀で二通りの殺戮を行う。これは各国政府に対しもう一つの警告ともなる——1国内が分裂して争っているときは志願兵は許さないということだ。共和制支持者のために戦うアメリカ人から編制されたエイブラム・リンカーン部隊の兵士たちの半数以上が抹殺された報告を強い感情をこめて心にとめる。

〔3月27日、カンザス・シティー〕

昨日の午後、ポリーと私は中断していた最終末の仕事を再開し、夜8時半まで止めなかった。しかも疲れなど気にならなかった。軽い夕食、あちこちに散らばったあれこれの道具をせかせかスーツ・ケースにまとめ、ブンブンなる頭と腕にはいっぱいの荷物でカンザス・シティーのプラットホームに立った。私たちはここでブライソンとアリス・ジョーンズ（ヘレン、アン、ポリーの旧友たち）と復活祭を過ごすことになっている。突然、先生が私たちのすぐ側にいるのを感じた――不思議ではない、この二人の美人のお友だちは私たちが大陸を横切って旅して、ここに泊まったときはいつも私たち3人を迎えて歓待してくれたのだった。ときや距離の隔たりや便りの少なさにかかわらずこの人たちの固い情愛は薄れるようなことはなかったし、寂しい女二人を彼らの住まいでひとときひとときを明るくするもてなしにはふさわしい感謝の言葉もないほどだ。

午後11時、ベッドへ行こうとするところへ新聞記者が現れ、私たちの写真を撮った。アリスが魅力的な応対で私たちを助けてくれ、次の1時間には「まつわりつく公を逃れて」私は夢の国へはいった。

きょうはスペインへ流入する志願兵たちを止めるのに失敗したイタリアに激しく激怒した3か国の記事が新聞にあふれている。すべてはまったく無益なのか！　英国はイタリアが侵入を開始する前にまずは早急にエチオピアを援助すべきことを完全に知っていたはずだ。また英国はイタリアや自国の義勇兵たちがスペインへの入国を阻止する確実な態度を示していれば、事態は現在よりもっと危険が和らいでいたことを知っているはずだ。ヒットラーとムッソリーニは自ら演じる侵略者の役割を十分に気づいており、英国との関係が早期に破局に達するほど緊張しているのに驚きを表している。お互いを非難しあう代わりに、征服者も滅ぼされる側もみんな多少とも感じている破滅を避けるため、和平を確立する方策を立てるべく知力を働かせるべきだ。

私たちにとってこの家ほど気楽に過ごせる所はない。たった二日滞在するだけだが、アリスは二つの寝室と気の向くままに書き物のできる快適な書斎を用意してくれた。悲しいかな、午前中は電話に襲われ書き物はわずかしかできなかった。アリスが用件をすべて受けとってくれ、ポリーは重要な手紙や記事を読んでくれることができた。策略とユーモアでお茶や集まりや食事に私たちに出てくれとしつこくせがむ人たちを彼女はかわしてくれた。ある人は私たちみんなを不愉快にした。この女性は数年前私が自分の親戚を粗末に扱ったと不愉快な手紙をよこし、次には、彼女の英語のクラスで自伝風な作品を読んでくれるよう求めた。何があっても私は彼女に会おうとは思わないし、最初から彼女は私にこれっぽっちも関心がないことが分かっていたし、そうもいった。ぶしつけにも腹を立てた彼女はミス・サリヴァンが私たちが会ったり手紙のやりとりを妨げたので私との接触が保てなくなったとアリスに語った。これ以上に腹立たしい嘘は彼女にはいえない。先生はこの女性をまったく知らず、彼女に恨みを抱くはずもない。

このやりとりのあともアリスは微笑みを絶やさず、冷静で、貴重な時間を奪わぬようにいろいろな伝言にポリーをわずらわさなかった。

午後にはアリスが数人のお客をお茶に招いた、そのなかにはアレクサンダー・ウルコットが子ども時代のお友だちドレッジ夫人、「カンザス・シティー・スター」紙の主筆のハスケル氏夫妻がおられた。ハスケル氏は「カンザス・シティー・スター」紙の社主コーネル・ネルソンを覚えているか尋ねてきた。

「どうして忘れましょう、あのようなお方を。私には最も喜ばしい思い出にかかわるお方ですから」。私は大声でいった。「新生児の視覚を台無しにする最も恐ろしい二つの病気について、臆病で困った沈黙を破ってくださったのは恐れを知らないあの方の正義の精神、改革の精神だったではありませんか？」

ハスケル氏は先生と私がコーネル・ネルソンの事務所を訪れて、新生児の失明とその防止に即刻有効な手段について語り、不当利得や不法行為と戦う王者のような闘志が、まったく無用な暗闇に生涯にわたって運命づけられたがんぜない子どもたちに涙を流したようすを集まった人たちに明快に語った。彼は言った――「この問題についてあなたの意見をまとめて書いてくだされば、記事にしてあげようと彼はいったのです」。

私は原稿を書き、目が助けられた人びとから感謝の言葉をたくさんいただいた。しかし感謝は勇気あるコーネル氏のもので、率直な彼の誠実さでその恩恵はカンザス・シティーの数千の人びとにおよび、さらに合衆国の他の地域の数えきれない人びとにおよんだのだ。

昨年と今年の復活祭は他の年の復活祭とはずいぶんちがってはいないだろうか！　復活祭自身の人類への恵深いメッセージに加えて、復活祭は感動的な私の復活の感覚に新しい道を開かせるのが常だった――言葉も目的も信仰もない暗い沈黙――私が想像できる死から、先生は一つの言葉、一つの接触で私を目覚めさせた。１９３６年の復活祭は悲しい亡霊のように私のかたわらを歩いていた。先生は深く病んでおられて、私は初めて先生には回復の見込みはないのだろうかと恐れるようになった。今この世にある先生からの挨拶はないし、私の心に震える苦悶の動揺はほかの年に聞いた喜びの鐘の音をくぐもらせてしまう。しかし先生の人間性にまつわる息詰まる何者かがとどまっている――今心に生きつづける奇跡が私を畏服し、魅惑し私を前へ進ませる。この体験は悲しみに埋もれた人びとと愛によって解釈される永遠の喜びをともに分かちあうよみがえられたキリストの福音に新たな意味を与える。さらによみがえりの露が聖なる存在から滴り、すべての魂から束縛や争いがとりのぞかれ、聖なる平和の美が恐怖から解放された生命に輝くことを！

この祈りを口にしながら、至るところで人を滅入らせる明らかな文明の退歩を私は忘れない。時代は変わった。今や最も悪しき姿をとった専制政治は人権を否定し、最も進歩的と思われる3国の国民を奴隷にし、すべての大陸に大量殺りくをもたらす恐るべき武器の集積に彼らは駆り立てられている。差し迫った事態の見通しや自尊心の堅持もなく、これらの国民は自由な自己表現や人道的な人間性に結びついた文化を公然と踏みつけようとする政府を支持している。

しかしながら、これら社会の暗い兆候に私は意気消沈してはいない。それらの兆候は確固たる復活の一部を担う我々のための聖訓をのみ強調している。我々が求めるさらに高い理想が抑圧や抹殺にさらされるとすれば、それは狭い地域やしばらくのあいだ曇らされるだけに過ぎない。この兆候は神聖なるものの根絶されることのない力を通して成長する。その力は最終的には少数の臆病で無知で単純な弟子たちに歴史を人類の理想と世俗的な事件とする建設的な力に変えた。このように世界が騒乱状態にあるとき、これらの力によって、理想そのものはさらに強力に前面へ押し出してくるものと私は信じる。それらの力は貪欲と憎しみ、恐怖と偏見と不寛容とを放逐しようとする勢いが強いほどより激しい反発をひきおこす。今日、事態はその始まりにある――「暗黒は深き海の表にあり、神の御心は海の表に動きつつある」。ときとともに光は誠の復活祭のうちに一段と強く輝くであろう、そして我々はその光のなかに天国のごとき文明を見るであろう。

4月号の「リーダーズ・ダイジェスト」のなかの女性の美しさについて書かれたフラッグ氏の記事

を読んだところだ。今日何千もの女性の美しさは卑しく不満足だというが本当だろうか！　彼らの美しさへの野心は肉体的な完璧さで、その追求で彼らの心は飢え、魂は枯れしぼみつつある。本当に美しい女性は平静で、真面目な話しあいにかかわる力、心の香りと笑いとを混ぜあわせる能力で心がほどよく満たされているものだ。アリス・ジョーンズがまれに見るほどもちあわせているのはこの「魂の輝く」美しさである。

〔3月28日〕

私たちはブライソンとアリスと彼らが苦労のすえ、友だちになった有能な若者たちの一人ホーマー・コヤマ（名前がオマール・カイヤームによく似ている！）について楽しく語りあった。ポリーはアリゾナ砂漠を描いた彼の絵について気づいていて、その色彩と微妙な効果に驚いていた。ブライソンとアリスはホーマーに砂漠のなかの粗末な住まいを出て、カンザス・シティー美術学院で学ぶ機会を与えた。しかし、ホーマーは美術にかんする白人たちの哲学からはまったくあるいはほとんど得るものがなく、真に偉大な精神と交流ができるという理由で自分の原始的な環境へ戻っていったという。ジョーンズ夫妻は彼の態度にある穏やかな哲学の存在を認めた。お二人も私と同じく、天才の属する人種に忠実で、宇宙が天才に語りかける言葉に素直でなければ、個人として芸術や文明に貢献できないと感じているようだ。

正午にジョーンズ夫妻は私たちをフランク・リッジ氏と奥様の素敵なアパートへ朝食（ブレックファスト）に案内した。リッジ博士のご専門は医学地理。彼は異なった土地や気候のもとで暮らす患者たちについて興味深く語られた。お話によると、ある患者たちの病気を治すただ一つの方法が土壌や飲み水、住まい、働く条件など、その人の住む地域から見つかることがあるという。たとえば、飲料水にヨードが欠けると、甲状腺腫が発生し、必要量のヨードが加えられないと病気を減らすことができない。以前は避けることができないとされた病から医師や科学者が人びとを救おうとするには広い地域を考慮するとなるとただ一人の努力はまこと無力に見えてくる。

リッジ夫妻の2頭のシーリアム犬も私たちをもてなすお役目を分担する。彼らはちょうど今サンデイ・ベスト（晴れ着）をまとっていない――雨のなかを散歩してきたようで、体中の乾いて強張った毛並みが突き出し砂糖漬けのオレンジの皮のようだった。でも彼らの友情は喜ばしかった。

帰路、私たちも雨に降られた。荷造りをして、我が旅の第3部が始まるまで書き物をせねば……。

〈3月29日、カンザス・シティーからサンフランシスコへ〉

きのう出発する前にバーシアとルーシア・ドリスが彼らの可愛らしい子どもたちを連れてやってきた（バーシアとルーシア・ドリス・ジョーンズはブライソンとアリスの娘たち）。イースター卵を探したり、大きなカモの形の風船で遊ぶというのだ。しばらくお相手をしたが、子どもたちが投げあげた風船を私がとらえるとすっかり喜んだ。可愛らしい4歳のスタンレーは私が彼の母親の口元を読むのを見て、まったく恥ずかしがらずに私たちの旅行について尋ねた。幼児らしいアクセントにもかかわらず、彼の話が楽に分かったのは驚きだった。「何という名前の船で日本へ行くの？」「浅間丸」だというと、それはどういう意味かと聞く。日本の有名な火山にちなんで名づけられたと答えた。「ここは今昼です、日本は夜ですか、ケラーさん？」と問いかけてくる。顔を仰向けてする賢い質問はまったく感心させられる。

アリスとブライソンにホームでさよならをいうのは辛かった。去る1月オールド・マンスを離れたときと同じほど気持ちが沈んでしまった。人生はときには出会いと別れのくり返し以外の何ものにも見えないものだ。

私たちの列車がカンザス州を進むにつれて製粉所や巨大なサイロなど中西部特有の風景をポリーが眺められるほど明るくなった。太陽はほとんど1日中私のお供をして、冷たいタイプライターのキーの上を細かく動く指を温めてくれる。ランチとディナーのときをのぞいて、今午後8時半まで仕事をしつづけた。

今朝、デンヴァー[*31]に停まって以来、猛吹雪を一つまた一つ、合間にぱっと照りつける太陽、白雪に覆われた山脈をポリーは眺める。私たちが飛行機でカリフォルニアへ行きたがったのを友人たちが許さなかったわけが分かった。残念なのはソールト・レイク・シティーには真夜中1時までにしか着かないことだ。町をとりかこむようにそびえる壮大な山壁をポリーはもう1度見たがっていた。

〔3月29日〕[*32]

私たちはネヴァダ砂漠を横断している。ありあまる日差しを受けて、根強い草の生えた荒涼とした大地の海原や何ものも育ちそうもない果てしない広がりに圧倒されないように私はすべての決断を集める。

またもや雪を頂いた山々、巨大なつらら。雪のなかに獣たちが通る道が見えたとポリーは車内給仕に語った。「いやいや」と彼は白い歯を光らせながらいう――「30年もこの地域を旅しているが、ライオンやトラなどまったく見たことはありません」。彼が私たちに向けてくれた楽しい笑いがうれしかった。

「ヘレン、林が！」とポリーの指が叫ぶのを感じた――「初めて木を見る」とデンヴァーと西部ネヴァダのあいだの荒れ果てた荒野で見るのは小さくたって本当にうれしい。

彼女はいう――「春よ！　春よ！　若い緑の草は私の目のごちそうだわ」。

1時間後ポリーは伝えてくる――「ノコギリ山脈と松林が始まり」。私の鼻がようやく生き生きした土の喜ばしい香りを受けとった。またポリーから興奮した身振り――「松の海が見える。枝が絡みあっていて、渡って行けるわよ。ヘレンの手が遠くまで伸ばせたらいいわね。スモモや桃や桜の花が丘から丘へ波になってうねるのに触ってみられたらいいのに」。彼女は話し続ける――「土地全体がピンク、白、バラ色の大きな花束に見える。砂漠の眺めの後の小川が見えるのもお恵みだわ！」

サクラメントから先、列車が停まるほとんどすべての場所が、盲人のための集まりや舞台出演のことを思い出させた。この鉄道沿線にチカチカときらめく花ざかりの果樹の美しさを眺めた母や先生がなんて幸せだったことか！　あの頃私が味わった喜びはお二人と分かちあえたゆえに一層麗しいものだった。お二人がずっと近くにおられるように感じ、あふれるほどの新たな経験をお二人の耳へ注ぎ、はじまったばかりの当惑しそうな不思議な旅にお二人から励ましの言葉をいただけないのは本当に苦しいほどじらされる。お二人とのあいだに死のカーテンが降りてから、私の人生に起こった計り知れない変化を思いめぐらすとき、日本ではなく、この国が異国のように思えてくる。

ちょうど今バークレーに停まった――この方面へ初めて来たとき、ネッド・ホームズが私たちを出迎え、「天国の息吹」の束を贈ってくれた――私のもつ感覚を通して陶酔するようなスリルを与えられたものだ。

〈3月31日、サンフランシスコ、セント・フランシス・ホテル〉

昨夜、ポリーが突然叫ぶ言葉で書き物を止められてしまった――「急いで反対側へ来てごらん。新しいサンフランシスコ橋が見えるの――もう一つの世界の驚異だわ！　素晴らしさを表す新しい言葉が要ります。琥珀色の巨大な広がり」。

まだ興奮の身震いも収まらないまま、列車を降りるとたんに新聞記者とカメラにとりかこまれた。日本人のグループに出迎えられ、盲人の友人たちからはこちらやあちらを訪ねてくれ、失明者たちにメッセージをくれとせがまれる。いつものことだが、たった24時間しかない1日では、6人がかりなら頼みの最後までやれるのだが。

二人の若い新聞記者の援助には深く感動した――ポリーと私がまったく一人ぼっちなのを知るとフェリーまで案内してくれて、オークランドからサンフランシスコまでずっと一緒にいてくれた。そのうちの一人は二つの橋を接続するケーブルの設置にしばらく雇われていて、二つの橋を完成した巨大な仕事の彼の説明が私に高揚感を与えた。この都市の魂そのもの――サンフランシスコ湾を渡るとき、私の動悸が速まったあの脅威に改めて包まれた。昼には輝き、夜には偉大な山々の影や大きな建物の影がチカチカする水面をのんびり渡るフェリーはやがて姿を消すと聞いて残念に思われた。

ホテルの部屋にはいると家具の上や部屋の隅々まで、ある友人の庭から届けられたバラ、クチナシ、花をつけた果樹の小枝やレンギョーであふれているのが分かった。各地から届いた「ボン・ヴォヤージュ」を告げる電報や手紙のもう一つの山は私たちの健康と無事の帰国を祈る優しい友情の現れを思わせる。

きょうこそは忘れがたい一日――『千一夜物語』から抜けでた1ページ。ポリーは今朝私宛のルーズヴェルト大統領からの手紙を渡した。私を通して日本の障害者に伝えられる大統領の麗しい友好のメッセージをポリーの指を通して聞きながら、私たちの旅行は改めてロマンティックな意義を与えられることになった。大統領の高貴な言葉は一人の友人を待ち望んでいる東洋の視覚を失った人びとに対する私の責任感を一段と深めるものであった。

1937年3月20日
ジョージア州、ワーム・スプリングス[*33]

「親愛なるケラー様

日本政府の後援のもと、多数の団体の代表からなる歓迎委員会の招きに応えて、この春、あなたが一連の講演を行うために日本を訪問されることを知りました。あなたの訪問が身体の障害で労苦する日本の人びとに持続的な感銘を与え、たとえこのような協力がわずかなものであるとしても、人道的な努力に関心のある日本の個人や団体とともに、あなたの努力は、よき国際関係はそうあらねばならない、我が国民と日本国民との親善友好の精神の寛容に寄与するものと確信しております。アメリカ国民の心からの挨拶を日本の国民に伝えるのに最もふさわしいあなたがその使命を成功裏に成しとげられるよう衷心より希望します」

私は大統領の素晴らしいお言葉に感謝した。そして抗しがたいあるものが私をとらえ、以下の言葉を私の手に書かせた――

「もしアメリカの1団の男女が恐怖と怒りのなか、進むべき道を手探りしつづける世界に友好のメッセージを届けることになれば大変素晴らしいことになりましょう。そうすればすべての軍国主義者や独裁者が合体しても、多くの障害者を生みだす新たな戦争へ世界を追いこむことができなくなりましょう。情けないことにこのような和解の言葉は心ない耳には役立たないでしょうが、世界的な平和はいつもぼんやりした励ましの夢に留まることはないでしょう」

「浅間丸」が1日停泊するホノルルからは長文の電報。それはこの航海を一段と魅力あるものにする。ハワイの盲人のために福祉の機関を設置し、そのための予算を計上するよう当地の議会で話すよう招いていた。かの地で盲人のための事業に携わるグレース・ハマンが、会合の後、私たちをホノルル周辺の観光に案内すると記していた。息の弾む考えではないか！　もう1週間だけあれば、私たちはワイキキ・ビーチや火山や世界で最も羨まれている気候を楽しめるのだが！

大統領への手紙は午前10時から午後1時まで続いた新聞社のインタビューや写真撮影のあいだに書かれた。電話にわずらわされたポリーは私宛の質問や撮影でどちらを向くかうまくつづれなかった。幸いに、記者の一人が彼女のために電話に応えてやろうと申し出て快活で手際のよい手伝いで、この日のサンフランシスコでのこみいったスケジュールの1場面を円滑に進めることが出来た。

午後、私たちはこの町の「若い女性のキリスト教会」の日本人支部でお話をした。はじめにポリーが私に2、3の質問をした。そうすることで、私の不完全な言葉に慣れていただき、つづいて私が子どものときから夢見ていた皆さんの国への旅の途上にある大変な幸せについて語った。そしてさらに、幸福や世界における「よきものの目的」への私たちの信仰をときどきゆるがせ、深く心を痛ませる経験について語った。「私たちは恐れと疑いのなかにあって周囲を見回します。まるで突然灯りが吹き消され、暗闇のなかに置かれます。最初私たちはびっくりしますが、逃れたい欲求は強まります。しばらくして、私たちが寄りかかれる生命の壁を感じます、そしてどうでしょう！　私たちの手の届くところに扉があります。分かってください、深い悲しみの内に私のために扉が開かれました——日本へ向かう道の扉です」。

ポリーの説明では、美しく着飾った可愛らしい少女の一人が有名な日本の踊りを二つ演じた、1曲は古い踊り、他の曲は現代の作。踊り終わって彼女は衣装と踊りでかざした妖精のような扇に触れさせてくれた。鳥の羽や風に散る花びらを思わせるきらめく足や手には天国の歌の趣があった。別の少女がある盲音楽家の作品を琴で演奏した。私は彼女のすぐ側に座って演奏を見る思いだった。指にはめた象牙の爪で弦の上を手際よく動くさまを味わった。秋の木の葉に降り注ぐ雨滴のように美しい音の小滝が私の手に落ちかかった。一時また一時と、驚くほどの悲嘆の叫びがゆれる楽器から沸き上がった。より甲高くまたより悲しく響きは強まり、柔らかくもの思わし気な音色へ沈んだ。彼女のかたわらにはたった1本の植物を描いた日本の屏風が置かれ、ポリーの話ではその場の美と調和の効果を高めるのに役立っているという。

踊り手と琴の奏者と一緒に写真を撮り、私たちだけの写真も撮った。閉会後、大変な数の人たちと握手し、たくさん言葉を交わし、会場を出たときはくたくたになっていた。でも不思議ではない、長いあいだ公衆の前に出る生活をしていなかったからだ。

エルジー・スペリー（旧友のオースティン・スペリー夫人）が会場に来ておられて、彼女の車でバークレーのお宅へ向かい、ファミリー・ディナーをごちそうになった。私たちは今やサンフランシスコとオークランドを結ぶ、両側のとりつけ道路を含めて8マイルの橋[*34]を渡った。スペリー氏はこの橋の建設中に撮られた写真集をもっておられて、ポリーがそれをながめているのは誠にうらやましい話だ！建物や橋のモデルがないと、構造物の正しい全体像をつかむことができない。しかし、特に私を感動させるのはそれら建造物の壮大なながめではなく、それらの物がもたらす理想主義、人びとの労働、熟練、労苦である。

訳注

＊1　1900年、ラドクリフ・カレッジに入学したヘレンがアン・サリヴァンとともにカレッジ近くの住まいから通う姿を見かけた、結婚間もないスミス夫妻と交友が始まり、やがて妻レノアはヘレンと指

話で直接話ができるようになり、アンが都合でヘレンにつきそえないときにはカレッジの授業にもつきそった。ヘレンとアンが雑誌への原稿をまとめるのに苦慮しているのを知って夫妻が紹介したのが、夫フィリップの友人ジョン・メーシーだった。その後夫妻がワシントンに転居してからも交友はつづき、1936年10月アン死去の際もフォレスト・ヒルズの家に駆けつけて葬儀など万般の世話にあたった。

＊2　ジョージ・B・フライアー、1931年4月ニューヨークで開かれた第1回世界盲人会議に出席、中国における盲人および彼らをとりまく社会状況について報告した。

＊3　ポリー・トムソン（メアリー・アグネス・トムソン）は1937年12月2日、アメリカ合衆国の市民権が与えられた。

＊4　シェークスピアの歴史劇の1篇（1593）。英国王リチャード2世（1367〜1400）の王冠放棄をめぐる貴族間の争いを劇化したもの。この上演には当時の英米の名優が出演している。ヘレンはカレッジ入学前からシェークスピアの作品を読みはじめていた。

＊5　ジョン・D・ライト、19世紀末に聾教育家トーマス・ヒューマソンとニューヨークにライト・ヒューマソン聾学校を設立し、口話法による聾教育を推進した。ヘレン・ケラーは1894年10月から2年間在学し、一般教科の学習のほか、手話アルファベットや読唇法で目覚ましい進歩を見せたが、最も強力に打ちこんだ発声法の学習では目覚ましい進歩は見られなかった。ヘレンとアンが一般の学校で健康な女生徒とともに学習したいと望むようになったのはこの時期とされている。

＊6　コンラッド・ベレンス（1889〜1963）ニューヨークで開業する高名な眼科医。悪化するアン・

サリヴァンの目の治療に献身的にあたった。
＊7　英国コーンウォール州南東部のカラドン地区にある小さな沿岸の町、漁港。
＊8　ジョセフ・ホプキンソン（1770～1842）が1797年に書いた愛国歌。
＊9　ウィリアム・グリーン・フリーズ（1855～1921）英国の写真家・発明家で英国では映画の発明家とされている。
＊10　ジョン・フィンレー（1863～1940）米国のプリンストン大学教授、政治学者。
＊11　エドワード・エヴァレット・ヘイル（1822～1909）米国の小説家、ユニテリアン派の牧師。
＊12　米国マサチューセッツ州中部の都市。
＊13　ユージン・ブリュー、フランスの劇作家。第1次世界大戦終了後、フランス大統領の命によって組織された戦争失明者救済の基金募集の代表を務めた。
＊14　米国の小説家マーガレット・ミッチェル（1900～49）作（1936）。
＊15　クヌート・ハムスン（1859～1952）ノルウェーの作家。ノーベル文学賞（1920）。シグリッド・アンドゥセット（1882～1949）ノルウェーの女性小説家。ノーベル文学賞（1928）。
＊16　メキシコ中央部の原住民で16世紀初頭に彼らの国は亡びた。
＊17　ボニー・マックレアリ（1902～71）米国の彫刻家。女性や子どもの像に人気が高かった。
＊18　ロシカ・シュワイマー（1877～1948）ハンガリーのブダペスト出身の平和主義者・フェミニスト・女性の権利擁護者。1918年世界初の女性大使としてスイスに駐在。
＊19　ジョセフ・ジャストロウ（1863～1944）ポーランド出身の米国の心理学者。アン・サリヴァン

の教育によってヘレンが言葉を獲得したことから、ヘレンに関心を抱き、１９０３年出版の『私の生活の物語』を読んで関心が強まった。またヘレンが体験する夢についても興味があった。

＊20 １９０８年出版。

＊21 米国アリゾナ州南東部の都市、保養地。

＊22 米国南西部に住むネーティヴ・アメリカンの大部族。ホピ族、アリゾナ州北東部に住むネーティヴ・アメリカンの1部族。

＊23 正しくは2万年あるいは3万年で、当時は氷河期で海水の水位が低かった。アメリカ大陸へ渡った人びとは各地域で部族を形成し、南米南端まで広がるのに1万年を要したという。また太平洋には無数の島が散在し、長い時間をかけて諸部族が移動し、アメリカに渡ったものもあり、南下した部族との混交や衝突があったとされている。

＊24 スコットランド北部、インヴァネス市の北の町。ウィスキーの醸造が盛ん。

＊25 盲女性で、有力銀行家の娘。ヘレンよりは年長で、ヘレンとはレンサム時代から30年を超えて交友がつづいている。

＊26 ヘレンの母ケート・アダムズは18、19世紀の米国の政治や経済の分野で活躍した有力な家系の出であった。

＊27 杉本悦子（１８７２〜１９５０）旧長岡藩の筆頭家老の六女に生まれた稲垣悦子は13歳でアメリカに住む杉本松之助と結婚。１９１０年夫の急死後、コロンビア大学で日本語の講師として働きながら、著述家となった。１９２５年、雑誌に連載した『侍の娘』をヘレン・ケラーに縁の深いダブルデイ・

ドーラン社から出版、ベストセラーとなり、後日本語をはじめ8か国語に翻訳された。

*28 ジョン・ドリンクウォーター（1882〜1937）英国の詩人・劇作家。劇作では、歴史から題材を取った作品が優れ、『エイブラム・リンカーン』（1918）は傑作とされている。

*29 リチャード・ミゲル、アメリカ盲人援護協会会長M・C・ミゲルの息子で父と同じく会社経営の一方で、父の後を継いで援護協会の運営にも参加する。

*30 北米五大湖の一つ。シカゴはその沿岸にある。

*31 デンヴァーはコロラド州の州都。ソールト・レイク・シティはユタ州の州都。モルモン教の本拠地。サクラメントはカリフォルニア州西部、サンフランシスコ湾の東岸の都市。カリフォルニア大学の所在地。

*32 原本のままとする。記述の内容からみると（3月30日）とするのがいいかも知れないが、訳出に使用したイギリス版（1938）も、2019年に入手したアメリカ版（復刻版）も（3月29日）となっているのでそれに従った。

*33 1921年にポリオに罹ったフランクリン・ルーズヴェルトが保養の地として選んだ所で、大統領就任後もここで休暇を過ごした。

*34 サンフランシスコのゴールデン・ゲート湾（金門湾）に架かる。1933年着工、1937年完成。全長2825m、湾内に立つ2本の主柱間の距離1290m。水面からの高さ227m。サンフランシスコと対岸のオークランドを結ぶ。本書では「サンフランシスコ橋」と呼ばれる。

第6章 1937年4月

〈4月1日、「浅間丸」[*1]乗船〉

おお、そうだ、長い年月、私の生活がずいぶんこみいっていることを知りながら、この日記をはじめたのではなかったか？　手紙を書くのも不可能なほどなのに、ある種の自己記録をまとめようとするのも大層愚かに思える。それにしても、腹を空かせた人が食べ物を数口頰ばるように、発展させる時間がないときは、数節の断片的な文やいくつかの思いつきを書き留めるわずかな数刻をとらえることができる。でも私がしたところまで進んでしまうと、忘却のかなたからとりかえした粗削りの素材を放棄するわけにはいかない——思い出のなかのくすんだ瞬間瞬間を輝かせるだろうから。

狂乱の朝。記者たちがお別れのインタビューだ——まったくまとまった考えもないと思っているときにサンフランシスコ橋の印象を尋ねてきた。

ケート・フォーレイ（ケートはカリフォルニア州の盲成人のためのホーム・ティーチャー）がやってきた。

彼女は手話アルファベットができ、盲人のための幸福な社会を目指す戦いで長いあいだ同士だったのでともに心温まるときを過ごしたものだ。明敏な情感と豊かな援助で数えきれない困難を乗りこえさせてくれた彼女の姉が昨年世を去り、暗い道をたどる私のように、ケートはまったく孤独だった。新たな失明者をその絶望から救ったり、失明防止の運動を推進する彼女の心地よい勇気を私はこれまで以上に称賛する。控えめの率直さでトロントで開かれる盲人のための集まりに単身出かけるという――足のまひと目に障害のあるケート・フォーレイには驚いてしまった。

息もつかせぬ素早さで荷造りを終え、ポリーと私はエルシーの車に乗りこんだ。しの突く雨のなかを混雑した道路を走りぬける。「浅間丸」は正午に出港の予定だ。私たちが到着すると最後の警告の汽笛が鳴っているのを感じた。聾者や盲人も加わったアメリカ人や日本人の大きな見送りの集団が出迎え、温室咲きや庭で咲いた花々の塊で私たちは埋もれてしまうほどだった。エルシーと「ウイロウ・ニャンニャン」は駐車したのだが、群衆がどこへ押しやったか、私たちがお別れの手をふるためにデッキへ出たときには彼らの姿は見当たらなかった。ポリーの指指令が「ヘレン！　写真」とつづり、しの突く雨のなかカメラへポーズをとった。私たちが東洋へ向かい、そして戻る道々、絶えず日本人が写真を撮るだろうと前から覚悟していた。

ゴールデン・ゲートを縫って船が進むと、ローマ人がいったように、ある神が私の耳をつまんで22年も昔の記憶の舞台へ飛んだ――先生、ポリーそして私が晴れ渡った日にタマルペイ山[*2]の上に腰を下し、緑黄金青に輝くサンフランシスコ湾と足元のセクォイアの巨木の森を見晴らす。ネッド・ホームズは極東からヒスイ、象牙、マホガニー、ミルラ、乳香などを満載した船が次々と入港するロマンティックな物語へ私たちを誘いこむ。それを聞きながら、ポリーと私は（二人がそのとき同じ願いを抱いたことは分からなかったのだが）いつの日にかゴールデン・ゲートから東洋への道をたどりたいと決心していたのだ。驚異に打たれた私は世界への出口を通ってアラディンのランプの指令に従って巨大なジーン（霊魔）のように私たちを乗せた「浅間丸」を感じた。霧雨に煙るなか、我々はほぼ完成したばかりのゴールデン・ゲート・ブリッジの下を、外海に向けて切り立った崖のあいだをゆっくり通りぬけた。つづいて私はある生命から別の生命へ生まれ出た感覚を味わった――いまだ知られぬ巨大な体験のなかへ……。

しかもなお私は迷いを感ずることはなかった、むしろ私の心の前に開かれた新しい水平線の思いに高揚する気もちを味わった。恐らくそれは、先生の逝去とともに一つの世界が燃えつきて責めさいなむ感覚から私が解放されはじめたからだろう。先生が最後に私に口づけして以来、先生はずっとお近くにおられるにちがいない。天上のお住まいから、先生はいまだ希望に触れられたことのない暗黒と沈黙のなかを進むよう私を励ますように、私の目的はその活力をとりもどした。この世における先生のお姿とともに心安く気ままな雰囲気は去り、今こそ私が必要とするタスクは必ずや私がアメリカへもち帰る感情や印象の数々から新たな自己を育てることだ。私の心はまだ友人たちが行き来する家のままだが、私にとって先生とか母とか父となるような人はおらず、私が出発するまで、温かみのあるただ一つの部屋が閉じられたままであった。私には夫や子どもがないから、人間関係を満足させる他の部屋が開かれるかどうか分からないが、「私の前途には、これまでと同じく、神があり、それですべてが善しなのである」。

私たちの船室は温室のようだ。並外れた花かごはサンフランシスコ在住の日本人の婦人たちから贈られたものだ。そのうち最も感動的なのは仏教徒、神道信者、キリスト教徒等16のグループがまとまって送り届けている。ファイファー氏（G・Aファイファーはアメリカ盲人援護協会の理事）からはけっこうな果物かごが送られており、心温まるよろしくのお手紙と日本で特に欲しくなった記念の品の購入に充てるよう小切手が添えられていた。

いただくより与えるほうが幸せだということは知っている、でもこのように与えるよりもはるかに多くをいただいている。しかし、この温かな思いや祈りの大きな塊は本当にうれしい……アメリカの盲人のために私がこの数年拠金活動を可能にしてくれた大きな度量そのものに由来するのだ。

出港後まもなく金子船長が訪ねてこられた。握手から彼の友好的な人柄が好きになれそうだ。この航海で二人目に会った日本人は横浜の裕福な茶商の石井氏だった。

私たちの部屋は花々で混雑し、居場所もないほどで、他のお客からも楽しんでいただこうと食堂へ運んでもらった。海へ出た初日と長い時間の興奮から自然に起きる眠気にとらえられ、ベッドに沈みこむとポリーが夕食に起こすまで動かなかった。

〔4月2日〕

今朝は遅くまで寝ていた。まだ風雨もよう、まったく寒い。心配症の友人たちが日本の食べ物へ注意事項を山ほどくれたが、ランチはほとんど食べなかった――スープ、魚、生焼きのチキン、リンゴとセロリのサラダ、チーズを一口か二口ずつついただいただけ。もちろんおなかはすいてはいたが、遠隔地を旅する者には新しい食物に慣れるのに1日か2日はかかるものと思っている。

シュロ、日本の盆栽の松、ハリモミその他船中の植物に触れ、潮風に当たらぬよう労を惜しまず保護されているのを見るのは頼もしい。ラフカディオ・ハーン[*3]の「見知らぬ国、日本から」が読みたい——世界にはどこにもない日本の庭園について多くが語られている。しかし、胸を締めつける義務感が、私の心からこの微妙な喜びと安らぎを追いだした。出発の直前、深く愛している友人が、私のいったあることで深く傷ついたことが分かった。それは最も強い友情の結びを脅威にさらす悲しむべき誤解によるもので、私としてはこの重要な時期に余分の荷物はなしで済ませたらと思う。午後、彼女に事情を説明しようとかなり長く書いてはみたが、こうした仕事はめったにうまくいくものでないことが分かり、ほろ苦さが石ころのように心のなかに横たわっている。

〔4月3日〕

雨は霧雨に弱まったが、甲板を歩くのはまだ楽しくはない。忙しい午前——署名、ホノルルでのスピーチ、出発直前の息もつけない10日間読まずにおいた郵便物。

お茶の時間に船長室におじゃまする。コンラッド[*4]の作品で何かお読みか尋ねると「そう、『青年』を読みました。大変好きな作品でした」と船長のお答え。

海や会員に対するコンラッドの愛情ある言葉は自分が読んだものでは最も高潔であると私は述べる。

「海で働く者は兄弟愛と寛容の心で結ばれています」と船長。「もし彼らが世界の事情について考えを述べれば、次の戦争は起こらないでしょう」。

私は同意した――彼らの影響力は港ごとに強力になってはいるが、その声はまだ恐怖やナショナリズムの神経症に重なって聞こえているにすぎない。

午後、ホノルルの歓迎委員会から無線でていちょうな「アローハ」が送られてきた。ハワイ以外の7島に住む人びとへ向けて私のスピーチの放送が許されるか3度も尋ねてきているが、3度とも同意すると伝えた。2度の回答が受けとれなかったのだろうか、奇妙な話だ。トラブルはあるかもしれないが、ハワイが近づいているのはわくわくさせる現実だ。ポリーは数年前、世界クルーズで見た青々としたホノルル周辺の山々を思い出して「至福の島」への到着を待ちこがれる私をじらす。それらの山々はジャマイカの山々に似ているという。ジャマイカは一昨年10月、先生が私たちと一緒に船で最後の旅をしたところだ。

ジャマイカ[*5]のことを思うたびに私の心は苦悶で縮むばかりだ。あの旅行は先生がご自分の活力を打ち砕いている痛々しい病を克服しようとする努力の一つだった。素晴らしい10月の空の下の航海を先生は期待したほどには楽しむことができず、到着後数日はドライブに出かける気力が出なかった。私自身それを認めたくはなかったが、休息や豪華さや彼女の活気にあふれる詩人の魂が躍動したプエルトリコさえも、もはや彼女の健康はとりもどせないと私は痛む心で悟ったのだ。先生は残った視力で広々としたバナナの林やまっすぐ伸びた竹の垣根や目もくらむ山の塊の壮大さを勇をふるって見分けようとされるが走りぬけている道路ははてしないものに見えただけだった。先生は島の反対側のセント・アンズ・ベイに着くまでうっとりさせる山の色、浜辺、カリブ海、根元を洗うさざ波で終わることのないうわさ話を波と交わすココヤシの木々などプエルトリコを思い出させるものは発見しなかった。しかし先生は疲れはてて、ほほ笑みかける「喜びの幻」を求めてこんなに遠くまで出かける価値があったか疑問にさえ思われた。プエルトリコでは道路の曲がり角ごとに見られた絵のような小さな教会や社の姿は先生の目には留まらなかった。私たちはすごすごとフォレスト・ヒルズへ戻って、3人ともども震えながら暗闇に包まれた次の年を手探りで過ごした。昨年春、不成功だった目の手術の後、先生は再び健康の回復を求めて立ちあがった。夏、私たちは先生をともなってカナダの山地の大きな丸太小屋へ行ったが、ハーバートが作ってくれた素晴らしい散歩道のモミや松の香りの記憶を今も味わうことができる。アーチェンボールト湖のほとりの静かな小屋のそばを私は行きつ戻りつしたが、先生は自らを癒そうと期待して、さざ波やオールの音や鳥たちの歌声を聞きながら眠ろうとなさった。6月末、先生は着替えを手伝わせ、医師の診察を受けにニューヨークへ戻って行かれた。「待っててよ、がんばるからね」と車へ乗りこみながら先生はいわれた。でも先生はあの素晴らしい丸太小屋を見ることはなかった――苦痛さえ治まれば心の平和が必ず見いだせた場所だったのだが。

私はこの寂しい記憶のほとばしりをとどめることができない。ロング・アイランドの海岸の小屋で病を脱ぎ捨てようと最後の試みをする先生……生死の境を漂う病院での最後の一月……家へ戻りたいと哀願する先生。やせ細って行く先生を思い出すと総身が痛む。マッサージをしながら、以前は胸や肩にあったしっかりした柔らかさを感じた肌や骨に触れながら、わいてくる涙を先生がお見えにならないのが幸いだった。

この世を生き抜かれた先生の最後の数分をふり返る――8時間もの呼吸の苦しみの後ののど鳴り

――私の手のなかで冷たくなってゆくなつかしい先生の手――部屋中に立ちこめる鎮静剤の匂い――葬儀のためお体を整えようと私を部屋から連れ出す悲しみにくれる友人たち――先生の恵み豊かなお顔ではなく、表情が消えさってこわばったお顔に触れて、1時間を通して私はゲッセマネ（苦行）を乗りこえた。尻ごみを感じた私の口から叫びが漏れた――「先生ではありません、先生ではありません！」次に私が自ら見い出したのは屋根裏の書斎の椅子に座りこんでいる私だった――耳の達者な人には、最後のシャベル1杯の土が棺の上に投げられた音のように、私にとって最後の静かで冷たいイメージを消しさろうとしながら。目が達者な先生が日の当たる窓辺で書物を読んで下さるときの慈悲深い力が私の思い焦がれる指に温かさ、活力、そして顔に浮かぶ生きる魂だけの柔らかな輪郭をよみがえらせた。

先生が息を引きとられた後、私をこれまで以上に強く支えてやれたらとの先生の信念を思い、私は身をかがめていった――「ご存じですね、光と平和の栄光ある人生がまたはじまります」。それから、先生が小さな弟[*6]と再会する喜びを思っておられたことを思い出して、彼が生き生きとすぐそばにいるように感じて、彼のことを語った。はるかかなたから先生の心が私の心に応えてくれるかといぶかりながらも、思い出の大波が私の上に広がって、翼の生えた言葉をお互いにつづりあった喜ばしい解放の日々を思い出した。そして人生は「偉大な発見」の継続……風がトキワギをさわつかせるレンサムの私たちの白い農家の家……古い石壁で境された牧場や先生が愛された木立を透かして柔らかく光の降りそそぐ静けさを縫って進んだ散歩。このように先生にささやきながら、私はなおも先生のお顔に名状しがたい魂の応答を感じた。後に味わった変化は私には耐えがたいものであった。すべてのものがぼやけてしまった。今後はどこへ通じるか分からない道を一人でたどり、何事へも導いてくれそうにない階段を登らねばならないようだった、それらの道や階段が私を先生のところへ導いてはくれないのだから。

しかし、先生が愛読された書物を通して、先生と語りあううちに、「肉体は精神の影にすぎない」という新しい自覚をもつようになった。先生は決して遠くへ行かれたのではないと分かった。私たちが寄りそって歩みつづけた道は先生の人間性が咲き誇り、私たちが一緒に成しとげたことを通して人生はいつも先生のことを話してくれる。

この積もり積もった悲しみは言葉の鎮静作用では今まで少しも和らげることができなかった。恐らく絶えずよみがえってくるこの記憶の締めつけはやがては緩むことだろう。私は特別な「神意」を信じない――それは特別な怠たりを意味するからだ。しかし我々が神のなさることに任せるならば、神はより重い試練に立ちむかう我々を強固にし、この旅行を通じてポリーと私を新たな善意の目標に導きつつあることを私は確信している。

〈4月4日〉

今朝、太陽は雲間からぱっと現れ私の心にも明るさがあふれた。ホノルルへ1日近づいたと思うとうれしくなった。サンゴの砂浜に歌いさざめく薄青い波、波頭から舞い立つまばゆいしぶき、日の心を抱いた山々、斜面を登るヤシの森、「自らの緑の天蓋からたれ下がった」黄金の果物へと私の心はじれったく駆けだした――月影に聞こえるウクレレの魔法と私はいおうとしたのだが、私は夕方5時に着くことになっており、状況という独裁者がここに書いたような道をもう一度通してくれるかなんともいえない。

終わりのこない仕事に疲れ、お昼にはポリーと甲板で日差しを浴びながらくつろいだ。点字で『風と共に去りぬ』[*7]を読みはじめた。全部で12冊になり、甲板かベッドで読むぜいたくがしたいので、いつ読み終えるか分からない。他の読者も待ちこがれているから、春のうちにこの本を返却するには、眠りから時間を盗まねばならないと気をもんでいる。

この本はジョージア州のある大農場の穏やかな生活からなんて魅力的にはじまったことか！オハラ夫人のような女性たち――その手や声には不幸な人びとに対する癒しの心をもちながらも、絶対必要な真実に驚くほど盲目な天使たち――を私は知っている。愉快でもなく適性が認められた主題を無視して、あたかも社会の枠組みに広がるさびのように、陰険な悪徳が彼女たちの行く手に食いいるような避難所を無意識のうちにつくりだす。たとえば、性病について多くの女性たちのかたくななまでの沈黙がある――今ようやくその沈黙が破られつつあるとはいえ、その恐るべきまん延を食いとめる方法の議論は不可能とされていた。心温かな忠誠心、こっけいな暴君ぶり、方言をゆっくり気どって話すマミーは素晴らしい。私はスカーレットを好かない、『リア王』のリーガンやキャザリン皇后のようにまったく利己的な人物へ変わっていくような気がする。

ある夫人が私たちの船室の戸口でうろうろしていたという、つまらないおしゃべりで私たちの時間をつぶそうというのか。こんなとき、私はウサギの穴[*8]へ逃げこみたい気もちになる。頑固でしつこくて頭のお留守なこういう人たちをかわすのはもっとも厄介なことで、私のような立場にある者は、プライドや俗物根性として最も必要な自己防衛の行為さえもその意味をとりちがえる恐ろしい人たちがいることを心しなければならない。

この先３、４か月、私たちが他人のための仕事に専念することは完全なことを自覚して、横浜へ到着するまではしっかり自らを戒めていきたい。その上今のところ私には対応しなければならない個人的な義務があり、歌にある靴のなかに住む老婆[*9]の気もちに共感したい。たとえとして、誰にパンやスープをあげたり、誰かを平手打ちしたり、寝床へ追いやったりするなど思いもよらぬことだが。返事を出していない数々の手紙がとがめるように私の手元に現れ、考えがぼんやりさまよいはじめ、スピーチや覚え書きの記憶が失われてしまう。その衝撃がなぜ聞こえないのだろう、それこそ現実的で私には恐ろしいほどなのに。なぜなのだろう。私たちがよろめき求める要求は世界の至るところにある魂の不安や危惧のたったの一部なのだろうか……。

今月号の「ジーグラー」紙に、ピッツバーグのペンシルベニア盲人協会の作業所でまだつづいている座りこみストライキの勇気ある盲人たちのことを残念さと誇りの混ざりあった気もちで読んだ。そこでは１７３人の労働者がおり、その内１０７人が工場を占拠している。

ときとして、失明者の要求が最も法外に強いことがある。目の健全な人たちには失明の深刻さや暗さの意味を理解したり、失明者を目や耳の健全な世界に全面的に復帰させることが不可能なことを失明者は忘れることがある。健全な人びとが自由に闘争して生活条件の改善を求める機会があるところでも、失明者は自分が得ているわずかな所得を失う危険を冒す前に、時間をかけて考え、静かに動かねばならない。反抗的な私自身、健全な人たちに比べて、分別や人間らしさが認める範囲で、いつも半ばまで――いや3分の2のところまで進むことを求めてきた。「英国医学雑誌」の栄養にかんする記事に載っていたうれしい保障をしてくれる以下の詩を読んだ――。

親切な自然が与えるものはみんなお上がり、
それはみんな混ざりあう。
あなたの心がいうなら、そうなる、
疑いはじめたら最後
胃液もそれを見つけだす。

日本食をいただく私はこの態度でいきたい。これまでいただいたお料理はおおかた大変美味しい。厄介なのはその名前を正しく知りたいこと。

破られることのないドイツの圧政の悲劇とおぼしきなかに記録された冷酷な喜劇の趣のある話。ベルリンで、ある男性が政府のある地位から解雇された。妻の尻に敷かれていたばかりだったという。彼が妻に向かって立ち向かえないとしたら、公的生活の重い責任をはたすのに必要な鉄のよろいをまとった精神を欠いているという議論になにか真理があるか私は考えさせられている。

目の達者な人たちが楽しむ文学作品のすべてが盲人の求めに応えてすぐ点訳されることは喜ばしいことだ。12歳ごろ、先生が読みはじめられた『海の苦労人たち』という作品を覚えている――最初の何章か進んだ後、先生の目が弱っておしまいまではいかなかった。『レ・ミゼラブル』は読み終えるのに夏休み全部がかかるだろう。オリーブ・シュライナー[*10]の『アフリカ農場物語』があった――カリフォルニアからパナマ運河を経て自宅へ戻る航海で先生とポリーがこの本で、すすり泣いていたのをはっきり覚えている！

〔4月5日〕

太平洋の大海原の素晴らしいほほ笑みの一日、大気は愛撫し、船は快調。まだ渡らねばならないはるかな距離を横切って、私あてに無線がひらめいたのにはうれしく驚いた――「桜咲く国へようこそ」。日本へはずっと近づいているのだ――人類のもう一つの部分との一体感が感動的にたしかめられた。

今朝、私たちの美しい友人ウィリアム・ムーア夫人の姪御さんにあたる人に甲板でお会いし、アメリカもけっこう狭いものだと感じた。ブラード夫人と彼女の可愛らしい娘さんたちジーンとキャロルがワールド・クルーズを楽しむのだという。私は皆さんにムーア夫人がニューヨークのお住まいで何度もてなしてくださったこと、とても親切で、部屋から部屋へ案内して、数百年前に作られた中国のヒスイの花瓶や鉢、象牙づくりの彫像や観音様の美しい浮き彫りや恐ろしい竜など、夫人の選り抜きの美術品のお宝に触れさせていただいたことを語った。「そうそう、香りの強い中国のお茶をいただきながら、蓮の葉に滴る露玉について語りあいました」と私はつけ足した。ブラード夫人はサンタ・バーバラの彼女のお宅のことを語った。彼女のことをもっと知りたいものだ――この運命的な航海の途中でこうした共感を誘う心に出会うのは大変愉快なことだ。

ここ数日私たちが生きている雰囲気は異質なものではない――私には人間的なものは異質ではない――でも人間的なものには皆それぞれの特色がある。新しい言語のように、それは私の注意を引き、それを学ぼうとする私の力を試し、私を新鮮な発見へいざなう。粋で物静かな日本の貴族たちがいる、機敏で目ざとい商社員たちがいる。ほかの人たちは運動に興味があり、デッキ・スポーツを見るのも楽しい。さらには船長のように思慮深く、世界の混乱や苦悩に心を痛めている人たちもいる。しかしこのように異なった人柄を貫いて、明確にはいい表せないが、同じ民族としての結びつきが存在している。また彼らの内に古い文化と近代との葛藤の存在を私は認める。老若を問わず、この対立する力のこちらか、あちらへ引き寄せられているが、国民としての生活を維持しようとすれば、彼らはすぐそれを認識しようと努めなければならない。ある人たちは地球の表を変えつつある西欧の理想や方式に適合しようと神経質なほどに強い自意識を抱いている。ゆらぐことのない天皇への忠誠心と強烈な愛国心とが彼らの精神構造の基本的な部分である。それと同時に、彼らはアメリカ人よりも国際的精神をもっている。最も攻撃的な場合でも、力よりも確実に支配的なていちょうさを示す。もし激しい軍国思想が帝国の建設に向かって彼らを駆り立てるときにさえも彼らの度量ないしは慈悲深い近隣愛を失うことはないだろうと思う。

いく時代を通じて日本を精神的、社会的に活気づけてきたのは女性だと船長は信じておられる。「家庭にいる女性はこの国の誠実な守り手でした」と彼はいう。夜明けから夜更けまで働き、まれには人生の花々を集めることがあるにせよ、船長は女性たちに誠実な共感を抱いておられる――彼らの教育と生活を豊かにするものを与えることを望んでおられるが、女性のあるべき場所は家庭であると感じておられる。しかし、アメリカで不満を抱き、不安定で目的のない多くの「自由な」女性たちを見てくると、船長の見方の多くは正しいといえるかもしれない。その精神から生まれた美と芸術的な力をもった古くからの日本文化が過去のものになりつつあると船長は穏やかながら残念がっておられ、女性が家庭に自らの位置を占めつづけ子どもらのためにその価値の計り知れない遺産の一部を救うことができると信じておられる。たしかに日本のように各時代ごとに若返り、前途を目指す国がいくつかあった。そして変転極まりない時代に適応すべく最善の近代思想が日本人によって受容されることが期待される。

〔4月7日〕

ホノルルにおける1日。

きらきらとロマンティックなアラビアン・ナイトの記憶に彩られた昨日がかたわらへ寄って色あせたかのようだ。あまりに多くが一つになった――心臓の鼓動のように駆けぬけるひとときひとときが壮麗さに満ちたレイとなり、一つの集まりから次の集まりへ途方もなくつき進み、夢の数々が織りなす敷物が足下に広がり、時が許せば立ち戻ってさらに深く探りたい憧れが回想のうちに鋭く残る、世界から孤立した地域との本当に軽く過ぎ去るふれあい。今朝は本当に疲れている、まるで1週間徹夜で働いた気分だ、しかし詩に歌われるほどのていちょうさで私たちはもてなされ、私にも豊かに償ってくれるほど、私の訪問がハワイの盲人のために一つの助力となる確証が得られる。

ホノルル到着が朝6時、まだ起き出してもいないところへ点字の日程表が届く。ハワイ議会の集会とライオンズ・クラブの昼食会のあいだに二つの集まりが追加されたのに気づいた。即席の挨拶の用意が必要なことが分かった。

ポリーと私は7時に甲板に出た。トッド司令官を先頭にハワイ知事の副官、盲人や聾者やライオンズ・クラブの代表たちからなる委員会が私たちを迎えた――つづいてレイ――うっとりした私の触覚への生きた宝石そのもの――がドレスがほとんど隠れるまでかけられた。ポリーの説明からみんなで輝かしい虹を作っている――白、赤、ピンク、オレンジ、黄金。混ざりあった香りが私をうっとりさせる――ガーデニア、ペコキー（香りが藤に非常に近い）、パルメリア、モック・オレンジなど――首にかけられた花々の重みや暑さを忘れてしまったほど。私の最初のホノルル訪問歓迎の言葉や親切な扱いには「アロハ・オエ」の音楽があった。

広くて快適な通りを進みながら、その香りからここはガーデン・シティー（庭園都市）だと分かった。視覚保護と盲人作業所の所長グレース・ハマン夫人が朝食に彼女のお宅へ案内してくれた。ポリーはそこからこの世のものとも思われぬ青緑の海原、砂州に打ち寄せる白波、はるかかなたのダイアモンド・ヘッドを見渡すことができるという（私はダイアモンド・ヘッドのハワイ語の呼び名「ライハヒー」[*11]がかえって好きだ）。

ハワイ議会の上院議員たち、エルシー・ウィルコックス、カニングム夫人、W・J・ヒーンの皆さんが私たちを知事局に案内した――昔王宮のあった建物だという。ポインデクスター知事が私たちをていちょうに出迎えられた。この度の行事のため、知事は病院から出てこられたとうかがって感動した。お話では知事の執務室はかつてはリリウオラニ女王[*12]の寝室だった部屋で、州の下院は玉座として用いられた階下でときおり開かれたという。私は女王の少女時代の情熱的な物語を読み、女王が退位させられた後、ハワイの住民が家にこもって泣いたことを知り、涙を流したことを語った。窓からの眺めがまたもやポリーの目を魅惑してしまい、女王陛下の目が激しい詩人の愛をこめて穏やかで華麗な緑に注がれたにちがいないと想像できた。

数名の下院議員が、私たちがスピーチをする建物へ案内した。スピーチの反響は申し分なく、ハワイの盲人たちは彼らの求める福祉局の設置を獲得すると私は確信した。準州議会は待ちに待った決議を通し、ハワイを代表して私に歓迎の辞が述べられたとき、私は気前のいい賛辞をいただいた心地を味わった。

ハワイ全体のさまざまなグループ――中国人、日本人、ハワイ島人、ポルトガル人、アングロ・サクソン人――の人びとを代表する議会であいさつするのは興味があった。皆さんがゆっくりではあるが、着実に人種間の諸問題を解決しつつあると信じる。地理的な位置からいって、ハワイは幸運だと思う――恒久的な平和を達成する努力を妨げる偏見や強烈な国家主義から離れた位置にあるからだ。ハワイ住民のために政治や実業においても独立した態度をとることが容易で、住民間の差異より統一を強調できる。彼らの精神は、人類は一体だという生物学の真理や誤った愛国主義なしで教えられた経済に基づいた歴史に開かれている。私はハワイを外国の支配下に置いた帝国主義を悲しく思う一方で、相互の援助と支持の融合が発展しており、人を阻害する腹立たしい人種的優越性のプロパガンダに抵抗するところまで充分力を示しているように思う。私は異なった出身国という背景をもつハワイのアメリカ人にかかわるいろいろなニュースを特に興味をもって追ってゆきたい——彼らの要求を善意と知性の高い協力の中心へ融合させる人種間の交流と過去の敵対から離れて健全な心への発展を通して、彼らはこの地をかじとっていくだろう。今私は、ハワイにおける異人種グループの調和した関係にかんするヒューム・フォード氏[*13]の記事やパンパシフィック・ユニオンのメンバーの一人サッタースウェイト夫人の私あての素晴らしい手紙を読んで、平和への新たな希望を与えられたところだ（彼女は昨日お会いしたホノルル事業と専門職女性クラブのメンバーのお一人だ）。彼女は、太平洋上で国境を接する14か国、世界人口の半ば以上が住むこの地域の人びとが直面する諸課題の解決のための融和的な論議へ導こうとするユニオンの努力について述べている。

宮殿を出ると男女学童たちの大きな集まりに囲まれ、バルコニーから彼らに短いスピーチをくれるよう求められた。その後準州立盲・聾学校に案内され、ホノルル・ジュニア・リーグ、ジャパニーズ・ジュニア・リーグ、病院社会福祉部、商工会議所、学生などの代表者から新たなレイが雨のようにかけられた。これらの芸術品の意味を学んだ——花束の織り手たちは日の出に起きだして、花々を大量に摘み、1本1本と数時間かけて編み上げるという。訪問者に贈るなんて贅沢で彩り豊かな出迎えの品であろうか！　私の首には20から30のレイがかけられた。私は特に盲児童たちから贈られた薄紫のトケイソウのレイと聾者たちが編んだ淡紅色のストロー・フラワーのものが好きだ。

盲児童と聾児童が同じ学校で教育されているのは残念である。一緒に教育することは最善の結果を生まないからだ。障害がまったく異なった二つのグループを教えるのは負担が重くなり、それぞれのグループが必要な特別の配慮をすることが困難だからである。でも、こちらの準州立学校は広い校庭で、生徒たちは自由に運動して、幸福に成長しており、山、海、鳥の歌声、豊かな植物からの美しい目や耳への呼びかけがあることを知りうれしくなった。

ホノルル・ライオンズ・クラブと実業と専門職女性クラブの昼食会はフーラ・ホールで開かれた。私のあいさつの前に、ある盲人の指揮でオーケストラが深くて甘い振動を広げ、やや離れたところで感じることができた。つづいて私は彼のかたわらに立ち、彼のウクレレの演奏にあわせて調子をとった。選ばれた曲はリリウオラニ女王作の心をとろかす歌「アロハ・オエ[*14]」だった。哀願するような楽音が私を包んで流れ、友人たちや幸福や女王の力との別れほどに悲しい別れはなかったかのようであった。

招かれた私たちのホステス役は準州知事の娘さんの魅力的なヘレン・ポインデクスターだった。知事閣下はご親切に私たちのホノルル見物に彼の車を提供してくださった。すっかり暑くなり、パイナップル工場に止まって、これまでに味わった最もおいしいパイナップルの冷たいジュースを楽しんだのはうれしかった。残念ながら目下活動中のキラウエア火山[*15]に敬意を表する時間はなかったが、圧倒するほど壮観な山々のなかまで車を走らせた。ポリーによると山々はこの世のものとはいえない海原に浮かんだようで丸い緑の斜面は筆舌につくせない眺めだという。ハイビスカスの垣根やヤシや竹の林やパイナップルの畑や頂上周辺で四方八方魅力的な眺めが楽しめる建物のあいだを縫って曲がりくねった道をジグザグに車が登って行くのを私は味わった。聾児童を教えておられるパルマー氏がご一緒で、物語や歴史の挿話や母音が流れるように響くハワイ語の名前のあいだを縫って、指話による色彩あふれる説明と鼻孔へ流れてくる周囲の香りから、まだまとまらない印象のナイアガラを受けとった。

広々とした涼しい部屋部屋のあるエンマ女王の夏の離宮を訪ねようと車を降りた。先住民が休んだいく台かの大型のベッド、女王の跡継ぎのゆりかご、裁縫台やマット編みの織り機に触れることが許された。広間では細くて長いグンカンドリの羽で編まれた王の旗があった。いたる所に大型の花瓶が置かれ、豪華なゴクラクチョウカ（ストレリチア、アメリカ南部原産）、両手を握りあわせたほどの大きさの「カップ・オブ・ゴールド」[*16]という花、さまざまなユリが生けられていた。ガラスのショウケースが開けられ、ムクドリモドキの羽の下の緑の綿毛とともにその羽で編まれた豪華な女王のケープを見た。鳥たちの換羽期に羽毛を集めてこれを仕上げるには数世代かかるという。つづいて「草ぶき小屋」あるいは王が国の雑事から逃れて保養するパヴィリオン（離れ）へ進んだ。そこは太くて滑らかな竹の間に干し草が張られ、多くの窓が開かれていた。ロマンスの趣がうかがえる——穏やかで夢見るような夕空の下、歓楽に憩う人たちが集い、細身の優雅なフーラの踊り子たち、ウクレレはかたくなな心のもち主たちが恋の魔力に身をゆだねたいほど物思わし気な音色を海原へ広げる！

私たちはライハヒーがすぐ近く王者のごとくそびえる壮大なパリ[*17]あるいは崖のところまで車を走らせた。大型の白波が岩に打ちかかり、日差しのなかに虹がたつ。すぐ近くでは、車に波しぶきがかかる。地響きで車の窓がガタガタなり、何度か訪れたナイアガラ瀑布の地響きそっくりだ。風が何台かの車を転覆させたことがあったと聞かされた。

山を下りかかると、突然強い香りが私の心を小躍りさせた——ロサンゼルスの思い出としっかり結びついたユーカリ樹の香りだ。スティーブンソン[*18]が執筆や海を眺めるのに腰を下ろしたバニヤンの樹

（ベンガルボダイジュ）を見た――歩いてまわったが周囲１００フィートはあるという。どれほどの古木か分からないという。四方八方へ伸びた枝の大きさといい、ちょっと上がってみた巨大な根は一つの森の印象を受けたが、それはまったく一本の巨木だ。

ホノルルへ戻って、ハワイ・インペリアル・ホテルの魅力的な敷地内を歩いた。熱帯の木々や灌木や鉢植えの植物のあいだで戸外のディナーを楽しむのに本当にふさわしい場所だ。

島を離れる前に、ポリーと私はポインデクスター知事のお宅でお茶をいただいた。美の大氾濫を満喫した私たちを休ませてくれる趣だった。ミス・ポインデクスターが車で波止場まで送ってくれた。今日一日を私たちのもてなしと喜びの晴れの日にしてくれた温情豊かな友人たちに渋々ながらの別れを告げた。でも、もっと長い滞在で戻ってきても、快く迎えられると知って、皆さんのアローハが私たちの心を明るくした――

アローハの意味はお別れのこと、
アローハの意味はさようならのこと――
常夏の空の下、
また会う日までのお別れ。
アローハはおはようのこと、
いつも真実でいること、
でもアローハの最善の意味は

あなたを愛してるということ。

暑い船室へ戻ってみると、ベッドの上にはレイが積み重なっているのを見つけ、大きなため息をついた――実際には金切り声を上げたかったほどで、甘い香りにはすっかり食傷気味で、とにかく横になりたくて、ともかく花束を床へ投げ出した。私は、目の達者な人の目にはまぶしい情景が苦痛な作用をすることをこれまで経験したことがなかったことを理解した。

ベッドで夕食をいただいているところへさまざまな香りのする花でいっぱいの箱が二つもちこまれた――運び出してもらおうと思ったところ、指先に点字のカードが触れた――。

「これはハワイで育った美しい花です――準州立盲・聾学校より」。

皆さんがアローハの思いをこめてそれぞれの花の名前と色を書いたカードをそえてくださった――そこで眠たい気もちを抑えて花々をたしかめにかかった――珍しい自然の骨董品ぞろい――ソーセージノキの枝、シャワーポッド（硬くて長いさやのなかに種粒が入っていて振るとガラガラのように鳴る）、バオバブ・ボンバックス（ラット・トリー、ネズミノキ、アフリカ原産の巨木で果実は食用に）。一晩中甘い香りに浮かされる夢を見、今朝は肩にかけられたレイを思い出すたびに、肩が痛んだ。

ポリーはぴくつく指で、ホノルルでいただいたはてしもないペン書きのメッセージを全力でつづりつづけ、私は私でくたびれた手で点字のアローハを読みつづけた。ポインデクスター知事や盲・聾学校その他多くのあて先に礼状を出すことを思うと重苦しい気分になってしまう。

どうやって甲板へ身を引きずって来れたのだろうか。チキン・サンドイッチをいただいてから船内用長椅子に横になり、目を閉じた。休んでいるところへ、ある高名な紳士が声をかけられた――三谷とおっしゃる方で、パリの日本大使館関係の高い地位の方だとお見受けした。非礼を意図したわけではなかったが、このような方にお会いする名誉を思いつつもすっかり緩んだ気もちだった。三谷氏は、私がずいぶん昔、ラドクリフ・カレッジに在学[19]していたとき、彼の妹さんが私に会ったとおっしゃる。お話では、桜の花の季節に故国へ戻ろうという3、400人の日本人が乗船しているという。私が塙[20]に深い関心があるというと、横浜の歓迎委員会へ無線で塙の生地を訪ねられるよう手配をしてくれるといわれた。まったく素晴らしい話だ！　だが、そんな時間がとれるだろうか、とにかくスケジュールが大変きついという印象があるばかりだ。

きのうの過剰な握手攻めのせいか手のひらに凝りがある。この命をもたない落ち着き払ったタイプライターに私の人間嫌いの雰囲気を打ち明けるのはちょっとした救いだ。日本では、出される手はみんな握って手がしびれたり、毎日朝食から深夜までしゃべりまくって話せなくならぬよう決心を固めた。お話をして疲れないかとしょっちゅう聞かれるが、「おしゃべりをして疲れる女のことを聞いたことがありますか？　目下のところ私は女です！」と答えたものだ。

今夜は日本料理の夕食に招かれたが、行かなかった。ポリーが疲れており、食事に気をつけるのも悪くないということになった。私たちは火遊びをするときのようにまだ日本のごちそうは注意して選んでいる。でも私の脳みそは進め……といっている感じだ。

〔4月8日〕

5時半過ぎ、私たちは寝床を抜けだした。運動が必要だし、まわりに人が少ないあいだスピーチの稽古が必要だと厳粛にいい交わした。1時間、上部甲板を歩んだ。誠にすがすがしい。海は柔らかな灰色、船が波を切るにつれて軽いしぶきを感じた。カモメが数羽頭上に輪を描き、私の心は新鮮で静かな朝に讃美歌とともに高揚した。「朝の時間を地上のものと近くする」ような仕事に追いまくられている者には恩ちょうはない。着物を着て、何か唱えておられる日本人にあったが、僧侶かと思った。スピーチの練習を始めたが、まもなく気もちの落ちこむような感情に襲われた。用意したスピーチの3編が気に入らないのだ。フォレスト・ヒルズで無鉄砲なつっ走りの7週間にこれらのスピーチを厳しく検討するのに充分冷静な気もちがもてなかった。

朝食後、いくつかスピーチを消したり、書いたりしたので気もちがすっかり落ちこんでしまった。私のどもりがちな話し方に対する聴衆の忍耐に余計な負担をかけまいとすればスピーチはできるだけ短くしなければならない。ところが日本の盲人のための発言では彼らに役立つ考えをできるだけ多く盛りこもうとしているのだ。

きょうも私たちだけ離れていようと甲板でランチをとる。『風と共に去りぬ』の一部に吸いこまれる――陣痛にもだえるメラニーを助けたり、アトランタからの避難や盗賊を退治するスカーレットの熱狂する姿が描かれる。決して軽い読み物などではない！　でも、スカーレットが甘やかされた美女から勇敢で責任感の強い働き者へ変わっていくのを知るのはうれしい。レット・バトラーが目下のところ場面に出ておらず、大きな救いだ。彼のように感受性はあるが情愛のない人物は私が本当に心から避けたい人物だ――彼は最高に利己的で、嘲笑に値し、苦々しい。彼の偽り以上のあざけりとともに伝えられる真実を憎む。

スピーチ準備作業さらに続行。写真や署名もつづく。逃れる手立てはない、署名をする、次の紙束が来る。まるで物語のなかで、アリどもに襲われて手と足を縛られ、ゆっくり死んでゆく男のような思いがしてくる。

今夜、私たちは金子船長のお部屋で楽しい夕食のときを過ごした。テーブルの中央に小型のコンロが置かれ、船長が手ずからおいしい日本のすき焼きを料理された。はじめソース鍋にオイルを入れ、いろいろな野菜、お米、タケノコ、それへ肉汁たっぷりの肉を乗せる。船長は絶えず私のお皿へ鍋から熱くておいしい食べ物をお入れになる——親切に私のために細かくしてくださる。日本にいるあいだ、きっと頻繁にすき焼きに出会うと船長はおっしゃる。それをうかがって、ポリーも私も大喜び、必ずやこの料理が好きになれることが分かった。私たちはカクテルやシェリーに似た味のけっこうなお酒もいただいた。初めお皿の脇にお箸のあるのを知って、一口ごとに食べ物を落としてへまをやらかす姿を思い描いてちょっと困惑したが、思ったようりうまくやることに努めたし、船長が本当に親切で、食事中ずっと気楽に過ごせた。船長は真面目な態度で、余暇に自分は閑静な仕事を楽しんでいて、新聞などへちょっと楽しい見聞を書き送ったり、植物を育てたりしているという。

夕方、映画にも行った。特に興味を引いたのは『マハイの島』というフィルムだった。大きなサトウキビ農場を描いており、サトウキビが刈り取られ、粉砕所ですり潰され、鉄道で港へ運ばれる。私は船で上映される安っぽい恋愛ものには関心がない。

〔4月9日〕

午前5時ちょっと過ぎ起床、ポリーと私は甲板でより多くスピーチが練習できる。甲板や窓の水洗いが行われ、私たちはじゃまにならぬよう場所を変えねばならなかった。しかし、こういう不都合から仕事を止めにするほど日数の余裕もないし、柔らかくて灰色に澄んだ太平洋の暁のもと水夫たちが働く姿を見るのも一興だった。

おお、スピーチだ。このこととなるとまるで活火山の上に座っているような感じがしてくる。講演では予期しない事態の噴火が起きるのを私は知っており、どれほどの時間が与えられるかも分からず、ある会合の目的にふさわしい素材をどのように整えたらいいかも決めかねている。日本の盲人のために働く人たちと8000マイル離れたこちらから連絡するのが困難で、仕事を計画したり、彼らの立てた計画を予測するのも不可能だ。また日本のある地域の聴衆の障害者に対する態度がどんなものか確信がもてないでいる。残念にも、電話、電信、無線そして航空機の便利すべてで遠距離が素早くて有効な行動に恐ろしいほどじゃまになっているのだ。

ランチの前、船長がやってこられ、ご自身の自伝風のスケッチをくださった。こうしたものを読むのは誠に頼もしい。彼の健康が優れず、仕事にともなう重い責任にもかかわらず彼の心地よい静けさや頼もしいお話が、心を痛める不確実さを忘れるのを助け、改めて仕事にとりかかった。

『風と共に去りぬ』はところどころ記述がくり返されることもあるが実に楽しい。それは私の身内にタスカンビアの眠気を催す甘い春や初夏の日々、赤い大地、マグノリア（モクレン、コブシ、タイサンボクの類）やライヴ・オーク（カシワの一種、米国南部産の常緑樹）の大きな古木などへの郷愁を湧きおこす。さらに母が丹精したいろんな種類の素晴らしいバラの香り、午後の暑さのなかに互いに絡みあったスイカズラやポーロニア（キリ）の重たい花々の香りを嗅ぐ。再び私の周囲の空気が興奮でゆらぎはじめる――男の人たちがある政治グループを激しく非難したり、南北戦争をもう一度戦い直したりする。[*21] また思い出を追いかける気もちがさまよっていくのはあの大いなる春だ。そこでは老若の黒人たちがバケツで水を運んでやってくる。派手な色のバンダナを着けて、裸足で、いつも歌ったり、踊ったり、ときにはケークウォークを演じながらやってくる。彼らは私の心を温め、上機嫌で貪欲なお転婆の私と機嫌よく遊んでくれるピカニニー（黒人の子ども）たちを待っている。しかし、幻滅をもたらすときの光の矢がずっと以前、私には永遠につづく栄光ある遊びの日々と思われた上へ落ちかかるかのようだった。寂しいことに、身をおとしめる貧困や無知や迷信などこれらの小さき人びとが生まれつきから、いまだに彼らの多くがその渦中に生きている黒人問題の苦々しさを私は思い起こす。

〔4月10日〕

朝6時、甲板に出てみると、船はサンフランシスコ出港以来最も強くゆれていた。ときおり水しぶきが軽い花束のように私たちに降りかかった。重たく垂れこめた雲は雨の近いのを予告していたが、どんより垂れこめた雲の灰色が目を休ませるとポリーはいい、この涼しさはここ二日続いた粘っこくのしかかる暑さの後ではうれしかった。

まだどうしてもスピーチが全部覚えられない。絶望しそうだ。声を枯らさず練習できるのは1時間半ほどで、せいぜいやって4つか5つぐらい。それだけを数回やってしまうと後のものがローラー・スケートに乗ったように記憶から滑りでてしまい、黙って誓いを新たにそれらを再習得する。一体全体、これほどやる値打ちがあるのか、それに私のメッセージが日本の人たちに充分印象づけられるのだろうか？

午後、岩橋氏から歓迎の電報を受けとった。埠頭では大変な出迎えの人が出ることが分かった。

夕方、『床屋さん』というよくできた日本の喜劇を見物した。芝居では床屋さんの近所でこれまで仲よく暮らしていたご夫婦が大変派手な喧嘩をはじめる。演技もうまく、顔の表情までがセリフとなり、言葉はまったく理解できないポリーが物語をうまく説明できた。床屋さんのマスターを演じたのが私たちの部屋係だったと分かって本当に誇らしくなった。日本人はどの階級の人もみんな芸術的感受性とともに素晴らしい演劇的素養をもちあわせているらしい。

8000マイル！　そんな遠距離を航海できたとは思えないし、さらにこんなに広い海原にいながらまったく気楽な気もちでいる。私は気質のせいから世界の市民として生きてきた。私の空間と時間の制約からの内的な自由は貴重な所有物である。こうして遠くにいながらもフォレスト・ヒルズはそこにある私が愛するものすべてとともに鮮やかに目の前にあり、この夏、日本を離れた後は、日本の人びとや日本の土地土地がすぐ近くにあるリアルなものとなる。

〔4月11日〕

船は夜通しかなりローリング（横ゆれ）した。しかし私たちが散歩をはじめたときは風も収まり、巨大な鳥がその翼を畳んだように思われた。海も空も柔らかなシフォン（薄絹）のような灰色の霧に覆われ、太陽が1時間そこらで被さったフィルムをとりのぞき、冷えきった大気を暖めた。

仕事の最中、日本から挨拶の電報が次々に届けられた。徳川侯爵[*22]が「歓迎委員会、国並びに桜の花があなたをお待ちしております」という詩的な言葉を届けてきた。スピーチの稽古の合間に東京朝日に向けてあいさつとお願いをなんとか送ってもらった。私たちが船でどんなふうに過ごしたか、その記事を求めていたがそれは書かない。もしそれに同意すると同じような記事の依頼が押し寄せてくるからだ。

毎朝、頼もしそうな顔で何か唱えておられた紳士が困ったごようすだった。彼の郷里の町横浜には盲学校があるのに、私たちが出る集まりがこれまでのところもたれないことになっているという。彼はきょう初めてこの話をしたが、私は、それはむずかしいと率直にいった。スケジュールについて私は発言しないし、どの町からはじめるか、訪問する町へ誰が案内するかさえも分かっていない。私たちがこれまでにいただいた情報は船が出港する前に知りえたもので、私たちは大阪朝日、日本の文部省、外務大臣および厚生大臣の後援を受けることになっていた。

きょう、ポリーは大忙しだった。税関への荷物の申告書の作成、ドルの円への交換、私たちのプライバシーを侵す人たちへの最終的な申し渡し、署名を求める人たちとのせめぎあい、そして届く無線の読み上げ等々。なぜこうした考えが出てくるのか、私たちにとって旅行は楽しいもので、朝昼夜と皆さんのいいなりにならなければならない理由がないと思うが？

船長も物分かりがよく、親切に私たちの日程がきついらしいと心配してくれた。塙についていろいろと語り、この優れた盲学者が生まれた古い小さな木造の家を訪ねる時間が得られるといいともいってくれた。アメリカへ戻るまでにこの訪問はぜひ実現したい！

ブラード夫人もホノルルをたってからは特に励ましと友情を放射してくれた。彼女は東京に1日か2日滞在するので、帝国ホテルで一緒に静かな夕暮れが過ごせたらいいが。きょう、私たちは『風と共に去りぬ』について語りあった。ブラード夫人は自分のところにもタラに似たような誠実なマミー（黒人の子守）を置いていたと語り私を喜ばせた。しかも彼女のマミーはシェークスピアの作品から拾った名句をしょっちゅうまちがって引用するのだという。たとえば、「アスピリンのように震えながら」などと。夫人の快活な娘さんたちがそばにいると長い時間の厳しい心労も休まる思いだ。うぬぼれなどなしで、ポリーと私が自分のもっている力量に合わせて、今しているようにわずかな面倒で、人生で最も奇妙な旅を決行するのは大した勇気が要るものだ。

〔4月12日〕

昨夜、心臓が止まりそうな思いをした、『風と共に去りぬ』で、母親の死に直面したスカーレットは道の外れに来た――逃れるすべのない死の壁にぶつかったと彼女が感じたところを読んだ。しかし私は断固としてくり返した――「神の御胸に我らの住まいがある、限界のすべてが消え去るところだ」。

散歩から降りてくるのを待ちかまえて、またまた電報の束が手渡された。「全国キリスト教会」、「東京婦人クラブ連合」、著書の日本語版の出版社数社、お名前のつづり字の厄介なことで途方に暮れそうな多くの個人からのものなど。数千マイルを渡ってきた満足感が霧散してしまい、あれこれの名声など公然の侮辱かもしれないことを知らなかった自らの無知に戦慄した。この世で身を落ち着けるようになるや否や、何か別のことに悩みはじめるといったマーク・トウェインは正しかった。

ときどき私はこの強固な——あまりにも強固な数々の限界が溶けさらないものかと思う。それらの衝撃で確実に傷ついてきた！　明けても暮れても、手紙の滝、挨拶の雪崩の下で、永久の感覚では見たり聞いたりできることを誠によく知っているのに、私は見たり聞いたりできないことを思い知らされる。海はそこに浮かぶ島や大陸より大きいように、魂の海に浮かぶ感覚による経験の島や大陸より大きいのだ。魂は無限に広がる想念の水平線をもち、それらの想念は新たな事実を、そしてそれらの事実に従った生きる道をもたらす。私は、自分は聾や盲ではないという根深い感覚をもっていて、それは私がある体のなかに存在していて、体そのものではないという感覚のようだ。もちろん、私は、外見上は「聾そして盲」のヘレン・ケラーであることを知っている。それは移ろい行く自我であり、この世で存在する暗くて沈黙した数年などは大した問題ではない。自らに課せられた数々の限界を真実の自己自身でなく、道具として用いる。この道具を通じて他の人びとが救われるとすれば、私にとってそれは至福なのである。永続的に聾および盲の問題に熱中することにともなって「困難」がやってくる——窓としての書物や物事の成り行きから生じる多くの声に耳を傾けて、さらに頻繁に宇宙を見るように私を仕向ける。

同時にいくつかの自己でいることは本当に興奮させられるものだ！　日本の美が自己の一つに執拗に呼びかける、日本の盲人のため国のなかに広範な運動を起こすのに十分な関心を高めようという疑わしい仕事に、そして第3の部分では――同じほどの部分だが――暗たんたる世界の状況を憂慮したままたゆとうている。

2週間前、ヒットラーが突然のクーデターに対処するよう軍に命令を出した記事を読んで以来、不安が私の思いにいっぱいになった。彼が単独でそれを試みることはないだろうが、彼とムッソリーニとの会談からどんなに恐るべき事態がもたらされるか予測すべき何物もない。二人の非情な指導者はまだ新たな戦争の兆しを見せようとはしていない。たとえドイツが異常な権力の追求に失敗しようとも――トーマス・マンはそうなるだろうと信じている――イタリアは、軍国主義を壊滅しようと他の諸国が成功する前にヨーロッパに恐るべき敗北をもたらすヒドラ（ギリシア神話中の9個の頭をもった蛇）のような活気に満ちた力をみせている。これ以上戦争で誰も失明したり、手足を失ったりしないように私の強い要求を人びとがもつように望むのは賢明な見方ではないし、目下私は、権力の座にある者が平和の友でない一つの国へ向かいつつある。私は少数のアメリカ人の一人、ノーマン・デーヴィス[*23]のように、ヨーロッパの現状を理解し、諸国の平和と協力に向かう努力を指導する建設的な方策を示す人びとに望みをかけている。

〔4月13日〕

太平洋を横切って進む私の進路には日本からの歓迎の言葉がまかれているかのようだ。早朝からラジオや無線でメッセージがつづいている。刻々と温情が高まっている。私はもてる力のすべてをこめて期待されるものの半ばなりと成しとげられるよう祈るばかりだ。

ポリーと私は朝食前から午後7時半まで机に向かいつづけた。船長主催のディナーに出るのに時間は十分あると思って、用意してきた一番いいイヴニング・ガウンを着けはじめたが、すっかり慌てて悲しくなってしまった。前もって試してもみなかったせいで、小さなフックやボタンを合わせたり、窮屈なランジェリーの紐を結んだり、クリップを止めたり、すっかりてまどってしまった。やっと会場に着いたとき私たちの神経はバイオリンの絃のようにすっかり張りつめていた。でも楽しい雰囲気に私たちの機嫌は回復した。場内は明かりのはいったランタンや花壺や桜の造花の花輪や花綱で華やかに飾られていた。みんな触れてみるのが許され、お寺や三板（中国、東南アジア風の小舟）や桜の木で飾られた日本家屋の模型が作られていた。アイス・クリームは桜の花にかたどられていた。踊り子たちや鮮やかな色の風船が八方に飛ばされるのを見るのは楽しい。船長の温かな思いやりがすべてのものを一層愉快にしていた。

私たちの夢見る思いも周囲のものすべてと同じく奇妙なものへ高ぶった。ポリーは船を追いかけたり、私たちの部屋へはいろうとして追い払われる可愛い鳥のことをくり返し夢見ていた。私は私で、可愛い子どもと一緒に何度も隠れん坊をするが、二人のあいだに立ちこめる霧のためにお互いを見つけられない夢を見る。

小さい者たちの神、地蔵様の話をちょっと読んだのはなんて心温まることか！「お前を袖のなかへ入れて、悪事から守り、一緒に影絵芝居をやろうか」と地蔵様はいわれる。

『風と共に去りぬ』を通してアメリカ南部の恐るべき再統合の時代[*24]のはっきりした実情をつかみはじめた。北部の怠惰な犯罪者の子孫が征服した南部諸州へカーペット・バッガーやスカラワグと呼ばれるならず者となって、奴隷解放のために戦われた血生臭い南北戦争をあざけりに変える。

〔4月14日〕

朝6時、ポリーと私が最後の散歩で甲板へ出ると香炉から立ちのぼった香のように船のまわりに霧が流れていた。黙ってはいたが、私たちは相手が何を考えているかお互いよく分かっていた――「きょうは先生の誕生日です[*25]」――心の表面では差し迫った仕事にせわしげにことを進めていたが、この思いは終日最有力の位置を占めつづけていた。

今朝目覚めたとき、私は先生を探して、誕生おめでとう、世界に恵みあれと喜びを伝えたかった。やがて思い出して、心の痛みで立ちすくんでしまった。先生に会いたい憧れを表す言葉はなかった――痛む胸の動悸を通じて先生に手を差しのべるだけでなく、喜びにあふれた新たな住まいで「先生とともにありたい」と。アデ・マキリニアの物語で、一人の修道僧が敬愛する守護聖人聖ニコラスの姿を見ながら歩むように、私も感じた。「人は誰もその高さを見きわめられず、誰もその長さを知ることのない、栄光の満ちあふれた水晶の壁にたどり着いた。その壁の門の中央に十字架が輝いていた」。十字架は自由に立ち入るのを許された者のためにはもち上がるが、許されぬ者には入場を妨げるために降り下る。聖ニコラスは修道僧の手をとって、二人そろって立ち入ることを許されるよう祈りを唱えながら入ろうとするが、十字架が二人のあいだに降りてしまう。悲嘆に暮れた修道僧は、すでに死んだ者のように、閉ざされた門の前に立ちつくす、そして私もこの見捨てられたときを思う。しかし、そうしたときは人生の文字盤に見られる影のようなものに過ぎない――それらの後を「聖なる太陽」へ向かって戻って行くと、たとえ一方から他方を隔てるものがあるとしても、私とともに生きる先生の魂の明るさを見出す。

日本の宗教心について読みはじめてから、「永遠性」に対する仏教徒の態度に非常に温かな共感を抱くようになった。それは愛の宗教であり、世を去った人たちは死んだのではなく、彼らを愛する人たちの家庭生活の一部だとみなされている。姿は見えないが、彼らは家とそこに住んで彼らを慕うもの皆を守る――彼らは毎晩の灯明の光のなかに飛びかい、灯明がゆらぐのは彼らが動くからだといわれる。多くの場合彼らは思い出の札（位牌）のなかに住まいし、家族に起きることを見たり聞いたりして、家族の声や家族のまわりに漂う温かさを喜ぶ。ときとして、これらの位牌は生気を吹きかえし、人体の姿となって、生きる人たちを助け、喜ばせるためにたち戻ることがあるという。

この信仰にみられる祖先崇拝やアニミズム（物活論）的要素は私には訴えかけないとしても、目には見えない世界が目に見える世界を支え養うという仏教徒の信仰は今日の曖昧さと懐疑主義の横行するさなかにあっては生気を新たにしてくれるところがある。

ありがたいことに、私はスウェーデンボルグの著作のもう一つの世界にかんする数多くの記述からも勇気を集めている。というのは、先生の無限に多彩で多様な世界で得られた経験を私が想像力によって分かちあうのにそれらの記述が助けとなるのである。中国人は思索を「生命の花を摘むこと」という、そしてその花はスウェーデンボルグの言葉の絵のなかで私の前になんと壮麗に咲きでることだろう！　私は、朝の日の光のなか、丸みを帯びた花びらと葉が、その上を過ぎて行く一日の時につれて、空の趣と絶えず変わりゆく色合いを映す、香り高いハスの花――完璧な象徴――をのぞいては、ほんのわずかでもその豊かさを示す何ものをも考えることができない。深く思うにつれて、先生と私を隔てる垂れ幕はもはや死や砂漠の滅ぼすような沈黙ではなく、むしろ自然の楽の音や「人間愛の作詞法によって韻を踏む」沈黙として解釈されるようになる。

私にとって、この記念すべき日に当たりあまりにも悲劇的なのは、一般の人びとのなかにいて、先生のきらめくような、独特な、刺激的な個性のそばに私が長すぎるほど満足して生きてきたことである。私としても、先生が美、正義、人の権利の新たな認識へ最も鈍い人をも魅惑した火花を不断に見出すように心掛けよう。私の指たちは先生が語り伝えようとする接触を渇望する――それらの接触は黄金の塊、微妙な優しさ、会話や点訳されていない図書の明快な要約なのだ。それに、子ども時代から先生に向けられた私の信頼は容易に除かれることのない支えでもあった。細やかな情愛は「徐々に進む世界の試練の経過につれて」縮んで行くことを知っている人なら、このような記憶が目覚めさせる熱狂やこのような別れの後の孤独を理解されるであろう。

しかしながら、今度の航海では先生は強く私とともにおられると確信している。これまでと同じでよいと夢見てはいなかった数々の仕事に立ちむかう力が私たちに流れていることをポリーも私も気づいている。先生が心のうねりとともに推し進めようとされたのはこの最高の事業に向かうものだったにちがいない。私に備わった限られた生活を最大限利用して、労を惜しまず仕事をなさったのはこの目的に向かうためだったのだ。

中国にかんするある本で、池とあずまやと竹やぶのある小さな石庭をもった人の話を読んだ。彼の妻は詩人で、冥想のために静かな場所があったらいいと彼は望んだ。彼は小さな松の塀で囲んだ隠れ家を作った。その小屋は四方数ヤードの小さな物だったが、彼は周囲の土地に起伏を造り、数マイルの広がりに見えるようにしつらえた。曲がりくねった小道は滝の傍を経て、山腹の森を抜けて登り、甘い花の香る谷を過ぎ、森を抜けて、スズランの花の丈高く伸びた湖のかたわらに出て、日差しが豊かに降りそそぐ緑の野をゆっくり流れる川に沿って進み、ようやくこのひなびた小屋の戸口で道は終わる。まさにかくのごとく、先生は私の手の届く小さな広がりに知識、美、数々の意義深い機会を集められた――そして、どうだ！　私たちが50年のあいだにたどった小道は壮大な世界を横切って日本へ向かってうねっている！　このようにはるかにたどり来たって、先生は深く愛し、ゆらぐことなく、信ずるものにだけ与えられる内的な力で私の事業を強められる。そして今朝、夜明けの霧に包まれた甲板に立ち、偉大な冒険が私を待つ国を西のかなたに臨みながら、私のかたわらに先生が立っておられるように感ずる思いであった。[*26]（おわり）

訳注

＊1　1929年就航の（株）日本郵船の豪華客船（1万7000総トン）、太平洋の女王といわれた。船長は金子門左衛門。第二次世界大戦末期の1944年軍事用として活動中、米軍の潜水艦「アトゥール」の魚雷の攻撃を受け、東シナ海で沈んだ。なお、ヘレンが乗った船には、ノーベル物理学賞の受賞者ニールス・ボーア博士夫妻も日本の学会の招きで乗船していた。

＊2　カリフォルニア州サンフランシスコからゴールデン・ゲート・ブリッジを渡って30キロ、公園内にある山、784m。風光明媚で知られる。

＊3　ラフカディオ・ハーン（１８５０〜１９０４）アイルランドの軍医とギリシア人女性を親に、イオニア海のレヴィアス島で生まれ、アメリカへ渡って各地の新聞社などで働いた後、１８９０年雑誌社の通信員として来日。中学、高等学校、大学などで英語や英文学の講師を務めた。松江市の小泉節子と結婚し、日本に帰化して小泉八雲と称した。『見知らぬ国　日本の面影』（１８９４）。

＊4　ジョセフ・コンラッド（１８５７〜１９２４）　ポーランド出身の英国の作家。『青年』（１９０２）。

＊5　３人がジャマイカを訪れたのは、１９３５年の夏である。アン・サリヴァンは１９１６年11月から翌年春まで、後に誤診と分かった結核療養のためプエルトリコに滞在した。そのときジャマイカを訪ねたらしい。ジャマイカ、プエルトリコは西インド諸島の島々で、ジャマイカは独立国で英連邦に属し、プエルトリコは米国の準州。

＊6　アン・サリヴァン（１８６６年4月14日生まれ）の両親はアイルランドからアメリカへ渡った移民で、夫婦にはアンを頭に５人の子どもがあり、二人は生後まもなく亡くなった。貧しい一家で、病身な母はアンが８歳のとき28歳で亡くなった。父親は３人の子どもの養育などまったくできず、仕事も未熟で、次女メアリーは知人に預けられ、長女アンと長男ジミーは近くのトゥークスベリー救貧院に収容された。４年間救貧院にいるあいだに病弱なジミーが世を去り、父親の消息もまったく分からず、アンは孤児となった。

＊7　１９３６年ピューリッツァー賞受賞。１９３９年映画化。アメリカのジョージア州出身の小説家マーガレット・ミッチェル（１９００〜49）のただ一つの作品。南北戦争を背景に男女の愛欲を扱ったこの長編ロマンスは非常な好評を博し、国の内外で驚異的な売れ行きを示した。アメリカ南部出身

で、北部で教育を受けたヘレン・ケラーはこの作品について独自の見解を抱いていた。

＊8　ルイス・キャロルの『不思議の国のアリス』に書かれているが、それにかけたものか？

＊9　英国の古くからの子どもの歌を集めた『マザー・グース』のなかの「靴のお家のおばあさん」を引いている。関連する部分を引くと、「てんやわんやの子だくさん／スープ一杯あげたきり／みんなベッドへ追いやった／むちで叩いて追いやった」（谷川俊太郎訳）。

＊10　オリーブ・シュライナー（1855～1920）ドイツの宣教師の娘で南アフリカの小説家、女権拡張論者。

＊11　ダイアモンド・ヘッドを呼ぶハワイ語らしいが、詳しい辞典でも「『ヘレン・ケラーの日記』に初出」とあり、他に用例がないという。

＊12　リリウオカラニ女王（1838～1917、在位1891～93）。1810年カメハメハ1世がハワイ諸島を統一。リリウオカラニは統一ハワイ王朝8代目、最後の王。1820年頃から米国はじめ白人の来島が盛んになり、捕鯨船の寄港やサトウキビの栽培が盛んとなり、港湾や農場や製糖工場の建設が進み、米国の軍艦の寄港や海兵隊の駐屯もはじまった。1891年王位に就いたリリウオカラニはハワイ先住民の権利擁護のため、新たな憲法の制定に動いたが、米国系白人らがクーデターを起こし、海兵隊の援助を得て、女王を幽閉し、退位に追いこんだ。当時のクリーヴランド米国大統領はハワイ併合に強く反対したが、ハワイ在住米国民はハワイの独立を宣言した。1898年米国議会はハワイ合併法案を可決し、マッキンレー大統領はハワイ併合の書類に署名し、ハワイは準州となった。パール・ハーバーの米国海軍基地の建設は1909年から始まった。1959年ハワイはアメリカ合衆国

50番目の州となった。知事公舎は、旧王宮に置かれ、イオラニ宮殿と呼ばれ、1882年の完成。なお原書では「リリウオラニ」と記されているが、今日多くの資料では「リリウオカラニ」とあるので訳注はこれに従った。

*13 アレクサンダー・ヒューム・フォード（1898頃～1945）カヌー競技やサーフィンなどハワイの伝統的なスポーツを広めるため、1908年ワイキキにアウトリッガー・カヌー・クラブを開いた。

*14 送迎の挨拶で、「ようこそ！」、「さようなら！」の意味があり、ハワイ語では「愛」を意味する。ハワイ州は「アローハ・ステート」とも呼ばれる。「アローハ・オエ」の旋律はリリウオカラニ女王の作とされている。

*15 ハワイ州、ハワイ島の活火山マウナロア山腹の大噴火口。幅3・2㎞、高さ1250ｍ。

*16 金の盃、またウコンラッパバナで、メキシコ原産の熱帯低木で高さ3～5ｍ、15～20㎝の大きなラッパ状の花をつけ、甘い香りを放つ。

*17 ハワイ語で「絶壁、崖」の意。オアフ島東北部にあり、外洋から打ち寄せる大波の砕ける景勝地。

*18 ロバート・ルイス・スティーブンソンがハワイに来島したのは1889年。

*19 ヘレンは20歳の1900年9月から1904年6月まで在学した。1904年6月28日卒業証書を受けたのはヘレンを含めて96名だった。バチュラー・オブ・アーツの学位が与えられた。終始ヘレンにつきそったアン・サリヴァンには特別の配慮はなされなかった。

*20 ヘレンが塙について知ったのはグレアム・ベルを通じてだという。ベルが1898年来日して、聾教育について東京、大阪、京都、長崎などで講演、彼の通訳を担当した人たちを通じて知ったという。

＊21　ヘレンの父アーサー・ケラーは南北戦争では南軍の指揮官として従軍。戦後20年を経た１８８０年代になっても父の親戚や友人たちが集まると戦争を語り、戦略の練り直しなどで話題がつきず、敗北の痛みを噛みしめるとともに北部への反感を募らせるのだった。

＊22　ヘレン・ケラー歓迎委員会会長、徳川家達公爵（１８６３〜１９４０）４歳で第16代徳川慶喜の後を継ぎ、若くして英国に留学して国際通となった。１９３３年まで30年間貴族院議長として活躍、満州事変や日本の国際連盟脱退などを機に議長を辞任。その後、紀元２６００年奉祝会会長、第12回オリンピック東京大会組織委員会会長（１９４０年の大会は中止された）などを務めた。

＊23　ノーマン・ヘゼキア・デーヴィス（１８７８〜１９４４）　米国の実業家・政治家・外交官。ウィルソン、Ｆ・Ｄ・ルーズヴェルト両大統領政権で活躍。

＊24　南北戦争で分裂した南部諸州を合衆国へ再統合する時代（１８６７〜77）で、北部諸州民で編制された合衆国軍が駐留したが、南部諸州の混迷はつづき、南部の白人の北部に対する反感や解放された黒人の生活改善は進まなかった。カーペット・バッガーは南北戦争後のどさくさに一旗揚げようと南部に来た北部からの山師で、じゅうたん製のカバンをもち歩いていた。スカラワグは古くから民主党が強かった南部で、南北戦争後、共和党派に協力した南部の白人たちを軽蔑した「骨抜き野郎」を意味する言葉。

＊25　アン・サリヴァン・メーシーの誕生年月日には諸説あったが、現在は１８６６年４月14日となっている。

＊26　「浅間丸」は４月15日、横浜港に入港、第４号岸壁に到着。ヘレン・ケラーとポリー・トムソンは、盛

大な出迎えの人波のなか、午後2時半に上陸。一等待合室に休憩の後、車3台で東京に向かい、午後4時、帝国ホテルに到着。小休止の後、午後5時から岩橋武夫夫妻とともに記者会見に臨み、日本訪問のステートメントを発表した。なお、横浜港での休憩中に、ヘレンたちの荷物から財布が盗まれた。日本円で250円や書類が入っていたという。ヘレンが望んでいた塙保己一の生地訪問は、4月26日東京市内、4月30日には埼玉県内のゆかりの地を訪ねた。

訳者あとがき

本書は“Helen Keller's Journal; with a foreword by Augustus Muir. published Michael Joseph Ltd. London (first published in 1938)”の日本語訳である。1938年にはこのイギリス版と同時に、ヘレン・ケラーの著作の出版をつづけてきたダブルデイ・ドーラン社からアメリカ版が出ていた。私は2018年アメリカ版の『ヘレン・ケラーの日記』（以下では『日記』と略記する——訳者）が復刻されペーパーバックで出ていることを知り、入手した。『日記』本文は同一であるが、アメリカ版のまえがきをネラ・ブラディーが書いており、本書の冒頭にミュアのものと並べて載せた。

イギリス版の原書は発売されておらず、図書館のリファレンス・サービスで1938年版が国会図書館に所蔵されていることが分かり、コピーが許され、点訳が可能になり、利用できることになった。

2018年に入手したアメリカ版はアマゾンの“Forgotten Books; New York”で入手できる。アメリカ版の巻末には索引がつけられている。

私が『日記』のことを知ったのは2000年、ヘレン・ケラーの生涯について研究をまとめたい希望から“Joseph P. Lash; Helen and Teacher: The Story of Helen Keller and Anne Sullivan Macy; Merloyd

Lawrence Book, New York ©1980"を通読中に知ったもので、『日記』が１９３６年10月20日、アン・サリヴァンの死去後２週間を経た11月４日から１９３７年４月14日、すなわちヘレン・ケラーとポリー・トムソンの第１回の訪日で横浜港到着の前日までをカヴァーしていることを知り、早速その入手に動いた。

私は２００８年『年譜で読むヘレン・ケラー』（点字３巻）をまとめたとき、多くの支援者のご指導、ご協力をいただいて活字版（明石書店２０１１刊行）を出すことができた。

このとき、私は82歳になり、ヘレン・ケラー研究を切りあげようと考えた。しかしヘレン・ケラーの魅力がこれを許さなかった。２０１５年私は２００８年の点字版の改訂増補（点字５巻）をまとめることができた。そして『日記』の日本語訳を試みることになった。

◇ ◇ ◇

以下ではまず『日記』の成立について私なりの見解をまとめてみた。というのは、イギリス版、アメリカ版のまえがきの執筆者は『日記』成立の具体的な過程を記しておらず、ヘレン自身も『日記』執筆と出版についてまったく記していない。上に触れたジョセフ・ラッシュの伝記でも『日記』成立について数ページ触れただけであった。

１９３６年10月20日、半世紀の長きに渡ってヘレン・ケラーの生活と活動を支えてきたアン・サリヴァンの死去にあたって、こうした時期の到来を迎えて、ヘレン自身、将来の生活をいかに進めるか不安やとまどいがあった。アメリカ盲人援護協会のミゲル氏をはじめ葬儀に集まった友人や知人、ヘレン・ケラーの著書の出版社のスタッフなど、ヘレンの将来について語り、彼女の将来をポリー・トムソン一人に任せておいていいのかなど、さまざまな考えの交錯するなかから、ともかくアン・サリヴァンの看病や葬儀、ヘレンとの活動を主となって務めてきたポリー・トムソンに休養を与えることからはじめようとなったのが、ヘレンも何度かお世話になったことのある、スコットランドのグラスゴー近郊のボスウェルの牧師館に家族とともに住まいして活動する兄ロバート・トムソンの下で、二人ともにしばらく滞在して、悲しみと将来への不安の緩和に過ごすことが話しあわれ、ヘレン自身それを理解し、同意したものと思われる。まずは心の平安をとりもどすことが最優先の課題であった。

ポリー・トムソンの家族とも知己のあいだで、1930年にアン・サリヴァン、ヘレン・ケラー、ポリー・トムソンが初めて英国を訪れたおり、3人と会い、日記をつける意義について語ったこともあるチャールズ・オーガスタス・ミュアはヘレンの英国来訪の事情を知って、この時期のヘレン・ケラーこそ将来の自立に向かう手記をまとめるべきだとして、二人がロンドンに到着した翌11月13日、二人をホテルに訪ね、昼食をともにとりながら、長時間語りあったことが『日記』に記されている（ミュア夫妻を「チャーリーとジーン」と記している）。もちろんそのときの話の内容は記されてはいないが、11月4日から『日記』をスタートするにはこの日の具体的な話しあいをおいては考えられない。この日、ミュアの著書の出版を扱っているマイケル・ジョセフが同席していたか明らかではないが、ミュアはジョセフの意向を充分心得て話に臨んでいたと思われる。また翌1月23日から2泊3日、ヘレンとポリーはミュア夫妻の住まいに泊まってよもやま話にふけったことを記しているが、『日記』執筆の話は記されていない。

ジョセフ・ラッシュのヘレン・ケラーの伝記によると、マイケル・ジョセフは8万語、場合によっては10万語を超える作品を出したいと望んでいたという。私は原書の語数を数えてはいないが、イギリス版は250ページである。

一方、ヘレン・ケラーの側からは、自身のこれまでの作品を優先して出版してきたダブルデイ・ドーラン社の意向を無視するわけにはいかず、両出版社間の折衝の結果イギリス、アメリカ分かれて出版されることが決まったようで、著作権や著作権料にかかわる事情は私には探索する手がかりはない。

◇　◇　◇

次に原稿の受け渡しについて見てみよう。イギリス版、アメリカ版の本文は同一である。ヘレンは毎日の生活で起こる自身の心の動きや体調の変化、日々遭遇するさまざまな話題、訪問客や訪問先の人びととの交流、ポリーが読んだり、自ら読書で拾った世界の動きや殺到する大量の郵便、さらには各地の気候や日々の天候の移ろいなど、得られたテーマを点字で書きとめ、時間の余裕を見計らって、活字用タイプライターに向かって原稿を書きあげる方式をとった。このことは『日記』でもふれられており、お顔拝見の来客がこの仕事を妨げる事情を何か所かで嘆いている。できあがった原稿の推敲も容易ではなかったろうが、原稿は1週間か10日分をまとめて、アメリカ盲人援護協会の会長の秘書、アメリア・ボンドあてに送られ、（まったくの推測だが）ネラ・ブラディーの手などを経て、コピーが2部作成され、英米両国の出版社に送られたものとみられる。

ジョセフ・ラッシュは、『日記』最後となる「浅間丸」船上からハワイ訪問、横浜港到着前日、すなわち4月3日から14日までの原稿は、ヘレンたちが日本到着から東京での行事の後、西日本各地を訪問後、奈良に戻った5月下旬の休養の期間に仕上げて、アメリア・ボンドに送ったことを記している。

以上、『日記』成立の経過を追ってみたが、4月15日以後の日本におけるヘレンとポリーの動きについては、この訪日のキャンペーンと報道の主な担い手の朝日新聞や二人が訪問した地方の新聞の記事や2012年日本ライトハウスが刊行した『往復書簡――日本の障害者福祉の礎となったヘレン・ケラー女史と岩橋武夫』などに詳しいが、ヘレン自身が訪問した各地や出会った人びとの印象などを書き残したものはまったくない。日々移り変わる異郷の地での移動と宿泊、連日の講演の準備、晩春から盛夏へ向かう4月から7月の湿度の高い日本の気候、多忙と休養で十分な時間の確保など、日記執筆に労力と時間を割く余裕はなかったであろう。

7月まで続いた日本国内の訪問から旧満州、朝鮮での日程が7月7日の「支那事変」（日中戦争）の勃発で打ち切られた後、8月10日、神戸から「秩父丸」で帰国の途に就くまでの期間や帰国後、胆石のため入院治療と休養をとった翌年春まで、書きとめられた何かがあったかもしれないが、それらの存在についてはまったく分からないし、あったとしても1946年のヘレンの自宅の火災で焼失してしまったかもしれない。

◇　◇　◇

ヘレン・ケラーは16歳のとき父を亡くし、41歳のとき母を亡くした。また52歳のときアン・サリヴァンの夫ジョン・メーシーが急死した。いずれの場合も、遠隔地に滞在していたり、旅行中だったりで、最も近しい3人の臨終の床に駆けつけたり、葬儀に列することさえなかった。人の死に目に会ったのは27歳の3月末、ワシントンの駅頭で、ヘレンとアンを出迎えた支援者の一人、高齢のジョン・ヒッツが心臓発作で倒れ、病院に運ばれ、追いついた二人が病床に寄ったとき、ヒッツはすでに事切れていた。

1887年からヘレン・ケラーの生活と活動を支え続けていたアン・サリヴァンは、1925年頃から、体の不調を訴えるようになり、歳とともに医師の診療を受ける機会も増え、厳しい夏冬には転地を求めたり、床に就く日も多くなっていった。したがって表立った活動から順次退かざるをえなくなっていった。1934年暮れ、岩橋夫妻がフォレスト・ヒルズのヘレンの自宅を訪ねたときも、アン・サリヴァンが病院から戻って床に就くところで、岩橋夫妻は彼女にまみえることはかなわなかった。

長期に渡る病と老化の進むなかでも、アン・サリヴァンは何度か再起や活発な動きを試みたがはたせなかった。1935、6年には、幼少時からの眼病が激しい痛みを発し、ついには両眼を摘出するまで追いこまれた。先生の病の進行を目の当たりにしながらも、先生の再起を望むヘレンの期待は失われることがなかった。1936年10月15日、アンの危篤が訪れ、ヘレンも先生の臨終が近いことを知るのである。

これまでの人生を通じ最も敬愛し、親しみの深かった人の死の枕辺に臨んだヘレンの喪失感は痛切なものであった。他方、アンの看病から葬儀やその後の後始末など主となって動いたポリー・トムソンの心痛や疲労とこれからの家庭の切りもりの相談相手のない不安感も浅いものではなかった。この慌ただしいなかへワシントンの国立大聖堂からの申し入れで11月2日、アン・サリヴァンの聖堂への合祀行事が執り行われ、ヘレン・ケラーとポリー・トムソンはただちにニューヨーク港出港の船に乗ることになった。具体的な時間、見送りなどのもようは分からないが慌ただしい出発だったことは想像できる。ドイツ船の船室に座って、ようやく二人だけになったとき、アン・サリヴァンの面影はつきまとってはいるものの、すべての事柄の判断と行動が二人だけの決断に委ねられ、悲しみと寂しさに身を任せながらも、このときをはじめとして、新たな道を歩まねばならないことが明らかに自覚されるのである。『日記』が11月4日のドイツ船の船室の深夜の二人の姿から書きはじめられたことは非常に意義深いものがあると私は考えている。

心と体の平安をとりもどそうと、スコットランドのポリーの兄一家とともに落ち着いた時の流れに身を任せ、新たな出発への想いをめぐらしはじめた1936年12月下旬、岩橋武夫からの弔意を表し、訪日を促すていちょうな手紙がニューヨークを経由して届けられる。先生を失って2か月、新たな活動に一人立ち向かわねばならない不安もあるとはいえ、ヘレン・ケラー訪日の意義と身の安全と快適な旅行を約束する招待状が届いたのである。

このタイムリーな招きは、ヘレンとポリーの新たな活動への力強い門出となることができ、二人が相談や援助を求めたミゲル会長とアメリカ盲人援護協会をはじめ、周囲の人びとの全面的な支持を得ることができた。

◇　◇　◇

1937年当時、日本政府はヘレン・ケラー訪日に際しては、平和問題や軍備拡張や軍国主義について日本の現状に批判的な発言がなされないよう駐日米国大使館を通じて申し入れ、米国国務省がアメリカ盲人援護協会を通じて、本人の確約を得て、駐米日本大使館に回答している。
日本へ向かうヘレンは、『日記』のなかで、日本の政治状況や日本の国際間での動きについて慎重に記していることがうかがわれる。ルーズヴェルト大統領がヘレン・ケラーに託した親書も、日本アメリカ両国民の親善友好の使者として、彼女の訪日の意義を強調している。日本政府もヘレン・ケラーを単なる外国人の国内講演旅行者ではなく、国の賓客として外国貴族並みの扱いをもって迎えた。

ヘレン・ケラーは1904年ラドクリフ・カレッジを卒業後、労働者の待遇改善、失明予防、障害者の地位向上、女性や黒人の公民権獲得や人種差別問題に深くかかわり、多くの発言や執筆活動や街頭行動にも加わっていた。第1次世界大戦では、戦争反対を強調し、米国の参戦に反対を表明した。

『日記』では、ヘレンは国際問題に対して一貫した態度をとっている。親ソヴィエト・ロシア、反ナチス・ドイツの態度である。1929年に彼女が出した『流れの半ばに――私の後の生活の物語』に対するドイツ政府の圧力に押されたドイツの出版者シュラムとヘレンとのボリシェヴィズムをめぐる論争がみられる。1917年革命以後のロシアの政策を支持する彼女の態度がいろいろと語られている。1936、7年当時、西ヨーロッパやアメリカではソヴィエト・ロシアの体制が好ましいとする考えが広くおこなわれてもいた。

スペインの内乱においてはフランコ反乱軍を支持するドイツ、イタリアに対して、ソヴィエト・ロシアや西欧各国のリベラルな青年たちが対立して紛争が続いているが、ヘレンはこの立場を支持している。そしてさらに、世界を驚かせた英国王の王位放棄やナチス・ドイツのユダヤ人弾圧に見解を記しており、ロシアにおける反対派に対するスターリン政府の厳しい粛清に疑問を投げ、中国における蔣介石をめぐる動きにもおよんでいる。

◇　◇　◇

ヘレン・ケラーは１９３７年4月15日、横浜港に到着、政府が設けた歓迎委員会の代表や神奈川県や横浜市の要人をはじめ多数の小・中学生や多数の市民の盛大な出迎えを受けた。政府主催の歓迎会や各地での出迎えや講演会では多数の人びとが配られた日米の小旗の国旗を振って、歓迎と日米友好、親善に彩りをそえ、「奇跡の人」、「三重苦の聖女」など美辞麗句を連ねた賛辞が語られ、印刷された。ヘレン・ケラーにかかわる話題は、アン・サリヴァンの努力によるヘレンの言葉の獲得、苦学の後のカレッジ卒業、その後の著作活動が輝かしく伝えられた。24歳でカレッジを卒業後、56歳にいたる30年間の足跡についてはまったく知らされることがなかった。30年のトンネルから56歳のヘレンがこつ然と現れでた格好だった。

１９３７年春に、ヘレン・ケラーがアン・サリヴァンの死を迎えた直後だったことを知っていたのは、岩橋夫妻や政府の外交関係者やヘレン・ケラー歓迎委員会の人たちや少数のジャーナリストに限られていた。「アン・サリヴァンはどうして日本へ来ないの?」、「ヘレン・ケラーを導いたのはポリー・トムソンだったの?」、後には「アン・サリヴァンは日本へ来ていたんだ」という話もできたほどであった。

多くの人びとがアメリカの生んだ珍しい女性を一目見たい、うまくいったら握手に預かりたい、サインがいただければ記念になると臨んだ。この旗行列や歓迎騒ぎは１９３７年7月以後、日本軍の中国大陸での連戦連勝のニュースに湧く旗行列や提灯行列、出征兵士を送るお祭り騒ぎに変わり、ヘレン・ケラー来日のことなど口の端に上ることもなく、やがて口に出すことさえタブーになる時期がやって来た。ヘレン・ケラーのことは人びとの心に小さな記憶となって沈んでいった。

平和主義者ヘレン・ケラーは、事情が許せば、多数の犠牲者や障害者の続出、破壊と貧困とをもたらす愚かな戦争や無駄な軍備拡張を止め、すべての国、すべての人びとが平和と友好と信頼を確立すべく協力しようと訴えたかった。1937年の来日で彼女は市民一人ひとりが自らの「心のランプを高く掲げ、周囲を明るく照らしましょう」と訴えた。

ヘレン・ケラー来日で日本各地の市民から寄せられた寄付金は視覚障害者の社会事業に役立てられたとはいえ、社会全体が彼女に敬意や興味を示したものの、心のランプを高く掲げて、周囲に住むヘレンと同じ障害に苦しむ人たちに心を向けることはなかった。第2次世界大戦後間もない1948年の第2回の来日によって、戦後の人権尊重の時代の到来に伴って、岩橋や多くの障害者の望んだ障害児教育の義務制度の確立や障害者の福祉制度の法制化が実現したのには、1937年のヘレン・ケラー第1回の来日が理想実現にいたる布石の役割をはたしたことは記憶されるべきであろう。

◇　◇　◇

『日記』は1938年春、英米両国で同時に刊行された。ジョセフ・ラッシュによると「ニューヨーク・タイムズ・ブック・レビュー」や「ヘラルド・トリビューン・ブックス」や「ヴォルタ・レビュー」（19世紀後半にグレアム・ベルが創設した聾者支援施設ヴォルタ・ビューローの機関紙）は「この本は『ヘレン・ケラーが先生を失ったらどうするか？』の問いに明快に答えている」と評した。また、多くの書評が一致したところは、『日記』はヘレン・ケラーがこれまで出したどの本よりも読者をリアルなヘレン・ケラーに近づけるとし、ポリー・トムソンの献身的なサポートによって、女性としての態度や周囲への心遣いを示し、ときにははっとさせる発言もあるが、社会や国際間の問題に強い関心を示しているなどが指摘されている

１９３９年ドイツ警察がヘレン・ケラーに対し、ヴォルシェヴィズム擁護並びにナチス・ドイツ批判の記述の削除を求めたが、彼女が拒否し、『日記』はドイツにおいて禁書となった。ドイツにおける事情は、１９３８、９年当時の日本でも同じだったと言える。岩橋武夫が『日記』を翻訳、出版しても前記の『流れの半ばに』と同じく大幅な削除を免れなかっただろう。『日記』の存在を知りながらも出版によって起こる自らに降りかかる危険を思えば、邦訳は断念せざるを得なかったであろう。以後、80年近く、『日記』は省みられることもなく、日本の読者にとっては忘れ去られたものとなっていた。ただ一言そえると、最初に述べたように、世界の読者のためにペーパーバッグの『日記』が復刻されているように、世界の市民のヘレン・ケラーへの関心が今なお失われていないことを私は興味深く受けとっている。

◇　◇　◇

『日記』翻訳の仕事を始めたのは２０１５年暮れで、難関にぶつかるごとに、このプロジェクトは荷が重過ぎたかとまどい、またこの機会を逃したら2度とは来ないと思いなおしたり、どうにかきょうまで進めてきた。訳文を読み返しながら、英文読解力の不足や訳出の経験不足が災いして、訳文は生硬なものになってしまった。他方、著者ヘレン・ケラーの原稿の推敲にもう一息あればと感じら

れるところも何か所かあった。

ヘレン・ケラーの宗教観、スウェーデンボリ派の教義についての理解の不足、グラッドストンとディズレーリの評価や英国王の王位放棄など英国史の事情やソヴィエト・ロシアやナチス・ドイツ、スペイン内乱など世界史の理解不足が災いして安易な翻訳に陥る結果になったかもしれない。

最初私はヘレン・ケラーの英文を日本文に置きかえることだけを目指していたが、人名や地名や歴史上の事件やヘレン・ケラーの伝記的な事項など、訳出上の調べを進めるうちに、それらの資料を整理して訳注をそえることが読者の『日記』理解に役立つことを知った。

しかし、マイナーな人物、特にヘレン・ケラー周囲の人物の背景や地理関係の図書では得られない小さな地名については、いちいち「不詳」と記さずに無視して通ることにした。また日記の特徴として、多くの人物や事件が時間の進行に従って書かれておらず、訳注の記述も詳細に立ち入ることはしなかった。そうした事態はヘレン・ケラーの伝記によって明らかになるもので、ヘレン・ケラーの伝記的な読み物としては私が出した『年譜で読むヘレン・ケラー』によることを勧めたい。冒頭に挙げたジョセフ・ラッシュのヘレン・ケラーの伝記（日本語の抄訳版がある）が将来完訳されることがあれば、読者の得る収穫は大きくなるだろう。

◇　◇　◇

このたび、明石書店のご理解とご尽力により、本書が刊行されることになったことは訳者として大きな喜びで、明石書店の厚意ある取り計らいに心から感謝する。

以下、本書の成立に力添えを頂いた方々のお名前を記し、皆さんのご厚意とご尽力に感謝の意を表したい。

国会図書館に原書の存在を探索し、点訳にあたって下さった東京の点訳グループ「ルイ」（前会長・田中文子さん）の会員にお世話になった。

本書の訳出や訳注に必要な資料の探索と収集には、新潟市立図書館の対面朗読会の飯田恭子さん、須田幸子さんと、同図書館のレファレンスサービス担当者、新潟市の英語点訳の会「水都の会」（会長・佐藤まさ子さん）の会員のお力ぞえをいただいた。

つづいて、本書の点字図書とデータの作成には、新潟市の点訳グループ「点燈虫（テントウムシ）」の尾崎京子さんと斎藤和子さんが担当してくださった。

次に、本書の点字版の活字化では、前記の「ルイ」（会長・近藤憲子さん）にお願いしたところ、２０１９年から２０２０年秋にかけて完成していただいた。またこの際、訳文中の人名や地名の誤りや訳文の不備について、多くの貴重な助言をいただいた。

こうしてできあがった原稿を明石書店にお送りしたところ、ニューヨークタイムズの書評を加えることとなり、訳出した点字原稿の活字化を前記の「水都の会」の佐藤まさ子さんに引き受けていただいた。

出版原稿のゲラ刷りの点検と修正では、前記「点燈虫」の尾崎京子さんのご尽力をいただくことができた。

訳者の妻、山﨑富蓉は、ゲラ刷りの点検や煩わしい事務作業を担当してくれた。

そして、明石書店編集部の安田伸さん、黒田貴史さんご両名に多くの厚意あるとりはからいをいただだいた。

以上の方々に対し重ねて心からの敬意と感謝を表する次第である。

＊　＊　＊

最後にひと言、日本における一般的な理解として、ヘレン・ケラーを「三重苦の聖女」や「奇跡の人」とレッテル貼りしているが、本書を通じて一人の人間としてのヘレン・ケラーの生々しい生き様をお読みいただければ、訳者として望外な喜びである。

読者諸氏の評価と激励とともに、誤訳や資料の誤用などご指摘、ご教示をたまわるようお願いする。

（２０２１年5月15日）

資料　『ヘレン・ケラーの日記』書評

（ニューヨークタイムズ・ブックレビュー「1938年6月5日」より）

キャサリン・ウッズ

若いアン・サリヴァンが盲聾唖の少女ヘレン・ケラーの教育にたずさわってから、51年になります。そして、敬愛するサリヴァン先生が他界されてから1年と5か月が過ぎました。

この師弟が一緒に過ごすようになって48年が過ぎたとき、ヘレン・ケラーは質問に、「もし、先生が居られなかったら私は、本当の盲聾唖になります」と答えています。そして、先生が亡くなられて三重苦の生活に彼女はどのように対処したのかを、多くの人びとが、真剣に尋ねました。先生を失うことは目となり、耳となりともに歩んできた同士を失うことです。

＊

1936年11月から1937年4月に至るヘレン・ケラーの日記にはさまざまな記述がありますが、なかでも多くの人びとの疑問に対する答えが記されています。その対処が素晴らしいだけでなく、より深く、より彼女自身を知る意味においても驚くべき記録の本だといえます。

これまで、ヘレン・ケラーが書いてきた著作で、彼女の人生の歩みを追ってきた人たちには、興味深いのは当然ですが、著作に触れたことのない人たちも興味をもっていただけると思います。

先生を失って、生活するうえで多くの影響があると思われますが、今までと同様の生活を続けています。その理由のひとつは、ポリー・トムソンの存在であり、もう一つは、サリヴァン先生によってヘレン自身が鍛えられたことであるといえるでしょう。

＊

ポリー・トムソンは22年もヘレン・ケラーとサリヴァン先生に愛された誠実な朋友でした。先生の健康がすぐれなくなると、先生の代わりを務めるようになり、心を通わせるようになります。

先生が亡くなると、二人はトムソンの故郷スコットランドのボスウェルに移り、トムソンの兄の牧師館の静かな環境で心と体の癒しを求めました。

この地を離れる前に、ヘレン・ケラーは世界中の盲人のための仕事に没頭するようになり、本書の最後にあたる日本への旅行の詳細な計画を準備することになります。

＊

サリヴァン先生が、盲聾唖の生徒を最大限可能な限り自立できるまで鍛えたことは周知の事実ですが、それはヘレン・ケラーの非常に鋭く発達した感覚や知性が、くり出される情報を受けとめ、翻訳することができたからです。先生の仕事の最終的勝利は、生徒が先生なしで物事をやりとげられるようにしたことでしょう。これは本書の興味を高めている理由の一つになっています。

＊

サリヴァン先生が亡くなられてからの数か月の日記は、心身喪失の記録ではなく、深い悲しみと信仰や義務感であり、生きること、生き抜くことの価値への生き生きとした興味をもって、悲しみを克服した記録と言えます。

日記はサリヴァン先生の死から2週間後、当然ながら虚脱感や途方にくれる状態を経て立ちなおりの努力とともにはじまるのです。数か月後には先生との別れを明確に言葉で表し、日記を書きつづけることも供養であり、救いだとも告白しています。

しかし、彼女とポリー・トムソンが英国へ向かって航海をはじめた時期は、現実を理解し受けとめなければならなかった。「多くの時間、私はある激しい信仰によって突き動かされるだけの夢遊病者のようなものだった」といいます。

彼女は信仰のなかに単純な個人的な慰めを求めるのではなく、あらゆる所に住む、障がいを負った人びとへの奉仕活動の継続の要求を見いだしていたのでした。

そして、これも特徴的なのですが、彼女は生活上の細々としたことを、他の人びとが視覚や聴覚を通して伝えられることを、暗黒と沈黙のなかで捉えて楽しむことを学んでおり、自分のために書き残し、読者にも生き生きと示しています。

＊

悲しみから始まったこの日記が、侘しい記録でないことを読者は気づき、驚嘆するでしょう。それは、活力に満ちた大小さまざまなことがらに対し、素早く、鋭く、関心を示し、理解した熱心な応答が最後まで続いているからです。

……スコットランドでの生活、短期間のパリ滞在、数回の船旅、ニューヨークの自宅での生活、日本訪問の準備、有名無名の人びととの邂逅と交友、知人や友人宅への訪問や会食、訪問先の人や住まいの佇まい、庭の風情、そして犬たちのことも……。

障がいを負った人たちのためのたゆまぬ学びや閃き、読書、芝居や映画鑑賞、「手で触れた」彫刻、「手や足で楽しんだ」音楽、これら多様な体験が過去にサリヴァン先生とともに味わった体験の上に積まれてきたのです。

そして、日記は平和への願いやヨーロッパで深まる戦争への憂いや、さまざまな社会問題と世界各地に起こる事件や歴史への思い、未来への期待まで書き記しています。

＊

ヘレン・ケラーは日記の随所で、亡きサリヴァン先生との思い出を美しく書き記し、先生のお導きに深く感謝しています。すなわち、この日記こそサリヴァン先生への感謝の捧げものだといえるでしょう。

（この記事の後半の一部を省略し、著者の意思にそって書き改めました。——訳者）

ヘレン・ケラー略伝

山﨑邦夫

ヘレン・アダムズ・ケラーは1880年6月27日、米国アラバマ州タスカンビアに生まれる。1歳半の時、熱病に罹り、短期間で健康は回復したが、視覚・聴覚・発語能力を失った。将来を心配した両親は1886年、聾唖教育家グレアム・ベルに相談すると、彼はさっそくボストンのパーキンス盲学校のアナグノス校長に相談する。家庭教師に選ばれたのが、パーキンス盲学校を卒業したばかりのアン・サリヴァン（1866~1936）であった。

事前の準備をととのえたアンは1887年3月3日、タスカンビアに到着し、さっそくヘレンの教育にとりかかった。苦心の末、4月5日、ポンプから流れ出る"water"から、ヘレンの言葉への道が開かれた。それから約1年、ヘレンは指話法、点字、ペン習字などを学び、簡単な日記も書けるようになった。その後、盲学校、聾学校、大学予備校に学び家庭教師の指導を受け、遅くはなったが、発声法、発語法も学んだ。1899年にラドクリフ・カレッジの入学試験に合格、1900年秋からアンにつきそわれてカレッジに通い、1904年B.A.の学位を取得して、卒業した。

卒業後二人はボストン近郊のレンサムに農家を買い、ヘレンは著作と各地への講演旅行に従事した。まもなくアンと結婚したジョン・メーシーの影響をうけて、ヘレンは労働運動、女性の参政権取得、失明予防運動、第一次世界大戦では米国の参戦反対の運動に加わり、ある時期には社会党にも入党した。

1914年、家政婦の募集に応募してきたのが、メアリー・アグネス・トムソン（1885～1960）（ポリー・トムソン）であった。それから20数年、3人の生活が続いた。

経済的に困った3人は農家を売り、ニューヨーク郊外のフォレスト・ヒルズに移った。ヘレンは講演旅行や、ある時期にはボードビルにも出演し、大人気を博した。ヘレンたちの集客力に着目したのが、設立まもないアメリカ盲人援護協会の理事たちで、1924年秋、協会に加わり講演旅行で協会の基金集めに奔走した。

募金活動で、ヘレンとともにステージに立ったのはポリー・トムソンで、アンは演出役へ退くようになった。1930年代にはいるとアンの健康状態はときとともに悪化していった。1934年暮れ、日本ライトハウスの創設者岩橋武夫（1898～1954）がヘレン宅を訪れ、来日して視覚障害者のために、一般市民の意識改革を援助するよう要請したが、病床にあるアンをおいて、ニューヨークを離れるわけにはいかず、要請は実現しなかった。1936年10月アンが世を去ると、再び岩橋からの要請が届き、ヘレンの新たな出発として来日が実現した。2か月半、九州から北海道まで各地を訪れ、多くの聴衆を集めたが、その後に始まった戦争や、政府、教育者、市民の障害者に対する認識レベルの低さから、新しい障害者対策にまでは進まなかった。

ニューヨークに戻った二人は、住まい周辺も都市化が進み、静かな生活が保てず、閑静な環境を求めて1938年秋、コネティカット州ウェストポートにアーカン・リッジ荘を建てて住むこととなった。

1941年暮れの日米開戦から、第二次世界大戦の戦後にかけて、ヘレンとポリーは連日ハードな日程で、国内各地の軍病院を訪ね、傷病兵の慰問に携わった。アメリカ盲人援護協会とともに、傷病兵のスムーズな社会復帰のため、いくつかの提言を政府や社会に行った。

1945年戦火がおさまると、さっそく二人はヨーロッパに渡り、イギリス、フランス、イタリアの病院や施設の戦争傷病者の慰問と、米国に向けてはヨーロッパ諸国の障害者の救援を強く訴えた。残念なことに、1946年、留守宅のアーカン・リッジ荘が全焼し、膨大な蔵書や資料、書きかけの原稿まで失ってしまった。住まいは多くの寄付者によってまもなく再建されたが、この焼失はそれ以後のヘレンの人生に大きな痛手となった。

戦後、いろいろなルートを通して、ヘレンと岩橋は互いの健在を知ると、岩橋はさっそくヘレンの再度の訪日を計画し、1948年秋、再び連れ立って、日本各地にキャンペーンを展開して、岩橋や障害者団体の運動を後押しした。身体障害者福祉法の制定や障害者の義務教育制度の発足を促した。

その後ヘレンとポリーは、ヨーロッパ諸国はもちろん、中近東、アフリカ、南米など世界の40数か国を歴訪し障害者の救済に貢献し、米国の親善使節の役割も演じた。

この相次ぐ訪問旅行は1958年ポリーが脳卒中で倒れ、入院したため終わりとなった。そしてそれからの約10年の人生を、二人の介護者の手厚いケアをうけながら、静かに過ごすこととなった。1960年3月ポリーが世を去ってから、ヘレン自身も卒中発作をおこしながら、1968年6月1日、88歳の誕生日を前に、波乱に富んだ生涯を閉じた。

アン・サリヴァン・メーシー、メアリー・アグネス・トムソン、ヘレン・アダムズ・ケラーの遺骨はワシントンの国立大聖堂の地下の納骨所に安置されている。1993年、筆者はこの墓所を訪れ、納骨所の柱に掲げられた点字の碑文に触れ、感動に目頭が熱くなった。

ヘレンの言葉を一つ――「障害者は自分のバリアを克服することはやさしいが、社会のバリアを乗り越えるのは容易ではない。みんなで力を合わせて乗り越えよう」。

ヘレンの主な著書『私の生活の物語』(1903)、『流れの半ばに』(1929)、『ヘレン・ケラーの日記』(1938)、『先生、アン・サリヴァン・メーシー』(1955)。

(山崎邦夫編『年譜で読むヘレン・ケラー』、明石書店、の記述にそって本稿をまとめた。)

〈まえがき執筆者〉

オーガスタス・ミュア(1892〜1989)

ジャーナリスト・小説家・歴史家。スコットランド出身の両親のもと、カナダのオンタリオ州で生まれる。父は無線のセキュリティー関連の事業に従事していた。長年にわたって、オーガスタス・ミュアをはじめ複数の名義で旅行記、伝記、スコットランド史、ミステリー、ワイン論など広い分野の作品を発表した。『虚偽の家——サスペンスにあふれたスリラー』(1932)、『僧院の庭の謎』(1938)、『ナザレのブドウ酒商』(1972)などが知られている。

ネラ・ブラディー・ヘニー(——〜1973)

アメリカの出版社ダブルデイ・ドーラン社の社員として、ヘレン・ケラーの著作の出版にかかわるようになった。1927年にはヘレン・ケラー、アン・サリヴァンの文書管理担当となり、ヘレン・ケラーの『私の宗教』(1927)、『流れの半ばに』(1929)、『先生——アン・サリヴァン・メーシー』(1956)などの出版に携わる。自らも『アン・サリヴァン・メーシー』(1933)、『開かれた扉——ヘレン・ケラー名文選』を出版した。第2次世界大戦後、ドキュメンタリー映画『征服されざるもの』(1953公開)の製作に助力した。1960年、ヘレン・ケラーは突然、彼女との関係を打ち切ることを通告し、長年にわたって結ばれていた2人のあいだのきずなは断たれた。ネラは多くの資料を集め、ヘレン・ケラーの伝記執筆に意欲を燃やしていたが、果たせず、1973に死去した。

【著者・訳者紹介】

ヘレン・ケラー（Helen Keller, 1880～1968）

くわしくは「ヘレン・ケラー略伝」（365ページ）参照。

山﨑邦夫（やまざき・くにお）

1929年、新潟県に生まれる。1949年、国立東京盲学校師範部甲種鍼按科卒業。

1949－1990年、新潟県立新潟盲学校教諭。

1990年、「新潟英語点字」（Niigata English Braille）設立。英語点訳者の養成と英語図書の点訳活動を推進。長年にわたり、アメリカの文学、歴史、社会、視覚障害者の教育と福祉など、アメリカ文化の研究を続ける。

著作『ヘレン・ケラーの生涯』（阿佐博との共著、東京ヘレン・ケラー協会点字出版所、2000年）、『年譜で読むヘレン・ケラー――ひとりのアメリカ女性の生涯』（明石書店、2011年、増補改訂版を2015年に新潟県点字図書館で製作）など。

世界人権問題叢書 109

ヘレン・ケラーの日記

――サリヴァン先生との死別から初来日まで

2022年3月31日　初版第1刷発行

著　者　ヘレン・ケラー

訳　者　山　﨑　邦　夫

発行者　大　江　道　雅

発行所　株式会社 明石書店

〒101-0021　東京都千代田区外神田6-9-5

電話 03（5818）1171

FAX 03（5818）1174

振替　00100-7-24505

https://www.akashi.co.jp/

装　丁　明石書店デザイン室

印　刷　株式会社文化カラー印刷

製　本　本間製本株式会社

（定価はカバーに表示してあります）　ISBN978-4-7503-5352-4